致

Jack Bilbo, eigentlich Hugo Cyrill Kulp Baruch, kam 1907 am Berliner Kurfürstendamm zur Welt. Obwohl er einer großbürgerlichen Familie entstammte – sein Großvater hatte eine der bedeutendsten Theaterausstattungsfirmen gegründet –, nahm sein Leben einen unkonventionellen Verlauf. Durch Kriege und Verfolgung von einem Land ins andere geworfen, schlug sich Jack Bilbo mit wechselnden Identitäten und fiktiven Rollen durch die dunklen Jahrzehnte des vergangenen Jahrhunderts. Berühmt aber ist er geworden als gefeierter Schriftsteller, provokativer Maler, Galerist und legendärer Kneipier. In diesem Faktenroman verfolgt Ludwig Lugmeier seine Spuren und die Verwandlungen des Berliner Juden, der 1967 starb und Kurt Schwitters, Max Schmeling und Henry Miller zu seinen Freunden zählen durfte.

Ludwig Lugmeier, geb. 1949 in Kochel am See, lebt als freier Autor in Berlin. Buchveröffentlichungen: »Schattenränder«, Prosatexte (1987), »Flickstellen«, Gedichte (1988) »Wo der Hund begraben ist«, Roman (1993), »i«, Gedichte (1998), »Der Mann, der aus dem Fenster sprang«, Roman (2005), Gedichte und Erzählungen in verschiedenen Verlagen, außerdem Rundfunk-Features, Reportagen, Essays.

Ludwig Lugmeier

DIE LEBEN DES KÄPT'N BILBO

Faktenroman

VERBRECHER VERLAG

1. Auflage
Verbrecher Verlag Berlin 2017
www.verbrecherei.de
© Verbrecher Verlag 2017

Satz: Christian Walter
Druck und Bindung: CPI Clausen & Bosse, Leck

ISBN: 978-3-95732-279-1

Printed in Germany

Der Verlag dankt Lisa Raunitschka, Janina Reichmann und Marcus Wendt

Für Merry und Ben

HUGO CYRILL KULP BARUCH

Als Baby mit Mutter

1.

Geboren wurde ich am 13. April 1907 in einer Luxuswohnung am Kurfürstendamm Nr. 61.

Drei Monate später baut ein Fotograf seine Kamera auf, einen klobigen Apparat mit Dreibeinstativ, und weist den Hausdiener an, die Fenster zu schließen, damit der Verkehrslärm, der vom Ku'damm herauf dringt, Pferdegetrappel, das Rattern der Tram, dann und wann das Geknatter eines Automobils, ihn nicht irritiert bei der Arbeit, rückt auch den Lehnstuhl zurecht, auf dem es sich die gnädige Frau bequem machen soll, natürlich mit dem Söhnchen im Arm. So aber bitte, dass auch Hugochen in die Kamera schaut, jawoll, brillant, ganz vorzüglich ... Ein Magnesiumblitz – und damit sind Daisy und Klein-Hugo im Kasten. Die Fotografie: ein Beweis seines Daseins.

Die Wohnung, in der dies geschieht, liegt in der dritten Etage und hat vierzehn elegant eingerichtete Zimmer. Da gibt es Servanten mit Porzellanfigurinen, Etageren, Flambeaus, Lüster, geraffte Gardinen, Tapisserien aus Seide, viel Plüsch und Brokat, viel Samt und Peluche. Im Musikzimmer stehen ein Piano aus der Zeit Louis XVI. mit vergoldeten Beinen und der Giftschrank des Borgia-Papstes, im Salon hängen venezianische Spiegel, im Herrenzimmer über dem offenen Kamin ein Porträt Hugo Baruchs, der Klein-Hugos Großvater war. Anton von Werner hat es gemalt.

Das Personal ist in den Mansardenkammern untergebracht: Stössel, der Diener, Minna, die Köchin, Dienstmädchen, die häufig wechseln, der Chauffeur Erich Blöcker, Mrs. Wheeler, die englische Nanny, welche sich um Hugos Erziehung und Wohlergehen bemüht. Seine

Mutter hat sie angewiesen, mit ihm Englisch zu sprechen, damit ein Gentleman aus ihm wird.

An Mrs. Wheelers Hand lernt Hugo auch Charlottenburg kennen. Da rumpeln sie dann, um die Stadt zu erkunden, im Elevator hinunter. Treten sie aus dem Vestibül, stehen sie auf dem Kurfürstendamm. Der Verkehr verläuft noch geruhsam zu jener Zeit. Der Mittelstreifen ist den Reitern vorbehalten, daneben die Gleise der elektrischen Tram, während die Fahrbahnen Fuhrwerken, Automobilen, Fahrrädern und Droschken, die breiten Trottoirs den Passanten gehören. Zwischen den Bürgerhäusern haben sich Galanteriewarengeschäfte, Confiserien, Tabakläden und Cafés eingenistet. Die Droschkenkutscher bei den Drachenmaulpumpen kauen auf Zigarren herum. Sie kennen die Kundschaft. »Sieh eener an! Der kleene Herr Baruch.«

Die Fahrt geht über den Auguste-Viktoria-Platz, wo 1912 zwei Lichtspieltheater im Bau sind – sie werden Marmorhauskino und Union-Palast heißen – an der Kaiser-Wilhelm-Gedächtniskirche vorbei, am Tiergarten entlang, zum Rathaus, das so alt ist wie Hugo, fünf Jahre: eine Kathedrale der Bürgerschaft mit mächtigem Glockenturm und hohem Portal. Dahinter im Park ein Kriegerdenkmal mit grimmig blickendem Löwen, der die Pranke in ein französisches Fort schlägt. Eine Bronzetafel erinnert an Charlottenburgs gefallene Söhne.

DEN
IN DEN GLORREICHEN
KÄMPFEN
FÜR
KÖNIG U. VATERLAND
1864, 66, 70 U. 71
GEFALLENEN
KRIEGERN
DIESER STADT

Dort sieht man sie stehen, Hugo im Matrosenanzug, Mrs. Wheeler im hochgeschlossenen Kleid. Oder in der Siegesallee, die durch den Tiergarten führt und von zweiunddreißig marmornen Herrschern flankiert ist: Albrecht der Bär, Otto der Faule, der, wenn es keiner sieht, vom Podest steigen und sich auf die Bank legen soll, Marktgrafen, Könige, Fürsten, auch Friedrich der Große, der aussieht wie ein Zwillingsbruder des Kaisers – mächtige Herrscher, die darauf achten, dass dem kleinen Herrn Baruch kein Unheil geschieht.

1912, der 2. September. Kaiserwetter. Der Himmel wie eine blassblaue Schüssel aus der Königlichen Porzellanmanufaktur. Die Berliner gedenken des Sieges bei Sedan. Es herrscht festliche Stimmung. Vom Tempelhofer Feld schallt es entgegen: »Heil dir im Siegerkranz!« Trommelwirbel, Musik, Uniformen, Lanzen und Helme. Grenadiere, Kürassiere, Ulanen, Kaiserjäger zu Pferd. Die Gardekorpssoldaten reißen die Beine hoch, der Tambourmajor wirft seinen Stab in die Luft, der Schellenbaum klingelt, die Cinellen schmettern, als bräche das Jüngste Gericht an und die Posaunen posaunen, als sollten die Mauern von Jericho fallen.

Auf glänzendem Rappen mit Helmbusch und gezwirbeltem Bart, umgeben von seinen Prinzen, Majestät höchstderoselbst. Er spielt die erste Rolle im großen Theater, während, winkend mit einem schwarz-weiß-roten Fähnchen, Hugo nur als Komparse mitwirken darf. Doch einmal ist der Himmel ihm gnädig.

Das war, als Seine Majestät Wilhelm II. höchstpersönlich einen Besuch in unserem Haus machte. Ein roter Teppich war über den Bürgersteig gerollt, Kübel mit Palmen standen herum, und Majestät streichelte jovial meine Wange und bemerkte dazu, was für ein schöner Junge ich sei. Da war meine englische Nurse hingerissen, stolz und geblendet.

Hugo hat man ihn nach seinem Großvater Hugo Baruch genannt, Cyrill und Kulp nach dessen Brüder. Die Familie stammte aus Breslau und hatte dort mit dem Deutschen Theater zu tun. Hugo Baruch kam im Revolutionsjahr 1848 zur Welt, nahm mit zweiundzwanzig die um ein Jahr ältere Schneiderin Rosa Bytinski zur Frau, eine entfernte Verwandte aus Pinne bei Posen, deren Mitgift gering war. Nach dem Sieg über Frankreich zogen sie ins preußische Rheinland nach Köln und machten einen Kostümverleih auf, für den Rosa schneiderte, während Hugo Baruch die Kundschaft bediente. Das Einkommen reichte zum Leben, doch 1871 kam Richard zur Welt, da wurde es knapp. Zudem wollte Baruch höher hinaus. Die Zeichen der Zeit standen günstig.

Dänemark, Österreich und Frankreich waren besiegt in drei schnellen Kriegen, Elsaß-Lothringen annektiert, und mit Wilhelm I. als Kaiser das Deutsche Reich proklamiert. Die Städte richteten Siegesumzüge aus, inszenierten die Erstürmung der Villa Beuermann in Bazeilles, die Gefechte von Sedan, den Angriff des 7. Kürassier-Regiments in der Schlacht von Mars-la-Tour und andere glorreiche Kämpfe. Dafür wurden französische Uniformen gebraucht – was Baruch Gelegenheit bot, einen Schritt in die Zukunft zu wagen. Er tauschte die Uniformen von Kriegsgefangenen gegen Zivilkleidung ein, verlieh sie an die Magistrate der Städte, machte Gewinn, eröffnete ein kleines Theater, engagierte Schauspieler und spielte patriotische Stücke. Leider fanden sie wenig Beachtung.

Einmal trat ein Mann an die Kasse und fragte: »Wird in diesem Stück geschossen?« Großmutter, in dem Glauben es mit einem passionierten Krieger zu tun zu haben, antwortete spontan: »Ja, natürlich!« Darauf wandte sich der Besucher ab und erklärte: »Nein, danke. Das ist nichts für mich. Schießen kann ich nicht mehr ertragen.« Ein strafender Blick aus Großvaters Augen ließ Großmutter ausrufen: »Hallo, kommen Sie zurück! Wir werden das Schießen Ihnen zuliebe unterlassen!« Der Gute kam zurück, und das Theater hatte an diesem Abend einen Besucher.

Das Theater ging pleite. Doch Hugo Baruch war zäh. Er nahm den Kostümverleih wieder auf, stattete Umzüge aus, auch Schützenfeste (mit Uniformen, Livreen, Helmen und Waffen) und historische Jubiläen. Schließlich konnte er den Bankier Albert Simon für die Gründung einer Kommanditgesellschaft gewinnen. Simon brachte 50.000 Mark ein, und 1880 wurde die Firma für Theaterausstattung Hugo Baruch & Cie. aus der Taufe gehoben. Noch im selben Jahr erhielt sie den Auftrag, für das Kölner Dombaufest die historischen Kostüme zu liefern, ein lukratives Geschäft, das Hugo Baruch erlaubte, sein Auge auf die Theaterhauptstadt des Deutschen Reiches zu richten: Berlin.

Dort machte das Central-Hotel von sich reden. Der Besitzer hatte es beim Central-Bahnhof Friedrichstraße auf dem Gelände abgerissener Gebäude errichtet. An Komfort ließ es sich messen mit den luxuriösen Hotels in London, New York und Paris. Die Attraktion war ein 1700 Quadratmeter großer, von einer Glaskuppel überdachter Wintergarten, in dem täglich Konzerte stattfanden, mit leichter, doch nicht zu frivoler Musik, Konzerte, die das bürgerliche Publikum lockten.

1886, als Franz Dorn und Julius Baron das Etablissement übernahmen, setzten sie zur Eröffnung im Frühjahr des folgenden Jahres eine Elefantentruppe aus England auf das Programm, und es war Hugo Baruch, der sie besorgte. Am Eröffnungsabend war er reichlich nervös, denn:

Das Füttern der Elefanten war zu dieser Zeit noch nicht so wissenschaftlich kontrolliert wie heutzutage. Die große Eröffnung des Wintergartens wurde auch beinahe verpatzt, weil die Elefanten ihr Geschäft ausgerechnet auf der Bühne verrichteten. Jedes Mal wenn es passierte, sprang meinem Großvater ein Knopf von der Weste. Bäng, und schon wieder war einer ab. Als sich dann noch die Elefantentrainerin bückte, brüllte er: »Mein Gott, nicht auch Sie!«

Das Publikum johlte und klatschte. Damit war Baruch in Berlin angekommen. Nun ist er nicht mehr zu halten.

1890 verlegt er den Firmensitz von Köln in die Neue Friedrichstraße 70. 1894 muss er bereits in das Nachbargebäude Neue Friedrichstraße 71 erweitern. 1897 ist auch dieses Gebäude zu klein, weshalb er die Firma in die Alte Jakobstraße 24 nach Kreuzberg verlegt, wo das vier Etagen hohe Kaufhaus Jakobshof leer steht. 1896 hat Hugo Baruch fünfhundert Angestellte auf der Lohnliste stehen, der Umsatz beträgt anderthalb Millionen Goldmark. 1897 zwei Millionen. 1898 zweieinhalb Millionen. Im selben Jahr bekommt er den Titel »Hoflieferant Seiner königlichen Hoheit des Großherzogs von Mecklenburg-Schwerin« verliehen. Er beteiligt sich an Theatern, dem Thalia-, dem Metropol-, dem Theater des Westens, übt Einfluss auf Bühnenausstattungen und Spielpläne aus, gründet Niederlassungen in Paris, Brüssel, Stockholm, London und Wien, und als das 20. Jahrhundert auf die Bühne stolziert, noch den Chapeau Claque auf dem Kopf, noch das Monokel im Aug, ist die Ausstattungsfirma Hugo Baruch & Cie. die größte Europas.

Und er ein hochangesehener Mann. Der Theaterdirektor Otto Brahm ist sein Freund, der junge Max Reinhardt holt seine Ratschläge ein, Regisseure, Schauspieler und Revuetänzerinnen buhlen um seine

Gunst. Er besitzt eine stattliche Villa beim Potsdamer Platz – Bellevuestraße 4, am Anfang der Tangente zum Prinzen-Palais –, in der ihm der Kaiser von Zeit zu Zeit die Ehre seines Besuches erweist.

Rosa hat ihm sechs Kinder geboren: Richard, Bruno, Erwin, Irmgard, Else und Alma. Die Töchter sind gut unter die Haube gebracht: Irmgard als Frau des Bankiers Ludwig Fränkel, Else als Frau des Kaufmannes Richard Pflaum, Alma als Frau des Fabrikanten Robert Stein. Richard, den ältesten Sohn, ernennt er zum Prokurator, Erwin, den jüngsten, zum Mitgesellschafter der Firma, die Hugo Baruch, als sich Albert Simon zurückzieht, in eine offene Handelsgesellschaft verwandelt. Bei Bruno zögert er noch, denn der mittlere Sohn bereitet ihm, dessen Credo lautet, Geschäft und Familie gehören zusammen, schlaflose Nächte. Bruno sträubt sich nämlich gegen Heirat und Ehe. Dabei ist er der geschäftlich Talentierteste unter den Söhnen.

1903 – Hugo Baruch ist fünfundfünfzig und hat noch zwei Jahre zu leben – logiert er mit seiner Frau in einer Suite des Hôtel de Paris in Monte Carlo, von wo es zum Spielcasino nur einen Katzensprung ist. Dort trifft man ihn Abend für Abend in die Kabbalistik des Roulettespiels vertieft, wobei ihm eine Offenbarung geschieht: er besitzt eine Glückszahl, die Dreizehn. Zwar springt die Kugel noch darüber hinweg, doch scheint es nur eine Frage der Zeit, bis sie trifft, und eine Frage der Hartnäckigkeit, und eine Frage von Geld auch natürlich – aber davon hat er genug. Wenn nur Rosas enervierendes Genörgel nicht wär!

»Du verspielst unser Geld, Hugo, hör endlich auf!«, sagte Großmutter Rosa. »Die Dreizehn bringt Unglück. Ich habe Hunger und möchte jetzt essen.«

»Zum Donnerwetter, nein«, schimpfte mein Großvater. »Ich spiele, so lang es mir passt. Verdammt, jetzt hat die Dreizehn gewonnen, und ich hab wegen dir nicht gesetzt. Vierunddreißig Mal hab ich auf sie gesetzt. Geh allein etwas essen. Ich komm in einer Minute.«

»Ich kenne deine Minuten. Dann klebst du am Tisch, bis alles Geld auf der anderen Seite ist.«

»Ich kann es mir leisten.«

Mein Großvater hatte wieder zu setzen versäumt und wurde fuchsteufelswild, weil die Dreizehn erneut kam. Da fragte ein Fremder: »Sind Sie nicht Hugo Baruch, der Theaterausstatter?«

Charles Tuchmann aus London, Sohn eines Nürnberger Spielzeugfabrikanten, der nach England geheiratet hat. Wie Baruch logiert auch er im Hôtel de Paris. Sie dinieren zusammen, tauschen sich aus, freunden sich an, und da sich Tuchmanns Tochter im heiratsfähigen Alter befindet, schlägt Hugo Baruch vor, dass sie und Bruno heiraten sollten. Margarete Frederica Beatrice, Daisy genannt, werde mit ihrer Mitgift an der Ausstattungsfirma, Charles Tuchmann selbst an der Londoner Niederlassung beteiligt.

Im Frühjahr 1905 werden Bruno und Daisy in der Synagoge von St. Johnswood getraut. Daisy bekommt als Mitgift den Familienschmuck, ein Piano mit vergoldeten Beinen und 5000 Pfund, die sie in die Handelsgesellschaft Hugo Baruch einbringen muss. Nach der Hochzeit zieht Daisy um nach Berlin. Zwei Jahre später bringt sie Hugo zur Welt. Vier Jahrzehnte danach wird er zum Hochzeitsbild seiner Eltern eine Namensliste der Gäste anfertigen und auf der Fotografie jeden Gast mit einer Nummer versehen. Seiner Mutter schreibt er die 8 auf das Kleid, Tina, ihrer Schwester, die 7, seiner Großmutter Rosa setzt er die 3 übern Kopf, seinem Vater die 10, Charles Tuchmann die 12, Martin, Daisys älterem Bruder, seinem Onkel, die 16. Seinem Großvater schreibt er die 13 aufs Knie, die Zahl, die zur Ehe

Hochzeit der Eltern

seiner Eltern geführt hat, die Zahl, der er sein Leben verdankt, die Zahl, die für den Tag seiner Geburt steht, die Zahl, die ihm zu dieser Zeit längst als Chiffre des Unheils erscheint.

2.

Was führte dazu, dass ich mich auf Spurensuche begab? Seine Gemälde waren es nicht, ich kannte davon auch nur ein paar schlechte Kopien. Seine Bücher? Ich hatte nur eines gelesen: »Rebell aus Leidenschaft«. Als es mir wieder in die Hände geriet (ein Taschenbuch, es war 1965 im Verlag Goldmann erschienen, auf dem Cover war er als Kapitän abgebildet, wilder Bart, wildes Haar, Pfeife im Mund, die Augen gekniffen), las ich es nochmal. Eine abenteuerliche Lebensgeschichte, mit einigen dichten Passagen, von denen mir eine noch in Erinnerung war. Sie hatte mit seiner Weltumsegelung zu tun, bei der ihn die Einsamkeit des Stillen Ozeans mit »Hämmern und glühenden Schwertern« zermürbte.

Wieder ein Morgen, wieder ein Mittag, wieder ein Abend – und allmählich war kein Tag mehr neu, sondern alt, immer derselbe. (...) Die Schiffsuhr machte mich nervös. Ich hasste sie. Ich durchschaute ihren Betrug. Sie zählte immer wieder dieselben Stunden. (...) So schwamm ich über einer Wassertiefe von 10.000 Metern auf der kreisrunden Tenne. Jede Welle, aus dem Nichts kommend, ins Nichts gehend, ließ mich leerer zurück. (...) Und dann kam sie auch, die Angst vor dem Tode. Nicht im Sturm, nie im Sturm und überhaupt nie in Gefahr: (...) Die Angst vor dem Tode kam vielmehr bei spiegelglatter See und tiefblauem Himmel.

Das Vorwort zu seiner Lebensgeschichte hatte Henry Miller geschrieben – was mich erstaunte. Konnte es sein? War Henry Miller in Deutschland gewesen? Oder hatte ihm der Autor das Manuskript nach Kalifornien geschickt? Aber es war ja in deutscher Sprache geschrieben. Hätte Henry Miller es überhaupt lesen gekonnt? Misstrauisch geworden, begann ich zu forschen, zuerst zwischen den Zeilen, dann auf dem jüdischen Friedhof in Berlin Weißensee – ich hatte nicht weit, 15 Minuten zu Fuß – wo ich mit Hilfe eines Planes das Grab seiner Großeltern fand. Es liegt an der östlichen Mauer. Ein Tujabaum war darüber gewachsen, die Steine schief in die Erde gesackt.

> Hier ruht in Frieden
> mein innigstgeliebter Mann,
> unser unvergeßlicher Vater und Großvater
> Hugo Baruch
> geb. 24. Januar 1848
> gest. 25. Juni 1905

stand auf dem einen zu lesen. Auf dem anderen:

> Hier ruht in Gott
> unsere innigstgeliebte Mutter,
> Großmutter und Schwiegermutter
> Rosa Baruch
> geb. Bytinski
> geb. 23. März 1847
> gest. 12. September 1920
> Sie ruhe in Frieden!

Das Grab ihres Enkels konnte ich auf dem jüdischen Friedhof an der Heerstraße finden: ein Urnengrab in einer Reihe mit vielen. Auf dem Stein untereinander zwei Namen: Jack Bilbo und Hugo Baruch, denen Geburts- und Todestag folgten. Ich legte einen Stein auf das Grab.

Ich fragte mich, was ich wollte. Ich hätte es nicht sagen gekonnt. Nur dass ich neugierig war, neugierig wie beim Ansehen alter Filme, in denen Tote immer noch mit der Straßenbahn fahren und Gegenstände und Geräte verwenden, die es seit langer Zeit nicht mehr gibt.

Von der Firma, der alteingesessen Ausstattungsfirma in Kreuzberg – man hatte sie nach einem Brand im Jakobshof in die Alte Jakobstraße 133 verlegt – war keine Mauer erhalten; die Lancaster-Bomber hatten ganze Arbeit geleistet. Aber was hatte überhaupt den Krieg überstanden? Die baruchsche Villa, in den zwanziger Jahren Heimat der »Gondel«, dem Kabarett von Paul Leni, war samt der Straße verschwunden. Und Hugos Geburtshaus? Es hatte den Krieg überstanden, doch sah es wie ein Fünfziger- oder Sechzigerjahrebau aus. Von Bomben oder Granaten beschädigt, hatte es wohl eine neue Fassade bekommen. Das Brünnchen mit den bronzenen Schwanenküken, Ecke Kurfürstendamm/Leibnizstraße, hatte der Bildhauer August Gaul geschaffen, 1908, zu Hugos erstem Geburtstag, und stand immer noch da. Wer aber konnte sich an ihn selber erinnern?

Ich fragte einen griechischen Gastwirt nach ihm, eine Malerin, Schriftsteller, Schauspieler, einen Verleger, einen Galeristen. Alle, in die Jahre gekommen, der Galerist Rudolf Springer war beinahe Hundert, hatten ihn noch gut im Gedächtnis, den malenden Käpt'n, der Anfang der sechziger Jahre eine Tanzbar betrieb, »Käpt'n Bilbos Hafenspelunke«, aus der er seinerzeit nur hatte vor die Tür treten müssen, um sein Geburtshaus zu sehen.

Doch wer hatte ihn vorher gekannt? Die Londoner Galeristin Jane England wies mich auf Dr. Klaus Hinrichsen hin, einen neunzigjährigen Kunsthistoriker, der, wie sie meinte, ihn aus dem Lager gekannt haben könnte. Und von Dr. Hinrichsen erfuhr ich, dass die Tochter noch lebt.

Inzwischen hatte ich von einem Rundfunksender den Auftrag bekommen, über Jack Bilbo ein Feature zu schreiben, doch der Protagonist steckte im Nebel. Hatte er doch vor »Rebell aus Leidenschaft« bereits vier weitere autobiografische Bücher geschrieben, Bücher, von denen sich keines mit den anderen deckte, Phantasieprodukte, Fiktionen, aus Filmen gewonnen und mit Erlebtem vermischt. Warum nur, fragte ich mich, hat er sich immer wieder neue Leben erdacht?

Die Frage bohrte in mir, auch als ich nach England flog und seine Tochter besuchte. Dann lag der rote Foliant auf dem Tisch, und ich sah die eingeklebten Theater- und Kinoprogramme, die Zeitungsbesprechungen, Notizen, Briefe, Logbücher, Skizzen, Fotografien – sie stellten Lebensausschnitte dar und sie spiegelten ihn. Ein Koffer aus Leder- und Sperrholz mit Messingschlössern und einem Aufklebebild des Ansonia Hotels, »Ansonia Hotel – The Elegance of the Upper West Side«, war voller Erinnerungsstücke. Hinzu kamen Gesprächsprotokolle von Merry, der Tochter. Sie hatte über ihren Vater eine Biografie schreiben wollen und Interviews mit inzwischen verstorbenen Personen geführt, die mit ihm zu tun gehabt hatten. Wie ich von ihr erfuhr, hatte er sein ganzes Leben gesammelt. Sie konnte auch von seinen Freunden und Bekannten berichten. So war sie auf einer Gesellschaft, Jahre nach seinem Tod, einer Dame begegnet …

Merry: »Schwarzer Turban, schwarze Garderobe, große schwarze Brille, eine Stimme wie ein versoffener Seemann. ›Ich habe ihren Vater gekannt.‹ ›Tatsächlich? Nach dem Krieg?‹ fragte ich. ›Lange zuvor.‹ Ich hatte den Zweiten Weltkrieg gemeint, aber sie hatte meinen Daddy schon als kleinen Jungen gekannt. Sie war nämlich in dem Haus aufgewachsen, in welchem die Familie von Richard Baruch lebte, und dort hatte er mit Friedrich gespielt, seinem Cousin, einem schwächlichen Kerlchen.«

»Weshalb hat er sich verschiedene Leben erfunden?« Ich müsse bedenken, aus welcher Familie er stammte. Da habe sich alles um Film und Theater gedreht. Dazu sei eine komplizierte Kindheit gekommen.

Merry: »Die Ehe seiner Eltern war schwierig. Bruno Baruch nahm Daisy ja nur deshalb zur Frau, weil sein Vaters drohte, ihn andernfalls zu enterben. Sehen Sie ihn auf dem Hochzeitsbild an! Wie er missmutig über die Köpfe hinweg schaut. Dabei war er ein Kavalier alter Schule. Er galt als der bestgekleidetste Mann von Berlin und hat Asta Nielsen in Fragen der Garderobe beraten. Tilla Durieux, die Schauspielerin, die auf seinen Soiréen verkehrte, hat ihn als geistreichen und charmanten Bonvivant dargestellt. Und nun hatte er Daisy zur Frau. Sie war zwar attraktiv und dreizehn Jahre jünger als er, und es ging ja auch eine ganze Weile lang gut, aber nach der Geburt seines Sohnes kümmerte er sich nicht mehr um sie. Seine Pflicht war getan, und es gab ja genügend andere Frauen, und haben konnte er alle, oder zumindest die meisten, und als der Lebemann, der er war, ließ er keine Gelegenheit aus. Daisy erfuhr natürlich von seinen Affären, denn es wurde reichlich getrascht in den Kreisen.«

Und der fünfjährige Hugo? Was bekommt er davon mit? Das Getuschel hinter vorgehaltener Hand auf den Soiréen seiner Eltern? Vielleicht. Aber es hatte sicherlich wenig Bedeutung für ihn, denn an solchen Abenden, zu denen Theaterdirektoren, Regisseure, Maler, Sängerinnen, Schauspieler kamen, an denen die Tafel sich bog unter Austern, französischem Käse und tropischen Früchten und die Dienstmädchen mit weißen Schürzen und Hamburger Häubchen Wein und Champagner kredenzten, schritt er, für die Hinterbliebenen der Opfer der gesunkenen Titanic, mit der Rotkreuzbüchse klappernd wie ein Zeremonienmeister durch den Salon. Was kümmerten ihn die hämischen seiner Mutter geltenden Blicke? Oder dass die Operettensängerin Rosa Felsegg wie eine Katze um seinen Vater herumstrich?

Was er mitkriegt, ist die dicke Luft in der Wohnung. Und Streit hin und wieder mit Türenschlagen und Schluchzen. Und dass seine Mutter Migräne bekommt, wenn sein Vater vom Stettiner Bahnhof Frauen nach Hause holt, schrille Frauen, mit denen er feiert und trinkt und denen Stössel am Morgen Geld in die Hand drückt, bevor er sie exmittiert. »Ab durch die Mitte, ihr Schlampen!« Auch dass seine Mutter lüften lässt, stundenlang, selbst im Winter, um den Geruch des Parfüms aus der Wohnung zu kriegen und schließlich in ein anderes Schlafzimmer wechselt. Und die Besuche des Arztes, der ihr eine Arznei gegen »nervöse Depressionen« verabreicht. Und wie sie dann ins Musikzimmer schwebt, in dem sie auf dem Piano mit den vergoldeten Beinen spielt, die »Winterreise« von Schubert, die »Kindertotenlieder« von Mahler, bis sie wieder ihrer aus dem Milchsaft des Schlafmohns gewonnenen Arznei für die Nerven bedarf.

Daisy trägt sich mit dem Gedanken an Scheidung. Im Sommer 1912 bucht sie Schiffspassagen nach England, gibt Order zu packen und fährt mit Mrs. Wheeler und Hugo nach Folkstone, wo sie Logis nimmt in einem imperialen Hotel an der Princes Parade. Vor der Tür liegt die Nordsee. Wenn Hugo mit seiner Nanny Sandburgen baut sieht es aus, als würden sie Ferien machen. Doch von einem Tag auf den andern bricht Daisy den Aufenthalt ab und fährt zur ihrer Familie nach Hampstead.

Dort zuerst erstaunte Gesichter. Dann, als Daisy von Brunos Affären berichtet, indignierte, und schließlich entsetzte, als der Familie klar wird, dass Daisy beabsichtigt, in Hampstaed zu bleiben und sich scheiden zu lassen. Aber Daisy, das ist ganz unmöglich. Daisy, was stellst du dir vor? Als geschiedene Frau wäre sie gesellschaftlich unten durch, man würde sie nirgends empfangen, ja nicht einmal grüßen. Und was würde aus Hugo? Zudem, der Heiratsvertrag! Und ihre in der Firma Baruch steckende Mitgift! Außerdem ist ihr Vater an der Londoner Niederlassung beteiligt.

Daisy gibt ihr Vorhaben auf und die Familie beruhigt sich, poor Daisy sei wohl nur überspannt gewesen und das Zerwürfnis mit ihrem Mann renke sich wieder ein. Doch dann bekommt Daisy einen weiteren Rappel, einen heftigeren als den ersten, einen Wutausbruch, der ihr zukünftiges Leben bestimmt und Hugos Leben dazu. Dieser ereignet sich auf dem Weg von Hampstead nach Soho, wo ihr Vater, um der Tochter und dem Enkelsohn eine Freude zu machen, bei »Scotts« einen Tisch reserviert hat. Es ist weit für die Pferde.

Jack Bilbo mit Mutter

Und es dauerte lang. Unterwegs kam es zum Streit, weil meine Mutter vom Kutscher verlangte, er solle für die Pferde die Peitsche verwenden. Mein Großvater wollte das nicht. Er wurde sehr laut. Der Streit eskalierte, und meine Mutter zerrte mich aus der Equipage und dann übernachteten wir in einem Hotel und mit dem erstbesten Dampfer verließen wir England, ohne meinen Großvater und meine Großmutter noch einmal zu sehen.

3.

Das Gelände der Firma Baruch reicht von der Alten Jakobstraße über sechs Höfe bis zur Lindenstraße hinüber. Die Tore sind mit hohen schmiedeeisernen Gittern versehen, die Gebäude aus Sandsteinquadern gebaut. Atlanten aus schwarzem Basalt tragen die Torbögen zwischen den Höfen, von denen Lastenaufzüge zu den Ateliers, Ausstellungsräumen, Lagern und Werkstätten fahren. Der Publizist Jakob Lorm beschrieb die Firma folgendermaßen:

»In den Lagern beeindrucken ein Meer von Seide, Spitzen und glitzernden Steinen, Pyramiden von Tuch, Peluche, Sammet, heraldischen und kirchlichen Stoffen für jedes erdenkliche historische Kostüm, Bänder-, Tüll-, Federn-, Besatzlager aller Farben, Töne, Nuancen.

In den Ateliers sehen wir, wie ein Stück Filz sich in einen Rembrandt unternehmendster Form verwandelt, wie die Metallschneidemaschine Ringe und Platten presst! Wir sehen Metallborten stanzen, Gehänge treiben, Fassungen ansetzen, und so entstehen die Diademe. Wir sehen die Schmelzerei, in der mittels elektrischen Stroms galvanisirt, verkupfert, vernickelt und versilbert, die Brennerei, in der geätzt und gravirt wird.

In Ausstellungsräumen sehen wir einen entzückenden kleinen Empiresalon in Weiß und Gold, einen Rococosalon aus weißem, rosenbrochirtem Atlas, einen kleinen Krönungssaal aus golddurchwirkter Seide und Peluche, ein stimmungsvolles, altdeutsches Zimmer, dessen Möbel sich mittels einzuschiebender Platten unzählige Male verändern lassen, ein gothisches Zimmer mit wundersamen Betschrank, altgothischen Öllampen und Bronzeleuchtern, dann ein Renaissancezimmer und zum Schluß ein entzückendes englisches Boudoir, in grünem Holz und Libertinesammt gehalten.«

Dem folgt die Beschreibung der Schwertfegerei, in der Lanzen, Schwerter, Dolche und Hellebarden entstehen und der Ausstellungshallen mit römischen Legionären, germanischen Kriegern, Nymphen und Feen, Mandarinen, Spalieren von Rittern, Wappen und Fahnen. Aus einer riesigen Muschel steigt Aphrodite, während Long John Silver mit einem Papagei auf der Schulter auf der Brücke eines Piratenschiffs steht.

Zwischen diesen Dingen streift Hugo umher – beinahe sechs, so groß aber, als wäre er acht oder neun. Er klettert ins Krähennest hoch, setzt einen Flügelhelm auf, ist mal dieser, mal jener, ein germanischer Krieger, ein Siegfried, ein Hagen, und kämpft, während die Angestellten von einem Bein auf das andere treten, mit Drachen und Bären.

Es gehört zu meinen schönsten Kindheitserinnerungen, wenn ich durch die Ausstellungs- und Lagerräume der Firma Baruch streife. Hier gaben sich mit ihren Waffen, Kostümen und Dekorationen alle Epochen der Geschichte und alle Völker der Erde ein Stelldichein.

Werbung der Firma Hugo Baruch & Cie.

Hin und wieder nimmt ihn sein Vater auch zu Besprechungen mit. Dazu legt ihm Mrs. Wheeler einen Stehkragen um, eingefettet mit Glattoline, damit er nicht scheuert, steckt ihn in einen steif gebügelten Anzug und setzt ihm einen Zylinder aufs Haupt. Von Kopf bis Fuß der Juniorchef sitzt er dann neben seinem Vater im Fond des großen, schwarzen Mercedes-Daimler, der gewaltige Kotflügel und eindrucksvolle Karbidlampen hat. Der Schupo reißt die Hand an den Tschako, als führen Kaiser und Kronprinz vorbei, der Portier des Hotels Bristol Unter den Linden reißt die Wagentür auf, während Erich Domaschke,

Chef de Rang seines Zeichens, Geleit in den Mahagonisaal bietet, wo Bruno Baruch seine Besprechungen führt, weshalb Domaschke immer einen Tisch reserviert hält.

Da Bruno Baruch zu den Betreibern des Marmorhauskinos gehört, interessiert er sich für Filmproduktionen. Jules Greenbaum ist ihm ein wichtiger Partner, hat dieser doch kinemathographische Vorführgeräte entwickelt und die Filmproduktionsgesellschaft »Vitaskop« ins Leben gerufen. Nun ist ein Drehbuch von Franz von Schönthan auf seinem Schreibtisch gelandet, eine tolle Komödie, und Max Mack, der aus Halberstadt stammt, soll es verfilmen. Bruno Baruch, bereit, sich an der Finanzierung des Films zu beteiligen, schlägt mit ihm befreundete Darsteller vor: Hans Junkermann vom Apollo Theater, als Detektiv Jean Coletti, Madge Lessing, die Frau seines Freunds George McNally, der in England die Shubert-Theatergesellschaft vertritt, als attraktive Lolotte. Für die Ausstattung bringt er Hermann Warm ins Gespräch, einen talentierten, dreiundzwanzigjährigen Kulissenmaler und Bühnenbildner der Firma, der der Künstlervereinigung »Sturm« angehört und schon einen Film von Max Mack ausstatten durfte: »Der Andere«.

Max Mack dreht »Wo ist Coletti?« in wenigen Wochen. Die Premiere findet am 4. April 1913 in den Kammerlichtspielen am Potsdamer Platz statt. Unter den Gästen ist auch Klein-Hugo, Parkett zweite Reihe vermutlich, denn vor ihm sitzt Anna Müller-Lincke, die Frau von Paul Lincke, eine resolute Dame, sowohl im Film als auch im richtigen Leben. Im Film attackiert sie den Detektiv Jean Coletti. Hier im Leben weigert sie sich, ihren wagenradgroßen mit Esprits dekorierten Hut abzunehmen.

Frau Müller-Lincke hatte einen enormen Hut auf dem Kopf. Den hätte sie eigentlich an der Garderobe abgeben müssen, aber sie war ja Frau Müller-Lincke.

Der erste Film in Hugos Leben!
Er beginnt mit einem an Coletti gerichteten Brief, der in der BZ am Mittag erscheint. »Die heutige Gerichtsverhandlung gegen den Kassenboten Schröter hat folgende unerhörte Tatsache ergeben: Schröter hat sich nach vollbrachtem Millionen-Diebstahl noch volle 48 Stunden unbehelligt in Berlin aufhalten können, obwohl Sie, Herr Coletti, sich im Besitze einer genauen Personalbeschreibung und eines Bildes des Verbrechers befanden. Eine solche Blamage hätten Sie sich sparen können, wenn Sie das Bild und die Personalbeschreibung des Kassenboten Schröter rechtzeitig veröffentlicht hätten, um die gesamte Bevölkerung von Berlin an der Jagd nach dem Flüchtling teilnehmen zu lassen.«
Coletti diktiert daraufhin seiner Sekretärin in die Maschine: »Um Ihnen zu beweisen, dass es fast unmöglich ist, einen einzelnen Menschen, der sich in der Riesenstadt Berlin verstecken will, zu finden, werde ich selbst folgendes Experiment ausführen: Ich werde heute Nacht aus meiner Wohnung, Regentenstraße 2, verschwinden und mich irgendwo in Berlin verstecken. Ich fordere Sie und die ganze Bevölkerung auf, mich auf meiner Flucht zu verfolgen, und ich setze für denjenigen, der mich binnen 48 Stunden einfängt, einen Preis von 100.000 Mark aus.«
Damit beginnt eine wilde Verfolgungsjagd durch Berlin. Hugo erscheint es seltsam, dass er den im Film an Litfaßsäulen angeschlagen Steckbrief mit dem Bild von Coletti bereits auf der Straße gesehen hat, er klebt nämlich an allen Litfaßsäulen der Stadt. Als Fünfzigjähriger

soll er sich in einem Brief an den Filmarchitekten Rudi Feld an den Steckbrief erinnern:

> Ich war durcheinander. Dabei wusste ich, dass sich Greenbaum und mein Vater das ausgedacht hatten. Ich war nämlich mit von der Partie, als sie es auspaldowerten. Kannst Du Dich an den Anfang von Coletti erinnern? Schönthan gibt Mack das Script in die Hand. Dann tauchen die Schauspieler auf. Dann läuft die Geschichte. Das war phantastisch gemacht. Man wusste nicht, was wirklich war. Alles war möglich. Ich hatte das Gefühl, draußen ist drinnen und drinnen ist draußen ...

Die Kinemathographie drängt gewaltig ins Leben, seit im November 1895 im Wintergarten unter lauter Musik und dem noch lauteren Gescheppert des Projektionsapparates die Bilder zu laufen begannen. Kein halbes Jahr später eröffnet in den Kaiserhallen Unter den Linden als erstes Kino Berlins das »Biorama«: sechs Reihen links, sechs Reihen rechts, Plätze für zweiundsiebzig Besucher, vorne die Leinwand, ein Tisch mit Grammophon, hinten ein Kabuff mit Projektor.

Nun, 1913 gibt es über dreihundert Kinos, Schlauchkinos oft nur, Kintopps, in denen der Koksofen qualmt, aber auch Lichtspielpaläste mit gepolsterten Sesseln, geschwungenen Logen und Wandmalereien wie das eben eröffnete Marmorhauskino, aus dessen Plafond Parfüm auf die Köpfe der Zuschauer rieselt, »Madame Carre Bourgoise Paris«.

Gedreht wird, was das Zeug hält – in Glasateliers auf den Dächern am Halleschen Tor, auf den Straßen, in Hinterhöfen und Parks, aus Bussen und Zügen heraus, vom Zeppelin runter. Vor den Toren Berlins schießen Filmstädte hoch. Bald wird man in Weißensee das Gebrüll von Löwen, in Woltersdorf das Trompeten von Elefanten vernehmen. Selbst Max Reinhardt verschreibt sich dem Lichtspiel. Er dreht »Eine venezianische Nacht« und »Die Insel der Seeligen«, während Albert Bassermann, Iffland-Ring-Träger, bekannt als Verächter der Kinemathografie, in »Der Andere« die Hauptrolle spielt. Die Lichtspielhäuser sind voll, wöchentlich gehen zwei Millionen ins Kino, allein in Berlin. Dem Theater laufen die Zuschauer weg. Mit dem Lichtspiel konkurrieren kann allein das Hochzeitstheater, in dem Prinzessin Viktoria Luise und Herzog Ernst August II. die Hauptrollen spielen.

Denn am 24. Mai 1913 heiratet die Tochter des Kaisers den Herzog. Die illustresten Hochzeitsgäste sind George V. und Königin Mary, Nikolaus II. und Zarin Alexandra, zudem reist der gesamte europäische Hochadel an, so dass es vor Aristokratie nur so glitzert und blinkt in Berlin.

Als Komparserie treten Schulkinder an. Weiß gekleidete Mädchen bilden Spaliere, streuen Blumen ihrer Prinzessin, winken, rufen: »Vivat!«. Gott, der Allmächtige, ist für die Belichtung zuständig: Vom preußisch blauen Himmel strahlt majestätisch die Sonne. Die Trauungszeremonie selbst findet im Schloss statt, wobei Kaiserin Auguste Viktorias schöne Tränen die Wangen befeuchten, Tränen des Glücks. Es läuten die Glocken, und Salutschüsse krachen, dann wird gefeiert, mit Champagner und edlen Weinen im Schloss, mit Bier und Schnaps in Gartenlokalen. Im nächsten Akt gibt es Krieg.

4.

»Wir Wilhelm, von Gottes Gnaden Deutscher Kaiser, König von Preußen usw. verordnen aufgrund des Artikels 68 der Verfassung des Deutschen Reiches, was folgt: Das Reichsgebiet, ausschließlich der

Königlich Bayrischen Gebietsteile, wird hierdurch in Kriegszustand erklärt. Diese Verordnung tritt am Tage ihrer Verkündigung in Kraft. Urkundlich unter Unserer Höchsteigenhändigen Unterschrift und beigedrücktem Kaiserlichen Insiegel. Gegeben Potsdam, Neues Palais, den 31. Juli 1914, Wilhelm I. R.«

Wieder ein Himmel von preußischem Blau, auf der Siegessäule leuchtet die Göttin des Sieges, die marmornen Herrscher im Tiergarten steigen von ihren Podesten herab und hacken aufs Pflaster, dazu dröhnt Gesang aus Lokalen und Bars: »Es braust ein Ruf wie Donnerhall. Wie Schwertgeklirr und Wogenprall.« Die Studenten werfen ihre Kreissägen hoch, der Bürger zieht den Zylinder, die Kinder hüpfen und winken, die Frauen küssen ihre Soldaten und stecken ihnen Blumen an die grauen Litewkas, und die Regimenter marschieren so dicht, dass man nicht über die Straße gelangt – 1914, am 1. August.

Am nächsten Tag fallen deutsche Truppen in Luxemburg ein, und in der Nacht zum 4. August überschreiten sie die belgische Grenze, worauf Großbritannien Deutschland den Krieg erklärt, was einen Aufschrei der Empörung hervorruft. Verrat! Hat der Kaiser doch eine britische Mutter! Ist er doch Ehrenoberst der First Royal Dragoons und Admiral der Royal Navy! Zur Hochzeit der Tochter hat er mit seinem Vetter die Uniformen getauscht: George V., ein Deutscher, Wilhelm II., ein Brite! Die Kriegsbegeisterung schlägt um in maßlose Wut.

Die Stummfilmgöttin Asta Nielsen wird sich erinnern: »Die Stadt wurde zu einem brodelnden Hexenkessel. (...) Steine flogen in die Fenster der englischen Gesandtschaft und die Glassplitter klirrten auf die tobende schreiende Volksmenge herunter. Berittene Polizei trieb die Massen die Linden hinab. Man schrie, weil die anderen schrien, man trampelte, um nicht niedergetrampelt zu werden.«

Damit auch Hugo in den Kinderkrieg ziehen kann, hat ihm sein Vater Stiefel und eine Leutnantsuniform fertig lassen. So hackt Hugo im Salon auf und ab, klappt die Hacken zusammen, zackig, klack, kurz, wie sich das für einen Leutnant gehört, salutiert vor Mutter und Nanny: »Gestatten, Hugo Baruch, preußischer Leutnant!« und ruft damit seine Unglückszahl aus dem Schlaf. Sie macht sich bemerkbar im Gezischel des Dienstpersonals und dass sich Mrs. Wheeler nicht aus dem Haus wagt, weil sie befürchtet, als Britin erkannt und verprügelt zu werden. Während Daisy als Schatten von einem Zimmer ins andere huscht.

Wie soll sie leben in einem Land, das mit ihr im Krieg steht? Der Mann Patriot, der Sohn kleiner Leutnant auf dem Parkett. Freunde und Bekannte bemerken sie nicht auf der Straße oder wechseln die Seite. Die Passanten grüßen: »Gott strafe England!«

Als die Truppen Brüssel besetzen und die 8. Armee in der Schlacht von Tannenberg die Narew-Armee vernichtet, setzt sich Daisy zur Wehr. Sie erklärt ihrem Mann: »Ich will hier nicht leben, ich hasse das Land, ich bestehe auf Scheidung«, schreibt lange Briefe an Verwandte in Holland und konsultiert einen Anwalt, um sie im Prozess zu vertreten.

Im Januar 1915 wird Daisy geschieden – zwar bekommt sie ihre Mitgift nicht frei, das Gericht legt eine Klausel des Ehevertrags für sie nachteilig aus, allerdings bekommt sie ihren Sohn zugesprochen. Im Februar muss sie mit Hugo und Mrs. Wheeler bei der Militärbehörde im Potsdamer Bahnhof erscheinen.

Das obligate Bild an der Wand: Majestät, den Schnurrbart gezwirbelt, die Augen in die des Betrachters gebohrt. Ein Geruch von Stiefelwichse und Akten. Die Ordonanz rückt Stühle zurecht. Ein Offizier klemmt das Monokel ins Aug, blättert in Akten und kommt zu dem Ergebnis, dass sie, Margarete Frederica Beatrice Baruch, geborene Tuchmann-Turner, die zwar britische, durch ihre Ehe mit Bruno Baruch jedoch auch preußische Staatsbürgerin ist, berechtigt sei, mit ihrem Sohn das Land zu verlassen, und gegen die begleitende Ausreise von Fräulein Wheeler kein Einwand besteht. Klack. Stempel in

Pässe gehauen. Hacken zusammen: »Wünsche angenehme Reise, gnädige Frau.«

Darüber findet man in Jack Bilbos autobiografischen Werken kein Wort. Kein Wort auch über den Abschied von seinem Vater, kein Wort, ob er sich sträubte, das Haus zu verlassen, was er zurück lassen musste in seinem Zimmer, »mein schönes großes braunes Zimmer«, kein Wort von den kriegsgrauen Straßen und Lichtspieltheatern, in denen Messters Kriegswochenschau und Komödien laufen, von Geschäften mit Schlangen davor, von Bäckereien, in denen es Brot nur noch gegen Brotmarken gibt, von zu Pyramiden gestellten Gewehren in der Halle des Potsdamer Bahnhofs, kein Wort von Schwestern, die an Soldaten Tee und Suppe verteilen, kein Wort von einer Lokomotive, der der Dampf zwischen den Rädern hervor faucht – als hätte es ihm an jenem Februartag die Sprache verschlagen.

Erst Mitte Mai sieht man ihn wieder. Da steht er im Hafen von Rotterdam an einer Mole, und ein Schiff aus Bilbao stößt Rauch aus schwarzen Kaminen, während Mrs. Wheeler, reisefertig, Schal, Hütchen, Mantel, geflochtener Dienstbotenkoffer, Hugo fest an sich drückt.

Meine arme, herzinnigst geliebte Nanny, die immer für mich da war, soweit ich zurückdenken konnte,

Als Andenken steckt sie ihm ein silbernes Löffelchen zu. Dann steigt sie das Fallreep hinauf. Bugsiere ziehen den Dampfer hinaus, und sie, seine Nanny, die herzinnigst geliebte, steht an der Reling und winkt, winkt ihm mit einem weißen Taschentuch zu, während er das Löffelchen in der Hand hält und heult. Hugo heult noch im Zug. Er heult noch abends im Bett, er heult, bis seine Mutter droht: »Hör auf zu heulen! Sonst lernst du mich kennen.«

Ich erinnere mich. Ich verstand nicht. Ich konnte nicht. Ich wollte meine Nanny und heulte noch lauter. Doch darauf hatte sie nur gewartet. Sie sagte, dass sie für mich einen Stock hat. Dann verließ sie das Zimmer und kam mit einem weißen Stock zurück, der im Badezimmer als Halterung für die Handtücher diente. Er war so dick wie ein Daumen und ungefähr zwei Fuß lang. Ich bekam solche Angst, dass ich mir die Seele aus dem Leib schrie. Sie zerrte mich aus dem Bett und schlug mich, nicht wie eine Mutter ihr Kind schlägt ... sie hörte nicht auf.

Warum? Weil er seine Nanny mehr liebt als sie, seine Mutter? Weil er zu seinem Vater zurückwill? Rächt sie sich an ihm für dessen Affären, für die Huren, für die hämischen Blicke, für die Demütigungen? Zahlt sie Hugo den übers Parkett hackenden Leutnant zurück? Schlägt sie ihn, weil Martin, ihr Bruder, der bei der Royal Navy als Offizier dient, vielleicht gerade von einem deutschen Torpedo versenkt wird? »Meine Mutter war eine Sadistin. Zu meinem Unglück war ich der Einzige, an dem sie ihre Sexualität ausleben konnte.«

Merry: »Über die Eltern meiner Großmutter weiß ich nur wenig. Daisys Mutter soll sich umgebracht haben und Charles Tuchmann, ihr Vater, hat als recht seltsam gegolten. Er rauchte beim Essen und schluckte ständig Pastillen. Wie sie Daisy erzogen? Vermutlich sehr streng. Es waren ja viktorianische Zeiten. Sehen Sie sie doch auf dem Hochzeitsbild an! Wie starr sie da ist. Mir kommt sie wie eine Teepuppe vor. Sicherlich hatte man sie nicht gefragt, ob sie Bruno

Baruch heiraten wollte. Sie musste tun, was die Eltern verlangten, das war damals so, und als sie verheiratet war, als Dame des Hauses, hatte sie zu repräsentieren, teurer Schmuck, Haute Couture, Soirées, für den Sohn eine Nanny aus England, aber wie sah es in ihr aus? Mein Vater schrieb, sie sei unnahbar gewesen und ihm wie eine Fremde erschienen. Glücklich war sie wohl nur, wenn sie Morphium nahm, und das bekam man zu dieser Zeit ja noch rezeptfrei zu kaufen. Nur los kam sie nicht mehr davon. Zwar setzte sie es immer wieder mal ab, doch das Leben in den Niederlanden war schwierig. Ihre Mitgift steckte fest in der Firma, und die Anweisungen aus Berlin kamen unregelmäßig, wenn überhaupt.«

Dabei muss sie die Miete für das Haus bezahlen. Und die Lebensmittel sind teuer. Hugo ist acht und wird immer größer, braucht neue Kleider und Schuhe. Aber Daisy, obwohl sie die Sprache nicht spricht und noch nie in ihrem Leben finanzielle Sorgen gehabt hat, weil Geld einfach da war wie Wasser und Luft, weiß sich zu behaupten. Sie fährt nach Amsterdam, um Teile ihres Schmucks zu verkaufen, besorgt eine Passage auf einem spanischen Schiff, entlässt Mrs. Wheeler, schickt sie nach England zurück, schreibt Hugo in eine Privatschule ein – schon damit er die Sprache erlernt, und zwingt ihn, die Hausaufgaben zu machen, wenn nötig mit dem Stock in der Hand.

Von Zeit zu Zeit besucht sie Verwandte, und manchmal geht sie mit Hugo ins »Kurhaus am Strand«, Daisy und Hugo, Mutter und Sohn, wo sie zu heißer Schokolade und Kuchen Foxtrott und Dixieland hören. Man sieht sie in der Paviljoensgracht im Zentrum Den Haags vor dem Backsteinhaus mit den roten Fensterläden, in dem Baruch de Spinoza gelebt hat. Gelesen haben dürfte sie Spinozas Werke wohl kaum, doch Spinoza war Jude und Hugo soll stolz auf sein Herkommen sein. Später, Jahrzehnte danach, wird er behaupten, dass Baruch de Spinoza einer seiner Vorfahren war.

Die neutralen Niederlande sind eine Insel im Krieg. In Scheveningen sieht man sowohl deutsche wie britische Offiziere auf Urlaub. Sie sitzen in denselben Cafés, getrennt zwar und ohne sich zu beachten, doch den Oude Genever, das belgische Bier, die Musik, die Palmen, die in hölzernen Bottichen vor den Bade- und Kurhäusern stehen, den Service der indonesischen Ober und den Frieden genießend. In den Geschäften gibt es Kaffee, Schokolade, Marzipan, Parfüm und Seife zu kaufen, davon kann man in Deutschland nur träumen, und lediglich die grauen vor der Küste patrouillierenden Schiffe und der vibrierende Boden erinnern daran, dass in Flandern der Krieg tobt. Und natürlich die bettelnden belgischen Kinder. Sie sind mit ihren Familien vor der Soldateska geflohen und hausen in Notunterkünften, in Baracken und Zelten.

Daisy gibt ihnen Geld und zu essen, wenn sie an die Haustüre klopfen, vielleicht weil sie Angst hat, sie müsste, wenn der letzte Ring, die letzte Brosche verkauft sind, selbst an Haustüren betteln: eine milde Gabe für Emigranten aus Deutschland, eine milde Gabe für Mutter und Sohn.

Klirren die Gläser, vibrieren die Wände, rieselt der Kalk vom Plafond, injiziert sie sich ihre Arznei für die Nerven. Dann legt sich die Angst, der Atem geht ruhig, Wärme strömt in die Glieder, Nebel breitet sich aus, Vergangenheit und Zukunft verschmelzen, alles wird traurig und schön, und sie klimpert auf dem Klavier, das zur Wohnungseinrichtung gehört. Während Hugo Briefe an seinen Vater verfasst, »ich sehne mich nach meinem Vater«, in denen er fragt, wann er zurück nach Berlin darf, um dann auf dessen Antwort zu warten – vergebens, denn Daisy wirft sie ins Feuer.

Hugos Unglückszahl hat mit Kriegsbeginn einen Militär in ihre Dienste genommen, Generaloberst Alexander von Kluck. Am 27. August 1914 steht er mit der 1. Armee vor Paris, doch statt die Stadt einzunehmen, befiehlt er, die 5. französische Armee zu verfolgen, ein Fehler, den der Gegner zu nutzen versteht, indem er zu einem Gegenschlag ansetzt, unter dem sich drei deutsche Armeen zurückziehen müssen. Seitdem steckt der Krieg fest zwischen Gräben, die von der Schweiz bis zur Nordsee verlaufen. Es wird mit Maschinengewehren, Mörsern und Geschützen gekämpft, mit Gewehr und Pistole, mit Spaten und Seitengewehr.

Fritz Haber, Gründungsdirektor und Leiter des Kaiser-Wilhelm-Instituts, der Chlorgas propagiert, unternimmt einen Versuch mit vielversprechender Wirkung. »Das Gas blies vorschriftsmäßig ab, da plagte uns der Teufel und wir beide ritten versuchsweise in die abtreibende Gaswolke hinein. Im Augenblick hatten wir in dem Chlornebel die Orientierung verloren, ein wahnsinniger Husten setzte ein, die Kehle war wie zugeschnürt.«

Am 22. April 1915 wird bei Ypern mit Chlorgas ein Durchbruch versucht – ohne Erfolg. Bald schlagen die Gegner mit noch teuflischeren Gasen zurück, und da der Wind meist vom Atlantik her weht, erleiden die deutschen Truppen größere Verluste als die französischen und britischen.

Den zweiten Angriff setzt Generalstabschef von Falkenhayn für den 12. Februar 1916 an, muss ihn aber wegen Nebel und starkem Regen verschieben. So beginnt die Schlacht von Verdun erst, als am 20. Februar die Sonne hervorkommt. Um acht Uhr zwölf feuert der »Lange Max« eine 38 cm Granate auf die französischen Stellungen ab, Auftakt für eine Kanonade von 1225 Geschützen. Die Angriffe auf Forts und Feste erstrecken sich bis in den Sommer. Als am 7. Juni Fort Vaux kapituliert, beginnt der Kampf um Fleury. Das Dorf wird erobert, das Dorf geht verloren, sechzehn Mal in einer Woche, dann liegt Verdun wie auf einem Präsentierteller vor den Deutschen. Da beginnt an der Somme die Gegenoffensive der Franzosen und Briten.

Währenddessen klappert Hugo an Zäunen entlang, auf dem Rücken einen Ranzen mit Heften und Büchern, sitzt in der Schulbank, lernt Geographie, Geschichte, Mathematik und singt niederländische Lieder. Dabei hört er das dumpfe Grollen der Geschütze und die Dachziegel klappern.

Was stellt er sich vor, über den Atlas gebeugt? Wie er kämpft für Kaiser und Deutschland? Wie er mit einem Maschinengewehr rattert? Wie die Feinde fallen und tot sind? Wie er zurück nach Berlin kommt, zehn Jahre alt, beinah erwachsen, stark wie ein Bär, ein richtiger Juniorchef, kein Stopps mit Zylinder – wie ihn sein Vater empfängt? Hugo, da bist du ja wieder!

»Ich verfolgte täglich die Kriegsberichte.« Mit bunten Fähnchen steckt er auf einer Karte die Front ab, markiert die »Schwabenfeste«, Thiepval, Ovillers-la-Boiselle, und als sich die deutsche Linie einzubauchen beginnt, greift er selbst in den Kampf ein.

Vom Haus in der Groningsestraat zum Oostduinpark sind es nur Minuten, und dort, in den mit Strandhafer bewachsenen Dünen, ist er wieder preußischer Leutnant. Seine Soldaten sind Arbeiterkinder, deren Väter im Vissershaven ihr Auskommen finden, seine Feinde Flüchtlingskinder aus Belgien. Sie stürmen die Dünen hinauf und die Dünen hinunter, greifen an mit Hurra, während er, ratatata, Deutschland verteidigt.

Als die Schlachten geschlagen und die Gefallenen gezählt sind, 300.000 allein in der Schlacht von Verdun, eine Million in der Schlacht an der Somme, als eisiger Wind weht über Sappen und Trichter, Ende November, Anfang Dezember, als Hugos Fähnchen wieder die alten Linien markieren, schwänzt er den Schulunterricht. Stattdessen geht er ins Kino, sieht deutsche Filme, sieht »Bei unseren Helden an der Somme«, sieht die rauchgeschwärzte Kirche von Bapaume, »schmähliches Opfer französischen und englischen Kriegswillens«, sieht blühende, glückliche Dörfer »von den Granaten der Entente eingeebnet«, Péronne!, »das totgeweihte, zerfetzt von den feindlichen Geschoßen aus aller Welt«, und liest am traurigen Ende: »Und wer den Tod im heiligen Kampfe fand, ruht auch in fremder Erd' im Vaterland«.

Kein Zweifel für ihn, dass Deutschland siegreich aus diesem Krieg hervorgehen wird. Und wenn Hugo doch Zweifel plagen, Richard Otto Frankfurter verscheucht sie mit »Die Entdeckung Deutschlands durch die Marsbewohner«, einen Propagandafilm, 1916 für das neutrale Ausland gedreht, in dem der Gelehrte Marsilius, dessen Tochter Marsilietta und Mavortin, ein Redakteur der Marszeitung »Sonnenstern«, in München landen. Sie werden mit Blumen begrüßt und im Hofbräuhaus mit Starkbier, Weißwürsten und Brezen bewirtet. So können sie sehen, wie gesund, satt und stark das bayrisches Volk ist.

Die Firma Karl Zeiß öffnet den Marsianern die Tore (»Tag und Nacht geht das Schleifen der Linsen«), ebenfalls die Daimler Motorengesellschaft (»Stundenleistung 5 fertige Flugzeugmotore«), die Aktiengesellschaft Weser (»Einer der Kessel für den Überseedampfer München. Gewicht 110.000 kg«), das Martinstahlwerk von Krupp (»Der Gussblock für ein Kanonenrohr verlässt den Ofen«) und die Bessemer Stahlwerke (»Deutsche Geschoße«). Hugo sieht Eisenbahngeschütze, Unterseeboote, Drillbohrmaschinen, die sich unter die feindlichen Stellungen graben. Und wenn er im Bett liegt, abends, während seine Mutter unter ihm klimpert auf einem verstimmten Klavier, stellt er sich vor, er besäße ein Schiff, das am Bug solch einen Drillbohrer hat, mit dem er sich durch die Erdkruste bohrt – zum Entsetzen der Zulus, wenn er in Afrika rauskommt.

Seine Heimat aber ist eine glückliche Insel, in dessen Zentrum ein großes, weißes Hotel steht,

---

zu dem eine breite mit Blumenbeeten und Springbrunnen flankierte Straße führte. Auf der einen Seite befanden sich Tennisplätze und Schwimmbäder, auf der anderen ein Märchenland mit einer Miniatureisenbahn. Sie fuhr durch Grotten und eine wunderbare unterirdische Landschaft. In der Nähe des Hotels gab es ein Spielkasino und ein riesiges Gebäude mit Geschäften und Läden, in denen man alles fand, was man sich nur vorstellen kann. Am anderen Ende der breiten Straße waren der Strand und eine Lagune. Jeder Inselbewohner war glücklich ...

Daisy, die spürt, dass Hugo unglücklich ist, kauft ihm schließlich Fahrtenmesser und Hut, Wanderschuhe und Pfandfinderkluft und schreibt ihn bei »De Nederlandse Padvinders« ein, und in den Sommerferien 1917 geht er auf Fahrt, »ich war so glücklich von zu Hause wegzukommen, so enthusiastisch ...«, marschiert vorneweg mit dem Pfadfinderwimpel, auf Treidelpfaden an Kanälen entlang, über Zugbrücken, vorbei an Höfen mit Entengeschnatter und Hundegebell, sitzt am Lagerfeuer, springt darüber hinweg, schläft unter Sternen und spürt den Atem der Freiheit, wohl zum ersten Mal im Leben. Dann kommt er tatsächlich mit dem Krieg in Berührung.

Da in einem Distrikt an der belgischen Grenze 30.000 britische Soldaten an Masern erkrankt und unter Quarantäne gestellt sind, greifen zur Unterstützung des Rotkreuzpersonals die Pfadfinder ein, und Hugo, der Scout, wäscht und wickelt Verbände, verteilt die Menage und schreibt Briefe für Soldaten, die keine Arme mehr haben. Sie revanchieren sich dafür, »und gaben mir Schokolade.«

Die Gesunden bringen ihm bei, wie man sich mit Uppercuts, Haken und Doubletten behauptet, im Ring und im Leben, und setzen ihm einen Tellerhelm auf den Kopf und befördern ihn zum britischen Sergeant: »Es war eine wunderbare Zeit, die beste Zeit meines Lebens.«

5.

Nun die Revolution. Schüsse lösen sie aus. Sie fallen am 3. November 1918 in Kiel, als Matrosen die Freilassung ihrer Kameraden der Schiffe »Thüringen« und »Helgoland« fordern. Leutnant Steinhäuser, Führer einer Patrouille, gibt Befehl, auf die Meuterer zu schießen. Die Salven kosten sieben Matrosen das Leben. Deren Kameraden machen daraufhin Leutnant Steinhäuser nieder, was sie zwingt, in die Offensive zu gehen.

Am Morgen des 4. November wählen sie Soldatenräte, entwaffnen die Offiziere, befreien Kameraden, besetzen öffentliche Gebäude und Bahnhof und hissen rote Fahnen auf den Masten der Schiffe. Eine zur Niederschlagung anrückende Truppe schließt sich ihnen an, die Dockarbeiter treten in Streik und am Abend gehört Kiel den Matrosen.

Die Revolte breitet sich wie ein Lauffeuer aus. Am 5. November erreicht sie Lübeck und Brunsbüttelkoog. Am 6. November Bremen, Wilhelmshaven und Hamburg. Am 7. November Oldenburg, Hannover und Köln.

Die Militärbehörden strecken die Waffen, die Zivilbehörden machen sich klein, Arbeiter- und Soldatenräte werden gewählt, Gefängnisse geöffnet, Bahnhöfe und Zeitungsredaktionen besetzt. Nach vier Jahren Militärdiktatur kann man wieder atmen und reden – was Reichskanzler Prinz Max von Baden und Friedrich Ebert, den Vorsitzenden der Sozialdemokraten, mit Sorge erfüllt. Um der Revolution die Luft abzudrehen, lässt Max von Baden verkünden: »Seine Majestät der Kaiser und König haben sich entschlossen, dem Thron zu entsagen ...« – was nicht der Wahrheit entspricht, der Kaiser denkt im Traum nicht daran, doch rechtfertigt, dass er die Kanzlerschaft an den Vorsitzenden der SPD überträgt.

Als sich am Samstag, den 9. November, gegen Mittag die Fabriktore öffnen und die Arbeiter in geschlossenen Zügen zum Reichstag marschieren, schwenken sie rote Fahnen über den Köpfen einer Menge, die nach hunderttausenden zählt. Plakate fordern: »Nieder mit dem Kaiser!«, »Tod den Generälen!« Ebert und Scheidemann, im Begriff Kartoffelsuppe zu löffeln, können die Sprechchöre hören. Scheidemann schiebt den Teller beiseite, öffnet ein Fenster und verkündet der Menge: »Das Volk hat auf der ganzen Linie gesiegt! Es lebe die deutsche Republik!« Doch da kracht auch schon Eberts Faust auf den Tisch. »Du hast kein Recht, die Republik auszurufen!«

Sebastian Haffner: »Was Ebert an diesem Tag gewollt hat, geht aus allem, was er sagt und tat, vollkommen klar hervor: Er wollte die Revolution in letzter Minute verhindern, den großen Marsch der Arbeiter als bloße Demonstration ablaufen lassen und unter neuer Firma das Wesentliche der alten Ordnung retten und weiterführen.«

Daher schließt Ebert, zum Volksbeauftragten gewählt, mit General Groener ein Bündnis, gibt die Befehlsgewalt an die Offiziere zurück, setzt den Vollzugsrat der Soldaten- und Arbeiterräte gefangen und lässt eine Demonstration mit Maschinengewehren niederschießen, woraufhin Matrosen den Reichstag besetzen. Sie attackieren die Ebert ergebenen Truppen, fügen ihnen schwere Verluste bei, doch am 5. Januar 1919 flammt die Revolution wieder auf.

Wieder sammelt sich eine gewaltige Menge, wieder werden Plakate in die Höhe gestreckt, rote Fahnen geschwenkt. »Als Matrosenmörder klagen wir an / Ebert, Landsberg und Scheidemann!« Barrikaden werden errichtet, Bahnhöfe und Zeitungsverlage besetzt, indes Ebert seinem Reichswehrminister den Auftrag erteilt, die Niederschlagung des Aufstandes der zum größten Teil sozialdemokratischen Arbeiterschaft vorzubereiten, worauf Gustav Noske durch die Volksmenge drängt, höflich bittend, ihm freien Gang zu gewähren, er habe eine dringende Besorgung zu machen, um vom Töchterpensionat Luisenstift aus Freikorps in Stellung zu bringen.

Zu dieser Zeit befinden sich Daisy und Hugo auf dem Weg nach Berlin. Ihr Coupé hat zerschlissene Sitze, die Schnüre der Gepäckablagen sind aus Papier, die Heizung hat den Geist aufgegeben, so dass der Atem gefriert vor dem Mund. Was sie sehen, lässt Schlimmes befürchten: eine gefrorene Landschaft, verfallene Dörfer, dunkle Bahnhöfe, verlassene Perrons, Patrouillen, die Schutzmasken tragen, denn es grassiert die Spanische Grippe.

In Berlin wird gestreikt. Die ABOAG hat den Verkehr eingestellt, so dass weder Straßenbahnen, Untergrundbahnen oder Busse verkehren, Restaurants und Geschäfte haben geschlossen, und beim Bahnhof Friedrichstraße, Endstation für Daisy und Hugo, wurden Barrikaden errichtet. Würde sich ein Droschkenkutscher nicht ihrer erbarmen, müssten sie Quartier im Wartesaal nehmen.

So gelangen sie schließlich zum Kurfürstendamm. Doch die Häuser sind dunkel und am Haus Nummer 61 vom Klingelschild nur die Löcher für die Schrauben geblieben, weshalb der Kutscher sie nach Kreuzberg kutschiert. Dort haben, um das besetzte Verlagsgebäude des Vorwärts sturmreif zu schießen, Regierungstruppen die Lindenstraße blockiert. Über die Alte Jakobstraße können sie schließlich die Firmeneinfahrt erreichen, wo sie am Gittertor rütteln, bis der Lagerverwalter über den Hof schlurft.

Frau Koch machte Kaffee. Es war kein echter Kaffee, sondern Malzkaffee mit Sacharin. Dann versuchte Koch mit meinem Vater zu telefonieren, aber es kam keine Verbindung zustande, da die Firma in einem Stadtteil lag, der den Roten gehörte und mein Vater in der Königin-Augusta-Straße wohnte, nahe beim Hauptquartier der Reichswehr ...

Frau Koch richtet für Daisy und Hugo Nachtlager her, doch an Schlaf ist nicht zu denken, die ganze Nacht über rattern Maschinengewehre. Weiterfahrt am folgenden Tag.

Aber wie? In den Straßen wurde noch überall geschossen, alle öffentlichen Verkehrsmittel lagen still, alle Privatfahrzeuge waren vom Militär von beiden Seiten beschlagnahmt worden. Nur einen Riesenwagen mit zehn Rädern, der zum Transport von Kulissen diente, hatte man auf dem Gelände der Firma Baruch stehen gelassen. Zwei alte Pferde waren auch noch da. Mit dieser einzigartigen Equipage machten wir uns auf den Weg. Unser Verwalter hatte eine riesige weiße Fahne am Kutschbock aufgepflanzt. Wurden wir angehalten, sagte er, der jeweiligen Situation entsprechend: »Es lebe die Revolution!« oder: »Ich habe Befehl, die Herrschaften nach Hause zu bringen.« Alle Leute lachten über unsere Fuhre. Man räumte Barrikaden beiseite und stellte vorübergehend sogar das Schießen ein.

Bruno Baruch hatte die 14-Zimmer-Wohnung am Kurfürstendamm gegen eine Belletage mit acht Zimmern in der Königin-Augusta-Straße 24 gewechselt.

Als sie die Adresse erreichen und Hugo auf den Klingelknopf drückt, »ich zitterte vor Erregung«, als Stössel die Haustüre öffnet und sein Vater erscheint, »er war überrascht und bewegt«, glaubt er sich am Ziel seiner Wünsche. Doch als Minna, die Köchin, eine üppige Mahlzeit serviert, »in diesem Haus hatte es auch die Kriegsjahre über nie Mangel oder gar Hunger gegeben«, sitzt mit ihnen Rosa Felsegg am Tisch und macht durch ihre Gegenwart klar, dass kein Bleiben sei für Daisy und Hugo.

Darauf ziehen sie in eine Pension, indes Bruno Baruch Daisys Bruder Martin verständigt, der bald darauf kommt, um bei der Regelung ihrer Angelegenheiten zu helfen.

Das Gebäude der Viktoria-Versicherung, ein wilhelminischer Bau, Alte Jakobstraße 130 bis 132, damals in Nachbarschaft zur Firma Baruch, dient der Versicherung noch heute als Sitz. Hinter einem der hohen Fenster der ersten Etage fand im März 1919 eine Besprechung statt, bei der folgende Personen anwesend waren: Bruno Baruch, ein Versicherungsvertreter, ein Notar, der Rechtspfleger Berthold Burlin, Daisys Bruder Martin Turner (er hatte den deutschen Familiennamen abgelegt und nannte sich nun nur noch nach seiner Mutter), Daisy und Hugo.

Bruno Baruch war aus der Firma Baruch geschieden, so dass er nicht mehr die Berechtigung hatte, eine juristisch verbindliche Entscheidung in Hinsicht auf Daisys Mitgift zu treffen. Martin Turner verdächtigt ihn und seine Brüder Richard und Erwin eines Komplotts. Er wird sehr laut, geht aber letztlich auf das Angebot ein, Daisy zur Behandlung ihrer »nervösen Depressionen« in der Heil- und Pflegeanstalt Herzberge unterzubringen und für sie eine Lebensversicherung in Höhe von zwei Millionen Mark abzuschließen, wobei sich Bruno Baruch verpflichtet, die Kosten für die Behandlung und Unterbringung sowie die Versicherungsbeiträge zu tragen.

Martin Turner besteht darauf, Daisys Schmuck in Verwahrung zu nehmen, entweder bis sie gesund oder Hugo volljährig ist. Als Daisys Vormund wird Berthold Burlin eingesetzt. Martin Turner händigt ihm 70 britische Pfund aus, Geld für sein Mündel, auf welches er nach Ermessen zurückgreifen darf, denn Daisy soll es ja gut gehen.

Als Daisy in Herzberge eintrifft, wird sie in ein schön eingerichtetes Zimmer geführt, mit hohen Fenstern und Blick auf Birken, Blumenbeete und eine efeubewachsene Mauer. Sie wird umsorgt von freundlichen Schwestern. Burlin veranlasst, dass sie ein Spinett auf ihr Zimmer bekommt, für ihr Piano mit den vergoldeten Beinen ist es nämlich zu klein. Die Verpflegung ist gut, zu gegebener Stunde darf sich Daisy im Garten die Sonne ins Gesicht scheinen lassen. Die Ärzte begegnen ihr mit Verständnis, und wenn sie Depressionen bekommt, muss sie nur nach der Arznei für die Nerven verlangen.

So vergehen die Jahre.

Doch als die Nazis die Macht übernehmen, als Bruno Baruch einen Schlag nach dem andern erfährt und für Daisys Behandlung und Unterbringung nicht mehr aufkommen kann, wird sie in einen Saal mit Geisteskranken verlegt. Sie bekommt kein Morphium mehr, die Verpflegung wird schlechter, und Burlin, als Jude aus dem Justizdienst entlassen, darf sie nicht mehr besuchen. Besuch erhält sie schließlich nur noch von ihrer Schwägerin Hertha, die sie mit Lebensmitteln versorgt. 1938 kommt Martin Turner zu Besuch – und fährt wieder ab, vermutlich mit dem Versprechen, sie nach Hampstead zu holen. Doch dazu kommt es nicht mehr. Ein Jahr später befinden sich Großbritannien und Deutschland im Krieg.

Am 1. September 1939, dem Tag des Überfalles auf Polen, bestimmt Adolf Hitler: »Reichsleiter Bouhler und Dr. med. Karl Brandt sind unter Verantwortung beauftragt, die Befugnisse namentlich zu bestimmender Ärzte so zu erweitern, dass nach menschlichem Ermessen unheilbar Kranke bei kritischer Beurteilung ihres Krankheitszustandes der Gnadentod gewährt wird.«

Drei Wochen später, am 21. September, werden die in Frage kommenden Patienten per Fragebogen erfasst. Bei einer Tagung am 9. Oktober Methoden »eines keine Spuren hinterlassenden, optimalen Tötens« erörtert und beschlossen, sie mit Kohlenmonoxyd zu »desinfizieren«. Um die Ermordung der Kranken zu tarnen, wird das Unternehmen nach der Anschrift der Zentrale für Euthanasie, eine Gründerzeitvilla in der Tiergartenstraße 4, als Aktion T4 ausgegeben. Im Januar 1940 fangen die Vergasungen an.

Um Daisys Spur zu verwischen, wird sie im Frühjahr 1940 in die Heil- und Pflegeanstalt Wuhlgarten verlegt, wo sie ein paar Wochen bleibt, bevor man sie in die Heil- und Pflegeanstalt Buch überführt, in einem grauen Bus mit geweißten Scheiben. Von dort wird sie, wieder mit einem der Busse, zum Zuchthaus in Brandenburg an der Havel gebracht. Sie ist fünfzig Jahre alt, grau, abgemagert, als man ihr mit angefeuchtetem roten Kopierstift Namen und Geburtstag auf den Rücken schreibt, bevor man sie in die Gaskammer schließt.

6.

Glaubt Hugo, es würde wieder wie früher, als er aus Holland zurückkehrt? Dass er wieder sein schönes großes braunes Zimmer bezieht? Dass er wieder im Samtanzug und mit weißem Zylinder die Gäste begrüßt? Dass sich das Büfett wieder biegt? Glaubt er, dass ihn sein Vater wieder mit zu Besprechungen nimmt, dass der Chef de Rang sich seiner erinnert und er alsbald in seines Vaters Fußstapfen tritt?

Als er zu seinem Vater zurück kommt, muss er vorlieb nehmen mit einer besseren Dienstbotenkammer und die Knabenschule Lehmann besuchen. Das kommt daher, weil es die Andere gibt, Rosa Felsegg, die, wie er schreibt »große, blonde, blauäugige, ordinäre Person«, die ihn nicht ausstehen kann. »Sie zeigte es mir deutlich, und obwohl ich ihr nach Möglichkeit aus dem Wege ging, suchte sie ständig Gelegenheit, mich zu reizen.« Bald schwänzt er wieder den Schulunterricht – wozu soll Schule auch gut sein? Spricht er doch Deutsch, Niederländisch, Englisch und sogar ein paar Wörter Hebräisch. Er läuft von einem Kino ins andere, »an manchen Tagen ging ich viermal ins Kino«, von den Richard-Oswald-Lichtspielen zum Union Theater, in die Elektrische rein, aus der Elektrischen raus, zum Biograph-Theater, das in der Münzstraße neben dem Musikhaus Kreitmeyer-Idinger liegt und in dem Filme für Erwachsene laufen, Filme mit Schleier-, Schlangen- und Bauchtänzerinnen, »Hyänen der Lust«, »Gift im Weibe«, »Die Tochter der Dirne«, erregend und schrecklich und schrecklich erregend.

Er treibt sich an der Woltersdorfer Schleuse herum, wo Joe May »Die Herrin der Welt« dreht. Gewaltige Bauten empfangen ihn dort: Pagoden mit goldenen Dächern, Bettlerhöfe, der Marktplatz der Sagenstadt Ophir, der Tempel der Liebesgöttin Astarte, ein nach Menschenopfern lechzender Moloch, auch strohgedeckte afrikanische Hütten und ein Dynamo-Rad, in das Sklaven gespannt sind. In Käfigen werden Elefanten und Löwen gehalten, in einem Teich Krokodile, und es gibt »echte Chinesen und richtige afrikanische Neger«, sogar den »Hofneger des Kaisers, der hinter den jungen Weibsbildern her ist«.

Ursula Schulze: »Der eine von den Schwarzen war ein Riese. Er soll der Hofneger von Kaiser Wilhelm gewesen sein und arbeitete nun beim Film. Die junge Klara P. vom Stolp hat er geschwängert und wohl noch ein paar Mädchen mehr.«

Joe May braucht Komparsen, auch Kinderkomparsen. Die Kleinen bekommen 5 Mark am Tag, 10 Mark die Großen – und Hugo ist groß. Allerdings müsste er sich schwarz anmalen lassen, so dass man ihn später nicht auf der Leinwand erkennt. Doch erkannt werden möchte er gern. Hugo Baruch, wie er furchtlos Hai-Fung beim Chinesenzopf packt, wie er todesmutig einen Sarrasani-Löwen bezwingt. Das ist Hugo Baruch, würde man staunen und flüstern.

Was er sich vorstellen mag, wenn er im Bett liegt? Dass er ein Kinoheld ist, ein Harry Piel, der Tiger bändigt und von einem rasenden Zug auf den anderen springt, oder gar ein Joe May, der in Breeches und Stiefeln umher geht, mit der Reitgerte schnalzt und eine Armee von 25.000 Komparsen kommandiert?

Immerhin ist er der Sohn Bruno Baruchs, und sicherlich würde ein Wort von seinem Vater genügen, damit er eine Rolle bekäme, hat dieser doch eine beträchtliche Summe in die Decla gesteckt, in die »Deutsche Eclair – Film und Kinematographen-Gesellschaft«. Oder ein Wort von Großonkel Eugen, der für die Finanzen der Gesellschaft zuständig ist.

Die Lichtspieltheater platzen geradezu aus den Nähten, könnte sein Onkel argumentieren, die Betreiber rufen nach Filmen, und wir, die Decla, in deren Emblem ein Aar zur Sonne empor will, wir haben zwar vielversprechende Regisseure unter Vertrag, doch für die Sensationen fehlt uns der geeignete Mann. Nehmen Sie Hugo, meine Herren, den Sohn meines Vetters!

Hugos Traum geht nicht in Erfüllung. Dabei bestünde, so wird er wohl denken, bei der Decla Bedarf an Heldengestalten. Fritz Lang dreht »Der goldene See«, einen Abenteuerfilm, in dem es um einen Inka-Schatz geht, der, von blutrünstigen Indianern bewacht, in einem sagenumwobenen See liegt und darauf wartet, gehoben zu werden. Indes Otto Rippert »Die Pest in Florenz« dreht, einen Film um eine Kurtisane, die, während die Pest um sich greift, das sittenstrenge Florenz in einen Rausch der Leidenschaften versetzt.

Während Robert Wiene einen ganz besonderen, einen expressionistischen Film dreht, wofür Hermann Warm die Dekorationen entwirft.

Hermann Warm: »Beim Lesen dieses so anders gearteten Drehbuchs von Carl Mayer und Hans Janowitz, dessen bizarrer Stil und eigene Formgebung mich begeisterte, erkannte ich, dass dieser Stoff eine ebenso anders geformte, dekorative Ausgestaltung erhalten müsse, abgewandt vom Realen, ganz auf phantastische, rein malerische Wirkung gestellt.«

Dem Direktorium der Decla kann diese Ausgestaltung nur recht sein, denn Pappe und Farbe sind billig, und so bauen Warm und seine

Kollegen Reimann und Röhrig die krummen Gassen und windschiefen Häuser der kleinen Stadt Holstenwall, die Dr. Caligari und sein somnambuler Sklave Cesare alsbald in Angst und Schrecken versetzen. Hugos Mitwirken beschränkt sich allerdings darauf, dass er bei den Dreharbeiten zusehen und vielleicht die eine oder andere Zickzack-Linie an die Wand pinseln darf.

Dazu fährt er vom Alexanderplatz nach Weißensee, im Osten Berlins. Am Antonplatz, der Endstation, sieht man ihn aus der Elektrischen steigen. Rinder werden zu den Schlächtereien in der Sedanstraße getrieben, hinter denen sich Kinder mit Eimern und Kehrschaufeln auf Kuhfladen stürzen, die sie an Schrebergärtner verkaufen. Staub, schreiende Treiber, fluchende, hupende Chauffeure in dicken Automobilen und Hugo, in der Nase schon den Geruch der Kinematographie, Schweiß, Farbe, Schminke, eiligen Schritts auf der Zielgeraden zum Film.

In der Franz-Joseph-Straße, wo sich das Ateliergebäude der Vitascope Gesellschaft befindet, ein fünfundzwanzig Meter langes, vierzehn Meter breites, bis zum First acht Meter hohes Backsteingebäude mit Glasdach, in dem seit 1913 Filme entstehen, wuselt es nur so von Menschen. Komparsen mit seltsamen Hüten, Zimmerleute, Schauspieler, Maler, Zigaretten rauchend, gestikulierend, bis eine Sprachrohrstimme sie ruft, woraufhin sie im benachbarten Ateliergebäude verschwinden, in dem die Decla-Filmgesellschaft Holz und Co. residiert. Hier wird »Das Cabinet des Dr. Caligari« gedreht.

Merry: »Mein Daddy hat ja behauptet, er habe als Statist mitgespielt. Aber sehen sie sich den Film einmal an – einen dicken, zwölfjährigen Jungen finden sie nirgends. Mit dabei war er aber doch. Er hat ja erzählt, wie Hermann Warm ›Holstenwall‹ aufgebaut hat. Dazu hat er hölzernen Rahmen mit Rupfen bespannt. Auch dass alles krumm und schief und verrückt werden musste, hat er erzählt.

Ich frage mich, ob ihn das inspiriert hat, denn in seinen Gemälden tauchen solche Sachen ebenfalls auf. Mitspielen durfte er jedenfalls nicht. Vielleicht steckte Rosa Felsegg dahinter. Sie hatte ja starken Einfluss auf seinen Vater, und da sie meinen Daddy loswerden wollte, intrigierte sie gegen ihn.«

Vor dem Krieg hatte Rosa Felsegg mit Bühnenauftritten im Thalia-Theater die Neugier Bruno Baruchs erregt, der mit ihr alsbald ein Techtelmechtel begann, das zu einer Affäre auswuchs, auf die ein Klatsch-Reporter aufmerksam wurde, der das Paar im Restaurant Horcher bemerkte. In der BZ am Mittag stellte er Vermutungen an, wobei er Felsegg mit Theda Bara verglich, der Femme Fatale des amerikanischen Films.

Bruno Baruch protegierte seine Liebste und verschafft ihr Rollen beim Film. 1917, als unter der Regie von Max Mack »Der Fall Hirn« und »Der karierte Regenmantel« entstehen, darf sie die Hauptrollen spielen. Nach dem Ersten Weltkrieg besetzt Peter Edel mit ihr die weibliche Rolle in »Wenn Männer streiken«, eine flache Komödie, die mit großem Erfolg läuft. Zugleich singt sie in der Gilbert-Operette »Die Tangoprinzessin«.

Die Aufführung im Thalia-Theater ist ausverkauft Abend für Abend und Abend für Abend wird sie vor den Vorhang gerufen und mit roten Rosen bedacht, mit einem Bouquet Giants de bataille – von Bruno Baruch geschickt. Als der Krieg endlich vorbei ist, glaubt sie sich nah dem Ziel ihrer Wünsche, nämlich dass Bruno Baruch sie heiraten wird. Ausgerechnet da kommt Hugo zurück – und Hugo, er findet durch sie seinen angestammten Platz okkupiert, seine Stellung als Sohn. Schon das Zimmer, mit dem er vorliebnehmen muss, ist nur eine bessere Dienstbotenkammer, Rosa dagegen ...

Rosa Felsegg

Das Zimmer der Freundin meines Vaters war in Weiß und Gold gehalten und voller chinesischer Lackmalereien, schreckliche Pfaue und überall Blumen. Sie selbst war blond, blauäugig und so vulgär und verrottet, wie man sich ein Frauenzimmer nur vorstellen kann. Ich ging ihr aus dem Weg, wann immer ich konnte. Aber sie spionierte mir nach und intrigierte und tratschte und machte mich schlecht und log das Blaue vom Himmel herunter.

Von Anfang an bekriegen sich Hugo und Rosa. Rosa hinterträgt Bruno Baruch, dass Hugo die Schule schwänzt, um in Kinos sittenverderbliche Filme zu sehen. Hugo rächt sich, indem er verrät, dass Rosa falsche Haarteile trägt und älter ist, als sie vorgibt zu sein. Rosa wiederum sorgt dafür, dass er bei Dreharbeiten Zuschauer bleibt und sein Vater ihm das Kinogeld streicht. Worauf Hugo sich aber selber bedient:

Wenn mein Vater seinen Mittagsschlaf hielt, schlich ich in sein Schlafzimmer und durchsuchte seine Hose nach Geld, die er für den Diener über die Stuhllehne hängte. Ich fand immer etwas, und es war auch nicht gefährlich, denn mein Vater schlief tief. Skrupel hatte ich keine, denn ich war ja der Sohn und würde sowieso alles erben.

Obzwar Rosa ahnt, dass er seinen Vater bestiehlt, Hugo überführen kann sie nicht, doch drängt sie darauf, ihn in einem Internat unterzubringen. Als sie ihn überrascht, wie er bis zu den Schultern in einer Schublade steckt und ihre Wäsche durchwühlt, kommt es zum

Eklat – sie schmiert ihm ein paar, eine links, eine rechts. Er reißt ihr daraufhin das Haarteil vom Kopf und kontert die Ohrfeigen mit einer Doublette, muss aber den Kürzeren ziehen. Immerhin, »sie hatte ein wunderschönes blaues Auge«. Als sein Vater nach Haus kommt, liegt Rosa mit Kompressen im Bett, und droht Bruno, ihn zu verlassen, wenn er den Rohling von Sohn, der sie mit Füßen und Fäusten traktiert hat und ihr das Haar ausgerissen, nicht in ein Internat schickt.

Bald darauf, 1920, Ende März, Anfang April, im Harz liegt noch Schnee, liefert der Chauffeur den Rohling in Blankenburg ab. Damit ist Hugo an einem Punkt angelangt, an dem die Unglückszahl wieder ins Räderwerk greift. Kaum aus dem Auto gestiegen, wird er mit dem Schlachtruf »Hepphepp« und kieselsteingespickten Schneeballgeschossen begrüßt. »Alle gegen einen auf die gut deutsche Art.«

7.

Bei Ausbruch des Krieges hat der Kaiser mit seiner Rede »An die lieben Juden« das Gespenst des Antisemitismus verscheucht, mit der Niederlage kehrt es zurück. Am 9. März 1920, als die Brigade Ehrhardt durchs Brandenburger Tor einmarschiert, das Regierungsviertel besetzt, eine Regierung der »Ordnung, Freiheit und Tat« proklamiert und Wolfgang Kapp zum Kanzler ernennt, prangen Hakenkreuze an den Stahlhelmen der Freikorpssoldaten. Und in München macht sich ein gewisser Hitler bemerkbar, der die »Judenregierung« für den Versailler Vertrag verantwortlich macht. Indes bekommt Hugo ein blaues Käppi aufs Haupt – die gelben, grünen und roten sind für die älteren Schüler – und muss die Kunst des Bettenbaus lernen: Leintuch an den Ecken verknotet, über Matraze gespannt, Karos des Überzuges gezählt, Decken auf Stoß, und wie man Stiefel auf Hochglanz poliert, nämlich mit Spucke und nochmal mit Spucke, und wie man die Kloschüssel scheuert.

Das Alumnat war bekannt für seine spartanische Disziplin. Genau genommen war es eine Kadettenschule. Der Unterschied zu früher war nur, dass wir statt Uniformen Zivilkleidung trugen.

Abends um neun geht das Licht aus, und morgens Punkt sechs bimmelt der Pedell die Alumni unter den Decken hervor. Im Waschraum mit bloßem Oberkörper gewaschen, dann in die Reihe getreten und Dr. Stoven Hände und Ohren gezeigt. Das Frühstück besteht aus Lindenblütentee, Rübensirup, Margarine und etwas, das Brot genannt wird, mittags gibt es gekochte Kartoffeln mit Birne, und dazwischen aufmerksam in der Schulbank gesessen. Dr. Liebmann unterrichtet Deutsch und Mathematik, Castis Geschichte, Pretorius, Offizier der Kriegsmarine in spe, lässt U-Boote und Schlachtschiffe zeichnen, während Dr. Stoven die Leibeserziehung obliegt, wofür in der Turnhalle folgende Gerätschaften warten: Bock, Langpferd, Seitpferd, Barren, Kletterseil, Sprossenleiter und Reck.

Zur Erholung geht es am Sonntag in die freie deutsche Natur. Dr. Stoven voran, angetan mit Kniebundhose und Zopfmusterstrümpfen, gerüstet mit Latein und Botanikertrommel, in Zweierreihe hinterher die Alumni, schweigend, um das Rotkehlchen nicht beim Brüten zu stören. Durch Felder und Flur, den Eichenberg hinauf, von wo aus man einen Blick auf das Städtchen genießt, auf Kirche und Gassen und das Schloss, in dem Prinzessin Viktoria Luise glücklicherer Zeiten gedenkt und die baldige Rückkehr ihres Vaters, des Kaisers, aus dem Exil in den Niederlanden erhofft.

Während Dr. Stoven Blankenburgs Geschichte beschwört, die, wie Siedlungsspuren beweisen, bereits in der Steinzeit begann und bedeutende Persönlichkeiten der Landesgeschichte aufweisen kann – wie Graf Poppo I. aus dem Geschlecht der Reginboden, der auf blankem Fels eine Burg bauen ließ, um die herum Blankenburg wuchs, bis Friedrich Barbarossa darein fuhr, weil er Heinrich dem Löwen und so fort und so weiter. Den krönenden Abschluss des Ausflugs bildet die Einkehr in die Landgaststätte »Zur Erholung«, wo die Schüler für Waldmeisterlimonade ihr Taschengeld opfern.

Dr. Stoven hasste die Juden und da es außer mir keinen gab, schikanierte er mich, wann immer er konnte. Eines Morgens kam es zum Eklat. Wir hatten uns vor dem Frühstück in eine Reihe zu stellen und Hände und Ohren zu zeigen. Waren sie nicht sauber gewaschen, musste man in den Waschraum zurück. Dann lachten die andern.

Um fair zu sein, an diesem Morgen hatte ich mich nicht gewaschen, denn das Wasser war eisig. Dr. Stoven schickte mich in den Waschraum zurück. Ich denke, da hatte er Recht, aber das war nicht der Punkt. Als ich meinen Platz in der Reihe verließ, sagte er: »Juden mögen kein Wasser, Baruch, nicht wahr?« Das machte mich wütend. »Das ist bei den Christen nicht anders«, antwortete ich, worauf er mir eine Ohrfeige gab.

Ich schrie: »Jetzt wasch ich mich erst recht nicht.«

»Du gehst!«

Ich bewegte mich nicht.

»Hast du gehört, Baruch, du gehst!«

Ich weigerte mich. Da gab er mir einen Tritt. Das versetzte mich dermaßen in Wut, dass ich zurück trat. Dann kam es zu einem richtigen Kampf, den ich natürlich verlor, denn er war ein erwachsener

Mann, aber ich zerriss ihm den Kragen und schlug ihm eine blutige Lippe. Daraufhin lief er zum Direktor und verlangte, dass er mich relegiert.

Weil durch Hugos Relegation dem Alumnat ein hübsches Sümmchen Schulgeld entginge, lässt ihm der Direktor nur das Taschengeld streichen, zu Hugos Bedauern. Da er befürchtet, dass in seiner Abwesenheit sein Vater Rosa Felsegg heiraten könnte, wäre er lieber geflogen. Wieder schreibt er Briefe nach Haus, doch »wenn sich die Mitschüler anstellten, um ihre Post in Empfang zu nehmen, konnte ich sicher sein, dass mein Name nicht aufgerufen wurde. Niemals erhielt ich einen Brief, nie ein Päckchen mit Esswaren, was angesichts unserer traurigen Internatsverpflegung lebensnotwendig gewesen wäre.«
Hugo schickt seinem Vater schließlich ein Paket voller Steine, auch dies zeigt keine Wirkung.
Als die Ferien beginnen und ein Mitschüler nach dem anderen abreist, die meisten mit von ihren Vätern geschickten Automobilen, bleibt er zurück wie ein verlorener gegangener Schuh. Vor ihm liegen einsame Wochen. Er weiß nicht, was er anfangen soll, stromert herum, liest Jack Londons Abenteuerromane, schürft Gold in Alaska und walzt als Hobo durch die Vereinigten Staaten.
Er freundet sich mit einer englischen Schülerin an, die ebenfalls in Blankenburg bleiben muss, doch bald verbietet man ihr, mit dem Jungen zu spielen. Zum Schabbatmahl laden ihn im Wechsel die vier ansässigen jüdischen Familien ein, so dass er sich einmal die Woche mit Kreplach und Gefillte Fisch, mit Lokschenkigel und Tscholent vollstopfen kann. Sein Feriengeld, das ihm sein Vater über den Direktor zukommen lässt, ist nämlich dürftig bemessen, und im Alumnat kommt nur Fraß auf den Tisch.
Eines nachts, als der Mond über dem Schloss steht, als in Oesing

und Birkenmühle die Hofhunde bellen und im Krug die Fuhrleute grölen: »Schlagt tot den Walther Rathenau, die gottverdammte Judensau!«, da packt er sein Bündel, schleicht sich hinaus und macht sich davon. Am Morgen liegt Blankenburg weit hinter ihm. Und vor ihm, vor ihm eine lange, verschlungene Reise.

Die erste Station ist Berlin, Kurfürstendamm 270. Dort wohnen Erwin Baruch, sein Onkel, und Tante Hertha, die sich, als Hugo vor der Wohnungstür steht, des Neffen erbarmt, sogleich ihren Schwager besucht und sich dafür einsetzt, dass Hugo nach Haus kommen und die Ferien über in Berlin bleiben darf.

Kurz darauf rollt ein Rolls-Royce mit vergoldeten Stoßstangen und Kotflügeln vor. Statt Hugo zu seinem Vater zu bringen, liefert ihn der Chauffeur jedoch in Blankenburg ab, beim Direktor persönlich, der Bruno Baruch nun telefonisch erklärt, er könne für seinen Sohn nicht länger die Verantwortung tragen und so Hugo in den Ferien nicht nach Haus kommen darf, müsse er ihn relegieren. Weshalb ihn Erich Blöcker wieder mit nach Berlin bringen muss, wo Bruno Baruch ihn aufnimmt, väterlich freundlich, zu freundlich vielleicht, und ihm ein Angebot unterbreitet, zu dem Hugo nicht nein sagen kann: Noch ein Jahr Internat, danach New York, als Repräsentant der Firma Hugo Baruch.

8.

Im Koffer ein vergilbter Prospekt der United States Line, vorne drauf ein Bild der »President Harding«, 14182 Bruttoregistertonnen, 12.000 PS, Länge 132,7 Meter, Breite 22 Meter, dazu die Route des Schiffes: Cherbourg, Bremen, Southhampton, New York. Zeitungsberichte über den Kampf zwischen Jack Dempsey, The Mannassa

Mauler, und Luis Ángel Firpo, The Wild Bull of the Pampas, um die Weltmeisterschaft, ausgetragen am 14. September 1923 im Polo Ground Stadion, das es längst nicht mehr gibt. Eine Schlagzeile lautet: »Dempsey – Firpo, Kampf der Giganten.« Darunter: »President Coolidge betet zu Gott, dass Dempsey im Kampf des Jahrhunderts besteht.«

Auf Nitrofilm festgehalten, hat der Kampf die Zeit überdauert. Was fehlt, ist das außer Rand und Band geratene New York, die Fahnen am Harlem Speedway, die sich um Eintrittskarten prügelnden Fans, die auf Zigarren kauenden Männer mit nach hinten geschobenen Hüten. Und Hugo! Hugo fehlt auch. Adolph Ochs hatte ihn nämlich einem Reporterteam zugewiesen und muss dafür sorgen ...

---

dass die Telefonzellen in den Gängen blockiert wurden. Die direkten Leitungen um den Kampfring gab es damals noch nicht. Der Sportredakteur hatte dafür eine Anzahl von Jungens engagiert, die die Zellen nicht verlassen durften und pausenlos reden mussten.

Zum ersten Mal geht Firpo zu Boden, da schwebt noch der Gong in der Luft. Er kommt zwar schnell wieder hoch, kommt sogar sehr schnell wieder hoch, doch Dempsey schickt ihn sofort erneut auf die Bretter. Sieben Mal geht Firpo so zu Boden, und sieben Mal kommt er wieder hoch, aber von Mal zu Mal braucht er länger, beim siebten Mal erst bei neun.

Dann ereignet sich etwas, das der Welt den Atem verschlägt: Firpo richtet sich auf, ballt Kraft und Willen, geht über zum Angriff, nagelt Dempsey gegen die Bande und katapultiert ihn mit einer Rechten hindurch.

Nach den Spielregeln hätte Dempsey allein und ohne Hilfe wieder hineingelangen müssen, doch dazu war der Ring zu hoch. Dempsey wurde hinauf gehoben und in den Ring geschoben.

Dempsey ist an der Braue verletzt, Blut läuft ihm runter und behindert die Sicht, doch ist die erste Runde zu Ende und in der Pause fasst er sich wieder. In der zweiten Runde gewinnt Dempsey sein angeschlagenes Selbstvertrauen zurück, indes Firpo nun langsam und schwerfällig boxt. Zusehends verliert er an Schlagsicherheit und vernachlässigt die Deckung. Dempsey erfasst seine Schwäche und schickt ihn erneut auf die Bretter. Beim ersten Mal kommt Firpo bei fünf wieder hoch, beim zweiten Mal zählt ihn der Punktrichter aus. Polo Grounds brüllt wie die Arena in Rom, und Hugo, Hugo brüllt, dass man ihn noch in Berlin hören kann.

Merry: »Der Kampf zwischen Dempsey und Firpo ließ meinen Daddy nie wieder los. Später hat er selber geboxt, sogar mit Max Schmeling, aber in die Annalen des Sports ist er nicht eingegangen. Er wollte zu vieles sein in seinem Leben, alles im Grund, Boxer, Philosoph, Schriftsteller, Maler, sogar Moralist, ausgerechnet mein Daddy.«

Als Hugo nach New York kommt, in Begleitung von Madge Lessing, der schönen Lolotte aus »Wo ist Coletti?« und ihres Mannes George McNally, glaubt er Repräsentant der Firma Baruch zu sein. Und spricht nicht alles dafür? Das riesige Taxi der Black and White Company, in dem er den Broadway entlang zum Hotel Ansonia fährt, Florenz Ziegfeld, der ihn willkommen heißt in seiner Suite, Billie Burke, Ziegfelds Frau, die Hugo schon als kleinen Jungen gekannt hat, ein Empfang, eine Feier, zu der auch die Shubert Brüder Jacob und Lee und Enrico Caruso erscheinen, der ebenfalls im Ansonia Hotel eine Suite unterhält, sowie Adolph Ochs, Herausgeber der New York Times, der den alten Baruch gekannt hat und seinem Enkel die Möglichkeit gibt, den Kampf zwischen Firpo und Dempsey zu sehen, während Florenz Ziegfeld erzählt, was er mit Hugos Vater und Eugen Sandow erlebt hat, dem stärksten Mann auf der Welt.

Sie kamen gerade aus dem Theater, da wird Eugen Sandow von einem betrunkenen Matrosen gefragt, ob er denn wirklich der stärkste Mann der Welt sei.
»Natürlich bin ich das!«
»Da müssen wir uns gleich mal schlagen, denn ich habe meinen Kameraden erzählt, dass ich noch stärker bin...«
»Mach keinen Unsinn, Mann!« wehrte Sandow ab. »Ich könnte dir das Genick brechen...« Doch der Betrunkene bestand auf einer Kraftprobe, stürzte sich auf Sandow und verprügelte ihn nach Strich und Noten.

Hugo, Dinnerjackett, steifer Kragen, schummrig vor lauter Licht und Champagner (der der Prohibition wegen in Tassen serviert wird), lernt Regisseure und Schauspieler kennen, besucht die Theater der Shuberts, denen der halbe Broadway gehört, diniert zwischen Eddie Cantor und Alice Delysia, »die große Kokotte, 5000 Dollar Gage die Woche«, die im »Wintergarten« einen Erfolg nach dem anderen feiert, und erlebt Polo Grounds an jenem Tag im September, an dem Luis Angel Firpo Jack Dempsey durch die Bande befördert. Als wollte ihn das Leben entschädigen für das, was er hat durchmachen müssen.

Sogar der Traum von einer Rolle wird wahr, keine Filmrolle zwar, doch haben nicht alle Stars beim Theater begonnen?

Das Stück hat Victorien Sardou für die Duse geschrieben, heißt »Fedora« und wird im Bijou Theatre, 209 West 45th Street, zwischen dem Astor und Morosco Theatre gelegen, auf die Bühne gebracht. Es bietet 600 Plätze und ist in Blau, Elfenbein und Gold ausgestattet.

Gespielt werden vorwiegend klassische französische Stücke, Molière, Racine, gelegentlich auch moderne. In »Fedora« fällt Tilla Durieux die Hauptrolle zu, während Hugo als Bote erscheint, der ihr einen Brief überreicht, nach dessen Herkunft sie fragt, um dann mit einem Stöhnen in den Sessel zu sinken. Bei der Aufführung stöhnt sie aufrichtig echt.

Hugos Text ist schwierig, denn er hat ihn so sprechen, dass man ihn in der letzten Reihe deutlich versteht und in der ersten gerade noch hört, weshalb er lang und intensiv in einer Tonlage probt, die sowohl laut als auch flüsternd erscheint. Als ihm der Regisseur einen Stups gibt zwischen die Schultern, als Hugo vor das tausendäugige Publikum tritt und, überzeugt, dass er mit einem Bein schon in Hollywood steht, blicken zwei veilchenblaue Augen auf ihn.

Sanary-sur-Mer, 30. Nov. 1953

Liebe Tilla Durieux, ich lese nur noch wenig, doch ihre Memoiren habe ich in einer einzigen Nacht verschlungen. Ich glaube, wir haben beide eher zu viel als zu wenig erlebt. Einmal habe ich mit Ihnen auf der Bühne gestanden, wissen Sie noch? Das Stück hieß Feodora. Ich seh Sie noch vor mir. Sie trugen ein blassgrünes Kostüm mit Fliedermotiven und einer großen Schleife am Rücken. Meinen Text habe ich auch noch im Kopf. Es war ja nur ein Wort. Ich musste »Ipanoff« sagen. Aber mir fiel einfach der Name nicht ein. Es war entsetzlich, auch Sie haben gestöhnt. Können Sie sich noch an das blonde Mädchen erinnern? Sie hatte veilchenblaue Augen und stand hinter dem Vorhang. Ich habe ihren Namen vergessen.

Hat ihn sein Vater getäuscht, als er ihn glauben gemacht hat, er würde die Firma Baruch vertreten oder sind die veilchenblauen Augen der Grund, dass sein Name nicht mehr auf dem Theaterzettel erscheint – Hugo Baruch, ein Bote – und dass er in die Lower Eastside umziehen muss, in ein Boardinghouse-Zimmer? Und einen mausgrauen Kittel zu tragen bekommt, jawohl, einen mausgrauen Kittel. Und einem Mann unterstellt wird, einem Sklavenaufseher, der ihm keine Pause vergönnt, beim Frankieren von Briefen, Berge von Briefen, Briefe, die in großen Waschkörben kommen. Hugo Baruch, der Enkel des Gründers der Theaterausstattungsfirma Baruch im mausgrauen Kittel mit anderen mausgrauen Kitteln in der Administratur des Theaters, auf dessen Bühne er als Schauspieler stand! Kann er tiefer noch sinken? Stellt ihn Gott auf die Probe wie Hiob?

Zunächst arbeitete ich bei der Shubert-Theater-Gesellschaft als Bürogehilfe, von morgens neun Uhr bis nachmittags um fünf und von fünf Uhr dreißig bis elf Uhr nachts. Und das für zwanzig Dollar die Woche, mit denen ich nur gerade mein Zimmer bezahlen und meinen Hunger stillen konnte ...

Manchmal schlief ich an meinem Arbeitsplatz ein und schaffte es nicht, die vorgeschriebene Anzahl von Briefumschlägen zu frankieren. Dann pflegte der Bürovorsteher, ein Mr. Gerstenkorn, mich heftig zu beschimpfen. Doch je mehr er in Wut geriet, um so beharrlicher lächelte ich. Und das regte ihn noch mehr auf. So ging es ein paar Wochen, bis es mir endlich reichte.

Da setzt er seinen Schwiegermuttermörder aufs Haupt, verbeugt sich, verlässt Administratur und Theater, tritt durch den steinernen Torbogen auf die West 45th Street, wo ihn die Freiheit erwartet mit Sonnenschein und Autogehupe, mit Filmen im Warner's Theatre, mit Charlie, dem Stadtstreicher, der im Traum als Engel herum fliegt, mit Buster, der auf dem Kopf eines Sauriers steht, mit Harold Lloyd, der sich über klaffendem Abgrund an einen Uhrzeiger klammert, mit Frankfurter Würstchen, die es in Macy's Foodcounter gibt, das Paar fünfzehn Cent, dem Luna Park auf Long Island, den Viermastern, die auf dem Hudson River auf den Atlantik hinaus fahren, mit Morgen, an denen er ausschlafen kann – bis die Wirtin an die Zimmertür klopft und das Mietgeld verlangt.

Woher soll er es nehmen?

Er will, er muss es wieder mit Arbeit versuchen, am besten als Sportredakteur, doch Mr. Ox ist beschäftigt und empfängt ihn nicht mehr. Schließlich darf er dank Florenz Ziegfeld am New Amsterdam Theatre Billie Burke und Eddie Cantor zwischen Auftritten das Wasserglas reichen. Als er aber von Ziegfeld einen Vorschuss verlangt, »zischte er mir entgegen: ›Verlass sofort meine Loge!‹«, und wirft ihn hinaus. »Ich schrieb an seine Frau Billie Burke, die ich verehrte«, und bat, dass sie bei ihrem Mann ein Wort für ihn einlegen möge. Ohne Erfolg. Worauf er sich bei anderen Theaterunternehmen am Broadway bewarb.

Doch man ließ sich verleugnen, oder man bedauerte, wo man mich doch empfing, mich im Moment leider nicht brauchen zu können.

Mit bitteren Gedanken wanderte ich durch die Straße ständig wechselnder Inszenierungen, die heute ins Dunkel stößt, was gestern noch im hellen Scheinwerferlicht stand. Der Broadway, so sah ich ihn, hat ein gut geschminktes Gesicht, aber keine Seele. Er kennt weder Güte noch Anstand noch Treue. Wer an Loyalität denkt, ist ein Tor. Wer Erfolg hat, auf den fliegen alle. Wer aber einmal ausrutscht, der ist geächtet und ausgestoßen.

Ein paar Tage lang füllt er Gemüse in Dosen. Dann verdingt er sich bei einem Großkaufmann für Federn und Blumen zur Dekoration von Damenhüten.

Obwohl Federn und künstliche Blumen leicht im Gewicht sind, so ist ein Zentner davon eben doch nicht leichter als ein Zentner Eisen. Meine Arbeit aber war es, diese riesigen Zentnerballen von einer Stelle zur anderen zu bewegen, und zwar zehn Stunden lang. Anschließend, in den Abendstunden, musste ich beschädigte Federn bemalen.

Weshalb er es als Tellerwäscher versucht, immerhin ein Beruf, der in Amerika die erste Sprosse auf der Trittleiter darstellt, die alle Millionäre hinaufsteigen müssen.

Das schmutzige Geschirr wurde in große Eisenkörbe verladen, die an einer Kette von der Raumdecke herab hingen. Die Ketten liefen über eine Winde, und ich zog die eisernen Körbe auf und nieder. Wobei sie in heißes Seifenwasser eintauchten. Und das acht Stunden lang. Nun war ich gewiss ein starker Bursche; aber meine Armmuskeln waren jeden Abend angeschwollen und schmerzten so, dass ich sie kaum bewegen konnte.

Grund, dass er wieder in der Administration der Shubert-Theater-Gesellschaft erscheint, reumütigen Herzens und willens, erneut den mausgrauen Kittel zu tragen und Briefe, Berge von Briefen und Gerstenkorns Antreiberei zu ertragen – bis zu jenem 30. April 1924, der zu seinem Schicksalstag wird.

Dieser Mittwoch weist keinerlei historisch bedeutenden Ereignisse auf. Das Wetter war schön, im Central Park blühten die Bäume, als Hugo, gut gelaunt – er pfeift den Triumphmarsch aus Carmen – aus dem Torbogen tritt, unterm Arm eine Tasche, in der sich zwei Rollen Silbergeld und ein Bündel Banknoten befinden, 2700 Dollar, die Abendeinnahmen des Bijou-Theatres, die er in der Greenwich Savings Bank abliefern soll. Doch obwohl die Bank am Broadway nur eine Viertelstunde vom Theater entfernt ist, erreicht er sie nicht. Bei den dorischen Säulen des Eingangs stellt sich ihm nämlich ein Mann in den Weg, bohrt ihm den Lauf eines Revolvers zwischen die Rippen, sagt mit eiskalter Stimme: »Stop and shut up!«, entreißt ihm die Tasche, steigt in einen Buick und rast mit quietschenden Reifen davon.

So schildert es Hugo jedenfalls einem Verkehrspolizisten, einem rothaarigen Iren, der sich sogleich nach Zeugen erkundigt, »Zeugen, wieso denn?«, und ihn zurück zum Bijou-Theatre begleitet, wo sich der so zuversichtlich begonnene Tag zu einem Alptraum entwickelt. Als er nämlich Gerstenkorn von dem Vorfall berichtet, telefoniert dieser den Leiter der Detektivabteilung herbei, einen Vernehmungsspezialsten, der ihm, so dramatisch Hugo auch den Überfall darstellt, einfach nicht glaubt. Als Hugo den Überfall zum dritten, zum fünften, zum siebten Mal schildert, »doch immer um eine Kleinigkeit weniger überzeugend als vorher«, macht sich ein zweiter Detektiv auf die Beine, in die Lower Eastside, durchsucht mit Unterstützung der hilfsbereiten Wirtin Hugos Zimmer, kehrt mit der geraubten Tasche zurück und legt das Geld auf den Tisch.

9.

Bruno Baruch hat mit seinem Anteil an der Firma Baruch das Fundament für eigene Unternehmen gelegt. Eugen Baruch, Vetter und Finanzfachmann der Decla, ebnet ihm den Weg in die Decla und weist ihn in das Filmexportgeschäft ein. Da die Mark an Schwindsucht erkrankt ist und ein Film, ins Ausland verkauft, schon die Produktionskosten deckt, verfügt er bald über Devisen, mit denen er antike Möbel und niederländische Meister erwirbt, welche er gewinnbringend weiter veräußert, an Bürger, die ihr Vermögen an Wert verlieren sehen und nach sicheren Anlagen suchen.

Mit den Gewinnen kauft er Wohnungen, Häuser und Grundstücke an, à la longue verlässliche Werte, beteiligt sich an der Wallach und Reizenstein Bank und richtet im Herbst 1919 ein Spielcasino ein: Schöneberg, Stadtpark 12, dem 1920 ein weiteres folgt, über dem Marmorhauskino, deren Betreibergesellschaft er seit der Gründung angehört. Als die Reichsmark zum Sturzflug ansetzt – im Juli 1922 kostet der Dollar 500 Mark, Ende Dezember wird er schon mit 16.000 gehandelt – bietet sich die Gelegenheit, eine herrliche Jugendstilvilla mit Wintergarten und Park zu erwerben. Diese war vorher im Besitz von Jean Gilbert, dem in finanzielle Schwierigkeiten geratenen Schlager- und Filmkomponisten. Da er weiß, dass Spielcasinos Goldgruben sind, verwandelt er auch die Villa in eines. »Film und Bühne« wird das feudalste Casino Berlins.

Tutti Richter: »Ich, Frau Tutti Richter, wohnhaft Berlin – Charlottenburg 2, Mommsenstraße 6, versichere an Eidesstatt, dass das Folgende die Wahrheit ist. Ich bin von Beruf Schauspielerin und kannte Herrn Bruno Baruch als sehr reichen Mann. Er besaß ein Rolls-Royce Auto, das er von Zar Ferdinand hatte und lebte in einem luxuriösen Stil, wie man ihn heute überhaupt nicht mehr kennt. Ich und Paul Morgan, mein Mann, besuchten ihn oft in seiner Villa. Parterre war der Spielclub eingerichtet. Die Säle waren außergewöhnlich luxuriös. Ein riesiger Wintergarten mit tropischen Pflanzen ging vom Hauptsaal aus. Die oberen Stockwerke waren privat und auch außergewöhnlich luxuriös eingerichtet. Der Salon allein war sehenswürdig. Die Wände waren aus weißem Holz geschnitzt, an der Wand hingen venezianische Spiegel und ein echter Breughel. Der Flügel war auch weiß und gold und alle Möbel waren Louis XIV. aus der Zeit. Das Schlafzimmer war Rococo, das Frühstückszimmer Bauernstil, ein Damenschlafzimmer war im altenglischen Stil. Die Bibliothek war gregorianisch.«

Das Badezimmer ist mit schwarzem Marmor gefliest, das Dach darüber durch Knopfdruck zu öffnen, so dass Bruno Baruch unter freiem Himmel ein Bad nehmen kann, mit Blick auf den Park und die von Villen gesäumte Kaiserallee, die heutige Bundesallee. Auf dieser kommt im August oder September 1924 Hugo daher, im zerknitterten Anzug, mit ausgetretenen Schuhen, in der Hand einen Koffer mit Aufklebebild (»Ansonia Hotel – The Elegance of the Upper West Side«), öffnet das schmiedeeiserne Tor, durchquert den Park, steigt die Marmortreppe hinauf, wird von Stössel in die Bibliothek dirigiert, wo Hugo wartet, bis sein Vater Zeit für ihn findet und ihm eine Standpauke hält, die sich so angehört haben dürfte:

»Weißt du, was für uns Baruchs die Shuberts bedeuten? Weißt du, was wir ihnen verdanken? Weißt du, dass wir mit ihrer Hilfe den amerikanischen Markt aufgemacht haben? Weißt du, dass dein Großvater den alten Shubert aus Breslau gekannt hat? Und da klaust du die Kasse! Soll ich dich zum Geschäftsführer machen? Mein Sohn, frisch aus New York! Nun schmeißt er hier den Laden. Passen Sie halt auf ihre Handtasche auf, gnädige Frau!«

Und Bruno Baruch greift zum Telefonhörer: »Hast du einen Job für den Helden?«

Er klatscht Hugo einen Schein auf den Tisch, damit er nicht in der »Palme« Logis nehmen muss und weist Stössel an, das schwarze Schaf der Familie nicht mehr in die Wohnung zu lassen. Danach steigt Hugo die Treppe hinab, durchquert den Park und schließt das Tor hinter sich.

Straßen und Parks, Budiken, Saftläden, Cafés, Kintopps und Lichtspielpaläste, Modegeschäfte, Traviken, Suppenküchen, U-Bahnstationen – Berlin hat ihn wieder. Aus der Tageszeitung zischelt Heinrich von Treitschkes Gespenst: »Die Juden sind unser Unglück«, die Atlanten und Karyatiden sehen ihm mit Gipsaugen nach und im Wintergarten singt Otto Reuter:

Und fürchte dich nie, ist der Tod auch nah,
Je mehr du ihn fürcht'st, um so eh'r ist er da.
Vorm Tode sich fürchten, hat keinen Zweck,
Man erlebt ihn ja nicht, wenn er kommt, ist man weg.
Und schließlich kommen wir all an die Reih'
Und in fünfzig Jahren ist alles vorbei.

Das Hotel Hermes, in dem Hugo Logis nimmt, Übernachtung drei Mark, Bezahlung im Voraus, abgetretener Teppich, Frühstück ab sieben, trägt den Namen des Gottes der Diebe als Schicksalsverweis.

Am folgenden Tag begibt sich Hugo zu Erich Pommer, einst Leiter der Auslandsvertretung der Decla, inzwischen Generaldirektor der UFA, dem er von seinen Broadway-Erfolgen berichtet. »Erich Pommer zeigte sich jedoch nicht beeindruckt von dem, was ich geleistet hatte.« Da Pommer für den Sohn seines Freundes keine Starrolle hat, weist er ihn Rudi Feld zu, dem Filmarchitekten, der auf dem Tempelhofer Feld, bei den Ateliers an der Oberlandstraße, eine Klosterruine errichtet, mit einem Turm, nach dem Johannes Guter den dazu gehörenden Film nennen wird: »Der Turm des Schweigens«.

Die UFA zahlt gut und das Leben ist billig. Für zwei Mark fünfzig bekommt Hugo ein Dinner mit drei Gängen und Mokka, mit dem UFA-Ausweis muss er in den Union-Theatern nur die Hälfte des Eintritts berappen und in die meisten Varietés darf er umsonst rein – erhoben werden nur eine Mark fürs Programm und zwei für die Garderobe. Die Arbeit bei der UFA macht Spaß, und er ist endlich beim Film, und in Rudi Feld findet er einen Freund, der ihm sogar ein Zimmer abtritt in seiner Wohnung in der Ansbacher Straße, von wo es zum Romanischen Café nur noch ein Katzensprung ist.

In der Reihe »Was nicht im Baedeker steht« wird das berühmte Café mit folgenden Worten empfohlen: »Das Romanische bietet sozusagen einen ›Querschnitt‹ Berlins. (...) Es gibt hier nicht nur zukünftige Künstler und erklärte Boheme. Von den literarisch empfindenden Inseratenagenten bis zu beliebten Scheidungsanwälten und anerkannten Irrenärzten findet man allerlei Leute.«

Und so ist es denn auch. Morgens um acht kommen die obdachlosen Künstler aus dem Wartesaal Zoo. Um neun schlecht geschminkte, übermüdete Mädchen. Um zehn Anton Kuh, der Dichter aus Wien, dessen Schicksal es ist, kein Geld für Zigaretten zu haben. Um zwei Uhr bessere Leute auf dem Weg zu Kempinski. Nach der Kellnerablösung um vier schaufelt die Drehtür Else Lasker-Schüler herein.

Ab sieben kommt die Tür nicht mehr nach mit dem Schaufeln: Schriftsteller, Verleger, Maler, Schauspieler, Regisseure, Sportler. Die Luft zum Schneiden und die grauen Marmortische stehen voll Gläser. Das Essen lässt indessen zu wünschen, im Romanischen, leider, am besten noch deutsches Beefsteak, doch dafür befindet man sich in exklusiver Gesellschaft. Liebermann, Slevogt und Orlik am Malerstammtisch neben der Drehtür. Piscator und Brecht, Mühsam und Jünger, Rudolf Schlichter mit Speedy, seiner Schnürstiefeldame, Gabriele Tergit, Lupu Pick und so weiter, wie im Briefmarkenalbum – Prominente bevorzugen eben prominente Gesellschaft. Und John

Höxter natürlich, der zum Inventar des Cafés gehört. Er pendelt zwischen den Tischen, was Friedrich Holländer zu einem Poem inspiriert:

Ich pendle langsam zwischen allen Tischen.
Ab zwanzig Uhr beherrsch ich dieses Reich.
Ich will mir einen edlen Gönner fischen.
Vor mir sind Rassen und Parteien gleich.
Irrenärzte, Komödianten,
Junge Boxer, alte Tanten,
Jeder kommt mal an die Reihe
Jeder kriegt von mir die Weihe:
Könnse mir fünfzig Pfennige borgen?
Nur bis morgen?
Ehrenwort!«

Hugo und Rudi findet man im »Schwimmerbassin«, dem Bereich der Arrivierten, am Tisch mit Künstlern und Sportlern, zu denen die Filmschauspieler Fritz Feld (Rudis Bruder), Peter Lorre und Robert Siodmak zählen. Auch Fritz Kortner und Friedrich Holländer, der Komponist, gesellen sich immer wieder dazu. Und bald noch ein Boxer, der seit seinem Profi-Debüt im August 1924 wie eine Rakete in den Boxhimmel schießt: Max Schmeling, Halbschwergewicht. Eine große Familie!

Cerberus Nietz, der die Drehtür bewacht, begrüßt die Gäste mit Namen, so er sie kennt, der Zeitungskellner, seiner Haarfarbe wegen roter Richard genannt, legt die neuesten Zeitungen aus und während Freddi, der Oberkellner, Kaffee und Cognac serviert, pafft Hugo eine Pfeife mit faustgroßem Kopf und trägt so zur Vernebelung bei, in welcher die Kronleuchter, die von der Raumdecke hängen, zu Tranfunzeln werden.

Am 30. Januar 1925, einem Samstag, geht es hoch her im Café. Rudi Feld hat nämlich seine nadelgestreifte Spendierhose an und somit reichlich Geld in den Taschen, Scheine, Banknoten, die, zu Champagner verflüssigt, Film und Kultur fördern sollen. Anlass bietet die Premiere des Films »Der Turm des Schweigens« im Tauentzien-Palast vor zwei Tagen und die lobende Anerkennung der Presse. »Ein Meisterwerk der Filmarchitektur«, »expressionistische Phantastik«, »der Film findet besonders durch die beeindruckende Gestaltung des Turmes Beachtung«. In der Filmzeitschrift Kinemathograph steht für den Beflissenen zu lesen: »Besonders gelungen die Bauten Rudi Felds, die zum Teil jene geheimnisvolle, phantastische Stimmung wiedergeben, aus der die Tragödie des schweigenden Turms hervorwächst und die zum anderen in den Interieurs Muster neudeutscher Raumkunst darbieten ...«

Voll bis zum Kragen nimmt Hugo nach der Feier Rudi Feld auf die Schulter, und obwohl es hundekalt ist, springt er mit ihm in den Landwehrkanal, wo sie nach den Schuhen von Rosa Luxemburg tauchen.

Mein Freund Rudi Feld und ich befanden uns auf der Heimfahrt von den Aufnahmen in den Tempelhofer UFA-Ateliers in unsere gemeinsame Wohnung. Da tauchten im Lichtkegel unserer Scheinwerfer zwei Mädchen auf, die uns entgegen winkten. Wir hielten an.

»Habt ihr die letzte Bahn verpasst? Wo wollt ihr hin?«

Wir luden sie ein, doch wohin sie wollten, war nicht aus ihnen herauszubekommen. Sie trugen schäbige Mäntelchen, fünfzehn Jahre alt oder auch erst vierzehn, schätzte ich sie. Anstatt auf unsere Fragen zu antworten, sagte eine von ihnen hastig. »Wir sind hungrig. Können Sie uns etwas Geld geben, damit wir uns etwas zu essen kaufen können?«

»Aber jetzt, mitten in der Nacht?« Wir schüttelten verwundert unsere Köpfe.

»Vielleicht haben Sie bei sich zu Hause etwas zu essen ...«

Elli und Molly – sie sind aus dem Heim abgehauen und wissen nicht wohin. Sie flehen, »bloß keine Bullen!«, beteuern, sie hätten Männer ganz gern, und Hugo und Rudi füttern sie mit Leberwurstbroten, stecken sie in die Wanne und verbrennen ihre Fürsorgekittel. »Als sie wieder zum Vorschein kamen, in Badetücher gewickelt, wirkten sie lecker zum Sofortverzehr. Wir hatten viel Freude mit ihnen.«

Hugo mit Elli, der Blonden, Rudi mit Molly, der Brünetten. Damit die beiden nicht so herum sitzen müssen, klauen sie Kimonos aus der Requisitenkammer der UFA und lassen den Mädchen, als ihre Bilder in der Presse erscheinen, die Haare rot färben »bei einem fragwürdigen Friseur, der ein Ringsvereinbruder war« und nehmen sie sogar ins Romanische mit.

10.

Als Friedrich Ebert das Zeitliche segnet und Hindenburg zum Reichspräsidenten gewählt wird, im April 1925, schreibt die »Times«: »Ein alter Soldat, ein Mann von Ehre und Tatkraft. Zwar fühlt man sich in Frankreich unwohl dabei. Doch es geht aufwärts im Reich, und das ist die beste Garantie für den Frieden.« Stresemann unterzeichnet den Dawes-Plan, der die Reparationszahlungen annehmbar regelt, den Abzug der französischen Truppen aus dem Rheinland verspricht und die Voraussetzung für eine internationale Anleihe ist. Zudem wird die Tür zum Völkerbund aufgemacht.

Der Krieg scheint gebannt. Gekämpft wird von nun ab im Ring. In Berlin bricht Boxfieber aus. Hugo zieht 10-Unzen-Handschuhe an, schlägt auf Sandsäcke ein und fährt, um Schmeling mit Dempsey boxen zu sehen, nur ein Schaukampf, zwei Runden, nach Köln. Schmeling kämpft mit Bravour, und weil er einen Sparringpartner benötigt und Hugo seine Gewichtsklasse hat, lädt Max ihn ein, nach Lanke zu kommen, wo sie im Hof eines Gasthofs trainieren für den anstehenden Kampf gegen Max Diekmann, den deutschen Meister im Halbschwergewicht, gegen den Schmeling am 10. Oktober 1925 antreten soll.

Max Schmeling hat Hugo etwas voraus, das Hugo, auch wenn er zu rauchen und zu trinken aufhörte, auch wenn er von morgens bis abends trainierte, niemals einholen könnte: Er weiß, was er will. Seit er als Sechzehnjähriger auf der Leinwand Jack Dempsey erlebt hat, ist er vom Boxen besessen, während Hugo vor allem davon träumt, ein Boxer zu sein, ein Boxer und vieles andere mehr. So strebt er auch eine Karriere beim Film an. Die Chancen stehen nicht einmal schlecht. Immerhin hat er, von Rudis Adlatus zum Chauffeur umgeschult, nun mit einflussreichen Schauspielern und Schauspielerinnen zu tun. Er klingelt sie aus den Betten, transportiert sie mit einem UFA-Gefährt zum Tempelhofer Feld, nach Staaken, nach Johannisthal oder Babelsberg raus, und kann bei dieser Gelegenheit auf seine Talente aufmerksam machen. So verspricht zum Beispiel Lya de Putti, »die dunkelhaarige, temperamentvolle und, wie ich noch nicht wusste, skandalumwitterte Ungarin« sich bei Arthur Robison für ihn zu verwenden.

An Land zieht ihn Fritz Lang. Doch auf eine Rolle hofft Hugo vergebens. Er bleibt Chauffeur und Adlatus, rädert die Avus hinauf und hinunter, holt Komparsen herbei, Proletarierkinder, Arbeitslose aus Wedding, schert ihnen die Köpfe, damit sie aussehen wie babylonische Sklaven, schläft in der Zeppelinhalle in Staaken auf einer Matratze, fällt zudem auf Fritz Langs schlechte Späße herein und schlurft noch um Mitternacht im Scheunenviertel herum.

>Ich klingelte und klopfte. Es war kurz vor Mitternacht und nur verständlich, dass man entweder gar nicht öffnete oder erschreckt und misstrauisch ablehnte. Gefilmt werden wollten die Strenggläubigen ohnehin nicht. Immerhin erfuhr ich die Adresse des Rabbiners.

Mit dessen Hilfe er schließlich fünfzig Juden mit Streimel und Parjess gewinnt, die willens sind, sich filmen zu lassen und transportiert sie am Morgen nach Babelsberg raus, wo Lang triumphiert: »Ich hab gewonnen. Ich wusste, du schaffst es.«

Eine Wette war das Ganze gewesen!

Immerhin setzt Fritz Lang den Sieger auf die Liste der für die Premiere zu ladenden Gäste und verspricht ihm im nächsten Film eine Rolle, so dass Hugo sein Konterfei schon an Plakatwänden sieht. Wie soll er auch wissen, dass die UFA ein Kartenhaus ist?

Das Direktorium hat Fritz Lang für Metropolis ein Budget von 800.000 Mark zugestanden, Lang greift weit darüber hinaus. Allein für Kostüme, Dekorationen und Strom gibt er 600.000 Reichsmark aus, dazu mehr als anderthalb Millionen für Löhne, ohne der Gagen der Künstler. Bei der Fertigstellung hat Metropolis über sechs Millionen RM verschlungen. Die UFA kann nur noch der Erfolg von Metropolis vor ihrem Zusammenbruch retten. Deshalb wird der Film mit Superlativen beworben: 27.000 Komparsen, 3500 extra angefertigte Schuhe, 50 Automobile, wie sie im fernen Jahr 2000 aussehen werden, mit extraordinären Bauten und mit einem Roboter, der sich unter elektrischen Ringen in einen Menschen verwandelt.

Die für die Premiere geladenen Gäste sind von Karat. Vorneweg Gustav Stresemann, Außenminister, und Hjalmar Schacht, der Reichsbankdirektor. Im Gefolge Sportler, Diplomaten, Kaufleute, Künstler. Als durch die Hochhäuserschluchten von Metropolis Flugzeuge fliegen, ein Maschinenmoloch Opfer verschlingt und ein Sklavenheer den Turm von Babel errichtet, ist das Publikum überwältigt. Als sich der »Roboter« inmitten von elektrischen Ringen gar noch in einen Menschen verwandelt, explodiert der Applaus.

Im Januar 1927 scheint die UFA gerettet, doch die Ovationen des Publikums trügen, die Presse fällt gnadenlos über »Metropolis« her.

Berliner Börsen Courier: »Thea von Harbou erfindet eine unmögliche Personenhandlung, die in den Motiven überstopft wird. (...) Immer wird mit Gefühlsphrasen gearbeitet. Schrecklich. Ein sachliches Thema grausam verkitscht. (...) Der Schluss, die tränenreiche Versöhnung von Arbeitgeber und Arbeitnehmer – entsetzlich.«

Rote Fahne: »Dem Regisseur schwebte ein utopischer Film vor, der Tendenzen der Wirklichkeit enthalten sollte. Für jeden etwas: Der Bourgeoisie die Metropolis, für den Arbeiter den Sturm auf die Maschinen, für die Sozialdemokraten die Arbeitsgemeinschaft, für die Christlichen das ›Goldene Herz‹ und den Heilandsspuk ...«

Simplicissimus: »Nimm zehn Tonnen Grausen, gieße ein Zehntel Sentimentalität darüber, koche es mit sozialem Empfinden auf und würze es mit Mystik nach Bedarf, verrühre das Ganze mit Mark (sieben Millionen) und du erhältst einen prima Kolossalfilm.«

H. G. Wells: »Ich habe neulich den dümmsten aller Filme gesehen. Ich glaube nicht, dass es möglich ist, einen noch dümmeren zu machen. (...) Er heißt ›Metropolis‹ (...) und verabreicht in ungewöhnlicher Konzentration nahezu jede überhaupt mögliche Dummheit, Klischees, Plattheit und Kuddelmuddel über technischen Fortschritt und den Fortschritt überhaupt, serviert mit einer Sauce von Sentimentalität, die in ihrer Art einzigartig ist.«

Als Wells diese Kritik verfasst, ist Metropolis bereits aus den Kinos verbannt, die UFA bankrott und Hugo steht auf der Straße. Freundin Elli angelt sich einen schwedischen Kaufmann, Stössel lässt ihn nicht zu seinem Vater, und Richard Baruch, sein Onkel, erwischt ihn auf einer seiner verschwenderischen Partys beim Klauen. »Robert Siodmak und ich stopften uns voll und nutzten die Gelegenheit, Käse und Whisky zu klauen. Doch mir rutschte die Flasche heraus und zerschellte am Boden.« Rudi wechselt dazu noch die Wohnung, so dass Hugo sein Zimmer verliert. Im Hotel Hermes, wo er wieder Unterkunft findet, wird, weil er die Rechnung nicht zu begleichen vermag, sein Gepäck einbehalten und im Romanischen Café bekommt er den »Ausweis« auf den Tisch neben die Kaffeetasse gelegt: »Sie werden gebeten, nach Bezahlung der Zeche das Etablissement zu verlassen und nicht mehr zu betreten.« Die Drehtür schaufelt ihn raus.

Und vielleicht, der Teufel liebt solche Scherze, fährt gerade Käses Rundfahrtenbus über den Auguste-Viktoria-Platz, wobei der Reisebegleiter erklärt: »Meine Damen und Herren, Ladies and Gentlemen, Mesdames et Messieurs – hier sehen Sie das Romanische Café, den Olymp der brotlosen Künste.«

Als Hugo, von preußischen Herrschern bewacht, auf einer Marmorbank schläft, jagt ihn auch noch ein Wachtmeister hoch: »Das ist gegen die Ordnung!« Und nun wandert er durch die nächtlichen Straßen.

Es ist ganz gleich, ob man geradeaus noch weitergeht, oder ob man einmal abbiegt, rechts oder links, ob man im Kreis geht – alles ist egal, man muss nur länger laufen können, als die Nacht über einem hängt. Der Körper schwitzt vor Schwäche, der Körper friert im Schweiß – er schleicht, er schleppt sich weiter. Es ist, als hätte man einen Kübel mit einer dicken Flüssigkeit über den Kopf gestülpt bekommen. Langsam kriecht es an einem herab, erst ist es unangenehm an den Schultern, dann am Rücken und im Kreuz und endlich an den Beinen ... man schlurft apathisch dahin.

1927, ein elendes Jahr. Was mit Erwartung und Hoffnung begann, treibt im Rinnstein davon. Was er auch immer versucht, es geht, wie von höheren Instanzen beschlossen, daneben. So auch die Varieté-Nummer »Zweimal Ahoi«. Sein Partner ist William, ein arbeitsloser amerikanischer Künstler, mit dem er an die Geschäftsleitung des Wintergartens herantritt, an die Direktoren Schmitt und Schuch, um ihnen eine Broadway-Nummer schmackhaft zu machen.

Wir bekamen einen Vertrag für einen Monat mit 400 Mark pro Abend. Wir pumpten uns Geld von Freunden und schafften uns Kostüme an; wir probten, und an einem Nachmittag sollte unsere Nummer erstmalig steigen. (...) Mein Freund William hatte die Rolle eines komischen Matrosen, ich war Admiral und trug einen gewaltig würdigen Bart. Sofort machte sich bemerkbar, dass keine Bühnenprobe stattgefunden hatte. Das Orchester setzte im falschen Moment ein. Wilhelm hätte an einem unsichtbaren Seil wie im Sturm hochgehen müssen, um dann wieder in meinen Armen zu landen; statt dessen ließ ihn ein technischer Fehler oben an der Saaldecke baumeln, so dass er sich mit Mühe selbst herunterarbeiten musste. Dann goß er einen Kübel Wasser über mich – das war die Sturzwelle, die über den Admiral hinweg ging –, unseeligerweise ging sie auch über die elektrische Leitung der Bühne und verursachte einen Kurzschluss. Das Publikum nahm mit Johlen und Pfeifen Anteil an der Vorführung. »Vorhang!« kam die

Anweisung aus den Kulissen. In der Garderobe fielen die Direktoren über uns her ...

Schmitt: »Seid ihr wahnsinnig?« Schuch: »Euch hat die Konkurrenz angesetzt.« Schmitt: »Eine Axt! Ich spalt ihm den Schädel.« Schuch: »Lasst euch bloß nicht mehr blicken!«

Mal oben, mal unten – ich befand mich weiter auf dem Riesenrad, in das ich schon in meiner New Yorker Zeit eingestiegen war. Freiwillig oder nicht? Ich denke, genauso unfreiwillig wie ich auf die Welt gekommen bin.

11.

Und das Riesenrad dreht sich.

James Klein, bis 1926 Direktor der »Komischen Oper«, stellt das »Theater der Fünftausend«, zusammen, mit dem er Kultur in die Provinz bringen will. In der Garderobe der »Komischen Oper« stolpert er über Hugo, der, in einen Teppich gewickelt, von Frankfurter Würstchen und einer Starrolle träumt. Da James Klein einen Quartiermacher braucht, stellt er ihn ein.

Und nun rädert Hugo dem »Theater der Fünftausend« in einer Klapperkarosse voran, besorgt Unterkünfte für die Artisten, klebt Plakate an Scheunen und Zäune, doch soviel er auch klebt, die Provinz ist nicht zu gewinnen. In Burg bei Magdeburg bleibt das Zirkuszelt leer. James Klein, der die Gagen für seine Artisten nicht mehr aufbringen kann, lässt die Truppe im Stich. Und Hugo? Die jüdische Wohlfahrt hilft ihm mit einem Zugbillett 3. Klasse zurück nach Berlin.

Wo er bei Kommerzienrat Fink Anstellung findet, als Verkäufer am Kurfürstendamm. Das Geschäft heißt »Aus der Zeit« und offeriert zu günstigen Preisen Kommissionsware, Gardinen, Polster, Lampenschirme, Bettvorleger, auch Schmuck, Silberbestecke, Uhren, Hüte, Kurzwaren, Pelze. Kommerzienrat Fink bietet ein schönes Salär, doch vor dem Zahltag treten Kriminalbeamte in das Geschäft, und da stellt sich heraus, dass der Ringverein Deutsche Kraft Lieferant der Kommissionsware ist und der Kommerzienratstitel einer polizeilichen Überprüfung nicht standhält.

Und das Riesenrad dreht sich.

Als die Blätter gelbe Spitzen bekommen, findet man Hugo als Propagandist vor dem Kaufhaus Wertheim am Leipziger Platz, wo er kosmetische Präparate anpreist, Amor-Skin, ein Elixier, das die Manneskraft stärkt, sowie Erotika-Skin, wodurch im Handumdrehen Falten und Runzeln verschwinden, so dass aus älteren Damen wieder Backfische werden.

Sie war aus der Alraunenwurzel hergestellt, wie im Prospekt stand. Im Prospekt stand auch, dass man vorsichtig mit der Benutzung sein möge, damit nicht durch Übertreibung Gesundheitsschaden entstünde. Der Verkauf ließ sich wunderbar an, mein Unternehmen blühte. Was fehlte mir? Da kommt es schon: Ein paar Fälle übertriebener Anwendung, ein paar Fälle von Schäden ...

Hautausschlag und eitrige Pickel. Eine Kundin, unzufrieden mit dem Ergebnis der versprochenen Jugend, fällt mit dem Regenschirm über ihn her. Die Presse, rücksichtslos wie sie ist, berichtet darüber, und die Gesundheitsbehörde verbietet den Vertrieb der Präparate.

Und das Riesenrad dreht sich. Als die ersten Kastanien fallen, gründet er eine Zeitschrift, Humanität, ein Wochenblatt, das für die Menschenrechte eintreten soll. Das Unternehmen scheitert am fehlenden Interesse der Menschen für Rechte; von den 100 Exemplaren der ersten Nummer bleiben 90 in den Kiosken liegen.

Weshalb Hugo Teppiche ankauft:

Scheinbar echte handgeknotete persische Teppiche, welche jedoch nur den zehnten Teil, eines wirklich echten Perserteppichs kosteten ... Diese Teppiche waren von einem jungen Kaufmann gewebt worden, der eine Maschine konstruiert hatte, welche so arbeitete, als wären die Fäden handgeknotet ... Ich kaufte zwei Teppiche für 120 Mark und trug sie zur Pfandleihe – jedoch nicht, ohne mich zuvor seriös hergerichtet zu haben. Dort gab man mir 430 Mark! Ich hütete mich wohl, zu behaupten, diese Teppiche seien echt – ich überließ die Preisbestimmung den Angestellten der Pfandleihe.

So fing das gleich gut und komplikationslos an. Ich kaufte mehr Teppiche. Ich versorgte allmählich sämtliche staatlichen oder privaten Leihanstalten in Berlin ... Das ging furchtbar einfach. Ich verdiente manchmal tausend Mark am Tag. Und ich will kein Heuchler sein: Ich hatte Spaß an diesem Sport, und ich kostete auch die Genugtuung aus, dass die Pfandleihen, die aus materiellem Unglück der Menschen ihre großen Gewinne erzielen, hier einmal draufzahlen mussten ... Bis eines morgens gegen sechs Uhr die Polizei bei mir erschien und mich in Haft nahm.

Zwar stellt der Untersuchungsrichter fest, erstens: dass er nie behauptet habe, die Teppiche seien echt, zweitens: dass die Pfandleiher und nicht er die Fachleute seien, drittens: dass diese für die Eintragung auf den Pfandscheinen die Verantwortung trügen, viertens: dass es sein Recht sei, auf die Teppiche so viel wie möglich zu leihen und fünftens auf freien Fuß gesetzt werden müsse. Doch der aus dem Teppichgeschäft verbliebener Gewinn wird konfisziert.

Inzwischen schreiben wir anno 1928. Im April feiert Hugo seinen 21. Geburtstag, doch was gibt es zu feiern und womit überhaupt? Er hat keine Wohnung, und während Freund Schmeling, nachdem er Franz Diener besiegt hat, deutscher Meister im Schwergewicht ist und nach Amerika schielt, boxt er sich mit den Ellbogen durch, erledigt mal da und mal dort einen Job, bettelt Tante Hertha um Geld an, die Einzige in der Familie, die ihm noch etwas gibt, schlägt sich den Bauch in den sehr billigen Aschinger-Restaurants voll und in Suppenküchen der städtischen Wohlfahrt. Und denkt an den Schmuck seiner Mutter, den sein Onkel verwahrt, an Ringe und Broschen, an Armreifen, Perlenketten und Diamanten. Er soll die Klunker ja ausgehändigt bekommen, wenn er volljährig ist.

Weshalb er bei Theodor Wolff, dem Chefredakteur des »Berliner Tageblatt«, vorstellig wird, frisch rasiert, im gebügelten Anzug, die Schuhe mit Spucke poliert. Zwar sei er blank, gesteht er ganz offen, doch habe er Ideen und Pläne und präsentiert Theodor Wolff ein Telegramm von George Bernard Shaw, der ihn zu einem Interview einlädt.

Warum ausgerechnet ihn, Hugo Baruch? Nun, als der Spross jener Firma, deren Londoner Niederlassung George Bernard Shaws Stücke ausstattet, ist er, Hugo Baruch, kein Fremder für Shaw und da er Englisch so fließend wie Deutsch spricht ...

Theodor Wolff lässt sich überzeugen, nicht ganz allerdings. Hugo Baruch, man munkelt so manches und gerade erst einundzwanzig geworden, doch immerhin der Sohn Bruno Baruchs, und was ist zu verlieren? Ticket, ein Vorschuss, der seine Ausgaben deckt: Hotel, Taxi, Essen und dafür George Bernard Shaw – vor drei Jahren mit dem Nobelpreis geehrt!

Gleich am nächsten Morgen sollte ich fliegen ... Es war nachmittags fünf Uhr. Ich bekam die Flugkarte, doch als ich Geld abholen wollte, war die Kasse geschlossen. Kein Beinbruch, dachte ich, sie werden mir das Geld telegrafisch nach London überweisen.

Doch in der Folge geht schief, was nur schiefgehen kann. Die Pechsträhne nimmt ihren Anfang im Wartesaal Bahnhof Zoo, wo, kaum dass er die Beine ausstreckt, die Polizei Fahrkarten und Ausweispapiere verlangt, denn »hier galt das Gebot ›Nur für Reisende‹ – aber nicht für Obdachlose, die es immer wieder versuchten, im Wartesaal zu nächtigen.«

Also auch für solche wie ihn, der, da er keine Fahrkarte vorweisen kann, den Verdacht erregt, ein obdachloser Schlaferschleicher zu sein, und das, obwohl er ein Lufthansa-Ticket vorweisen kann. Die Beamten nehmen ihn mit auf die Wache und sperren ihn in eine Zelle, aus der er erst am späten Vormittag frei kommt, so dass er nur mit Müh und Not das Flugzeug erreicht.

Indes hat sich über der Nordsee ein Sturmtief gebildet, gegen das das Flugzeug nicht ankommt, weshalb der Pilot statt in Croydon in Amsterdam landet. Wo Hugo, im Glauben, die Übernachtungskosten würden von der Fluggesellschaft getragen, ein Hotelzimmer nimmt. Als man ihn aufklärt, dass er dafür selber aufkommen müsse, drahtet er an die Zeitung um Geld, doch Theodor Wolffs Zweifel haben sich inzwischen verstärkt, so dass dieser zurücktelegrafiert: »Geldsendung unmöglich stop fristlos entlassen.« Schließlich erklärt sich die Lufthansa bereit, die Kosten zu tragen und Hugo landet glücklich in Croydon, von wo ihn ein Bus noch zum Haymarket bringt. Die letzte Strecke, die Strecke nach Hampstead ...

---

war mit dem Autobus schnell zu erreichen. Leider hatte ich nicht einmal mehr das Fahrgeld. So nahm ich ein Taxi, Onkel Martin würde es ja bezahlen. Ich ließ es vor der Gartentür warten, schellte, wurde vom Butler eingelassen und in die Bibliothek geführt. Nach einer Weile erschien Onkel Martin.

»Hm...« brummt er mich an, »Hugo Baruch...«

Als ich ihm kurz meine Situation schilderte, wurde er blass vor Ärger und krähte: »Fall doch auf deine Füße! In deinem Alter kann man schon allein Geld verdienen. Arbeit gibt es überall. Ich habe dich sowie nur als Säugling gekannt.«

Anstelle der Ringe, Broschen, Armreifen, Perlenketten und Diamanten drückt er ihm Half-a-crown in die Hand, die nicht einmal dafür reicht, um die Fahrt zu begleichen. Der Taxifahrer fährt fluchend davon, und er steht da mit seinem Koffer (mit dem das Aufkleber »Ansonia Hotel – The Elegance of the Upper West Side«, was vielleicht bei dem einen und anderen Vertrauen hervorruft), wie kurz darauf bei Mrs. Daly, die in 13 Lambolle Road – ausgerechnet die Hausnummer 13! – eine Pension unterhält.

Mrs. Daly war Irin und ihr Mann Sekretär des irischen Clubs. »Wer hat Sie empfohlen?«, wollte sie wissen. »Niemand«, gab ich zur Antwort. »Haben sie Referenzen?« »Tut mit leid«, sagte ich. »Können sie im Voraus bezahlen?« »Leider nein, ich suche noch Arbeit.« »Well, dann bezahlen sie eben, wenn sie welche haben.« Ich bekam ein kleines aber nettes und sauberes Zimmer. Frühstück und Dinner gehörten dazu. Das Haus war gemütlich. Zu den Pensionisten zählten ein alter Richter, der seine Ferien immer in Konstantinopel verbrachte, ein spießiger, scheinheiliger und korrekter Bankangestellter, eine intelligente Lehrerin, eine Streitaxt von Witwe, eine Suffragette, die sich von der Natur benachteiligt fühlte, ein deutscher Student und ein junger Engländer, Student der Militärwissenschaft.

Es gibt auch ein Dienstmädchen, das aus Liverpool stammt: Maureen, welches das Geschirr spült, die Betten macht, das Frühstück serviert und so attraktiv und würdevoll ist, »dass Männer in ihrer Gegenwart zu flüstern begannen. Keiner hätte mit ihr auch nur zu flirten gewagt. Ich liebte sie auf den ersten Blick.«

1945, als er sie malt, sieht sie ihn mit Rehaugen an. Sie lächelt, ohne heiter zu sein, ihr Gesicht hat einen traurigen Ausdruck, wiewohl siebzehn Jahre zuvor, in einer Spätsommernacht, als in einem Teich des Hampstead Heath der Silbermond schwimmt und Hugo den Arm um sie legt und sie küsst und gesteht, dass er sie einladen möchte, ins Kino, in »The Circus«, in den Film, in dem Charlie Chaplin auf dem Hochseil die Hose verliert, man kann sich nicht halten vor Lachen, aber so ergeht es einem manchmal im Leben, doch fehle ihm leider das Geld für den Eintritt.

»Es wäre so einfach gewesen, glücklich zu sein.« Deshalb gibt er nicht auf. Er beleiht seinen Mantel, bekommt aber nur zwölf Schilling dafür, drei Schillinge bekommt er für sein zweites Paar Schuhe, und für seinen Koffer bekäme er noch ein paar Shillinge extra, doch wagt er nicht, ihn ins Leihhaus zu tragen – was würde Mrs. Daly denken, wenn sie ihn damit weggehen sähe?

Also erklärt er, er habe noch keine Arbeit gefunden und könne ihr statt zwei Pfund Miete nur fünfzehn Schillinge geben. »›Nun‹, sagt Mrs. Daly, ›dann bezahlen Sie halt den Rest in der kommenden Woche.‹«

Aber wie nur? Er hat nicht einmal das Geld für den Bus, und wie soll er sich nach einer Anstellung umsehen, ohne in die City zu fahren? Maureen gibt ihm das Geld für den Bus und die Untergrundbahn, »Maureen wusste, in welcher Lage ich war«, und das Geld, um Schuhe und Mantel aus dem Leihhaus zu holen, damit er sich nach Arbeit umsehen kann, obwohl sie es selber benötigt, denn sonst würde sie nicht Betten machen und das Frühstück servieren.

»Je besser ich sie verstand, desto mehr liebte ich sie. Und dann brach die Katastrophe herein. Maureen wurde krank. Sie bekam Blinddarmentzündung.«

Sie wird ins Krankenhaus eingeliefert. Leider zu spät. Seine Maureen, Maureen, die er liebt, Maureen, die noch so jung ist, die attraktive, würdevolle Maureen stirbt unter Qualen. Drei traurig verzweifelte Tage danach wirft Hugo ihr ein Schäufelchen Sand hinterher und fühlt sich wie an der Mole im Hafen von Rotterdam, als seine Nanny im Grau der Nordsee verschwand.

George McNally, Repräsentant der Shubert-Theatergesellschaft in England, hilft ihm schließlich auf die Beine. Als Hugo in sein Büro in His Majesty's Theatre am Haymarket kommt, erbarmt er sich seiner, gibt ihm fünf Pfund und schickt ihn nach Walthamstow im Nordosten von London, wo George Banfield »The Burgomaster of Stilemond« dreht, einen Film, der im Krieg spielt, in Flandern. Als »Militärexperte« sorgt Hugo dafür, dass die Soldaten die richtigen Uniformen und Abzeichen tragen. Er verdient vier Pfund die Woche, so dass er, als der Film abgedreht ist, zurück nach Berlin fliegen kann.

Dort begegnet man ihm alsbald als Taxichauffeur, und damit nimmt sein Leben einen Verlauf wie in einem phantastischen Film.

Eines Tages winkt ein älterer, elegant gekleideter Herr. Ich halte an und lasse ihn einsteigen. Er nennt mir die Adresse, wohin er möchte, da merke ich, dass er mich erkennt: »Hugo! – Junge, was machst du denn da?« bringt mein Vater voll Verwunderung heraus.

Schweigend brachte ich ihn zu seiner Adresse; es war sein eigenes Haus. Als er ausstieg, sagte er: »Nun Fahrer, wie wärs drinnen noch einen Schluck zu trinken?« Da konnte ich nicht umhin, sehr zu lachen – auch mein Vater lachte; die Situation brachte uns zueinander. Ich erzählte ihm, wie es mir ergangen war. Mein Vater war entsetzt. »Mein Gott, welche Unehre für mich!« murmelte er vor sich hin.

»Mein lieber Vater«, erklärte ich ihm, »ich habe sehr viel und innerlich sehr tief an dir gelitten, weil du ein großer Egoist bist. Warum konntest du nicht ein bisschen geordneter leben ...«

Nach dieser Aussprache lässt ihn sein Vater wieder auf Soirées und Gesellschaften zu, auf denen »interessante, geistig hochstehende und kultivierte Persönlichkeiten« verkehren, von denen eine Stefan Lorant ist, der Chefredakteur der Münchner Illustrierten Presse.

12.

Am 27. Dezember 1928 trägt sich in der Gaststätte Naubur am Schlesischen Bahnhof Berlin (heute Ostbahnhof) folgendes zu. Paul Malchin, Latten-Paulchen genannt, Mitglied des Männer-Gesangsvereins-Norden, gerät mit dem auswärtigen Zimmermann Schulnies in Streit, der zum U-Bahnbau nach Berlin kam, wobei Schulnies das Messer zieht und Latten-Paulchen so schwer verletzt, dass dieser im Krankenhaus stirbt.

Zwei Tage danach wird Paulchen auf dem Friedhof der Andreas- und Markus-Gemeinde zu Grabe getragen. Sein Sarg ist mit weißen Chrysanthemen geschmückt. Die Trauergemeinde, dreihundert Ringverein-Brüder, man trägt Frack und Zylinder, verfolgt mit kummervollen Gesichtern, wie der Sarg in die Grube gesenkt wird. Der Pfarrer hält eine bewegende Rede, ein Männerchor singt »So nimm denn meine Hände« und Adolf Leib, Muskel-Adolf genannt, angesehener Immertreu-Bruder, gedenkt des Toten als eines unersetzlichen Mitglieds der menschlichen Gesellschaft.

Der Leichenschmaus wird im »Kloster-Keller« beim Schlesischen Bahnhof gehalten. Da sich der Zimmermann Schulnies noch immer seines Lebens erfreut, was man nicht einfach so hinnehmen kann, zumal sich der Wirt der Gaststätte Naubur seit längerem weigert, Schutzgeld zu zahlen, wird Kriegsrat gehalten, der einstimmig beschließt, die Angelegenheit nicht auf sich beruhen zu lassen.

Gegen 22 Uhr 30 erfolgt die Attacke auf die Gaststätte Naubur. Muskel-Adolf und acht elegant gekleidete Herren des Männer-Gesangsvereins-Norden rollen in zwei Kraftdroschken vor, vier von ihnen postieren sich am Eingang, die anderen betreten das Lokal, wo einer der Männer sogleich den Zimmermann Schulnies entdeckt. Muskel-Adolf fordert ihn vor die Tür, doch wittert Schulnies instinktiv eine Falle und weigert sich, der Aufforderung Folge zu leisten, worauf Muskel-Adolf kurz entschlossen Schulnies hinauswirft, zu den vor der Türe Postierten, die über ihn herfallen und prügeln, bis er sich nicht mehr rührt.

Indes gehen dreißig Zimmerleute, die ebenfalls zum U-Bahnbau in Berlin sind, über zur Gegenattacke, wobei sie Beile, Hämmer und Winkel verwenden, weshalb sich die Angreifer fürs Erste zurückziehen müssen, nach »Leos Hof« gegenüber, wo sie Verstärkung anfordern, die alsbald in 15 Kraftdroschken anrollt, wogegen die Verstärkung der Zimmerleute eher kümmerlich bleibt.

Die folgende Schlacht dauert zwanzig Minuten. Sie wird von sechzig Schüssen begleitet und fordert sieben Verletzte und einen Toten. Als das Überfallkommando eintrifft, herrscht längst wieder Frieden, und da sich keiner zu erinnern vermag, sind der Phantasie der Polizeireporter keine Schranken gesetzt, wodurch die Zahl der Verletzten und Toten um etliches zunimmt. Kein Berliner, der nicht die Hintergründe, den Verlauf der Schlacht und die Zahl der Gefallenen erfährt. Als überflüssigerweise noch tausend Schutzleute und hundert Kriminalbeamte mit Suchhunden die Gegend durchkämmen, sind die Schlacht am Schlesischen Bahnhof und die Ringvereine Tagesgespräch.

Ist Berlin Klein-Chicago? Stehen Immertreu und der Männer-Gesangsverein-Norden in Verbindung mit Al Capone? Das milde Urteil gegen Muskel-Adolf, zehn Monate Gefängnis, tut dem Verdacht keinen Abbruch, zumal wenige Tage nach der Verkündung ein Massaker für Schlagzeilen sorgt.

Am 14. Februar 1929, dem Valentinstag, inszenieren als Polizisten getarnte Gangster eine Razzia in der N. Clark Street, Chicago, wobei sie in einer Garage der S-M-C Cartage Company, sieben Männer mit Maschinenpistolen durchlöchern. Da sie zur North Side Gang, der Konkurrenz der Chicago Outfits, gehören, kommt als Auftraggeber nur Al Capone in Frage, dem man aber nicht das Geringste nachweisen kann.

Das Valentinstag-Massaker ist für die Presse ein gefundenes Fressen. Sie spuckt blutige Schlagzeilen aus, in New York und Paris, in London und Wien und natürlich auch in Berlin, wo bei Stefan Lorant eine Idee zu keimen beginnt – und zwar in Form einer Frage: Wie holt man Chicago näher ran an Berlin? Wie stellt man die Verbindung her zwischen Muskel-Adolf und Al Capone, zwischen den Chicago Outfits und den Immertreu-Männern?

Stefan Lorant kommt vom Film. Er ist Kameramann und Drehbuchverfasser, hat Filme gedreht, »Die Majestät das Kind« oder »Der Film im Film«, bevor er Zeitungsherausgeber wurde, erfolgreich, wie bei allem, was er in die Hand nimmt. Durch ein Interview mit Coco Chanel, Geschichten wie die der »kleinen süßen Suzette« oder einer Prinzessin im Harem, Fragetests, durch welche der Leser erfährt, ob er schauspielerisches Talent hat und zum Film gehen soll, ist unter seiner Leitung die Monatszeitschrift Das Magazin von einer Auflagenstärke von 17.000 auf 160.000 geschnellt. Lorant hat die Auflagen des UFA-Magazins und des Berliner Börsen-Couriers gesteigert, wie er nun als Chefredakteur auch die Auflage der Münchner Illustrierten Presse steigern will.

Als er auf einer von Bruno Baruch gegebenen Abendgesellschaft dessen Sohn kennen lernt, wird ihm schnell klar, dass er mit einem talentierten Schauspieler spricht, der aber seine Rolle nicht kennt. Weshalb er ihm ein Angebot unterbreitet, das den Teufel gesehen hat.

Hugo schlägt ein.

Woraufhin ihm Lorant im Victoria-Hotel, gelegen Unter den Linden, ein ruhiges Zimmer besorgt, sowie eine Schreibmaschine der Marke Continental, Pfeifentabak, guten, aus dem Rauchsalon »Koghen«, und Hugo Hilfe gewährt, sein Leben so niederzuschreiben, wie es hätte gewesen sein können, wären die Würfel anders gefallen an jenem Tag vor acht Jahren, als er die Abendeinnahmen des Bijou-Theatres zur Bank bringen sollte.

Hugo tritt also noch einmal durch den steinernen Torbogen des Bijou-Theatre auf die West 45th Street. Es ist vormittags elf Uhr, das Wetter ist schön und er pfeift den Triumphmarsch, als sich ihm, vor den dorischen Säulen am Eingang zur Greenwich Savings Bank, ein großer, starker, gut gekleideter Herr in den Weg stellt.

Er blickt mir in die Augen und sagt, ohne dabei die Stimme zu erheben: »Stop and shut up! (Halt, keinen Laut!)« Ganz sachlich sagt er das, es ist gar keine Drohung in seiner Stimme, auch nicht in seinem Gesicht. Aber ich fühle einen leisen Druck an der Seite. Nicht hinsehen, nicht hingreifen! Ich weiß, das darf ich nicht. Ich weiß genau, dass gegen meinen Bauch, links eine Spanne über der Hüfte, der Lauf eines Revolvers gedrückt ist. Ich entziehe mich diesem sanften Druck nicht, weil sonst der Mann gleich schießen würde. Sie schossen immer, wenn das Opfer nur mit der Wimper zuckte ...

Der Herr, offensichtlich ein Gangster, raubt ihm das Geld, 2700 Dollar in Banknoten und zwei Rollen Silbergeld, steigt in ein Auto mit laufendem Motor und fährt mit quietschenden Reifen davon. Der Schutzmann, an den Hugo sich wendet, schenkt ihm jedoch keinen Glauben. Ja, er muss zufrieden sein, dass der »rote irische Hund« ihn zum Theater begleitet, wo Gerstenkorn unverzüglich die Detektivabteilung verständigt. Zwar kommt beim Verhör nichts heraus, doch da Hugo den Verdacht, er habe das Geld unterschlagen, nicht zu entkräften vermag, setzt ihn der Personalchef auf das harte Pflaster Manhattans. Seine paar Dollar sind schnell verjubelt und da er die Miete für sein Boardinghouse-Zimmer nicht aufbringen kann, wagt er sich erst gegen Morgen nach Haus.

Auch an dem Tag, von dem ich jetzt erzählen will, war ich um vier Uhr morgens nach Haus gekommen. Es war etwa der zwölfte Tag nach dem Überfall. Schlaftrunken fuhr ich auf, als jemand heftig gegen meine Zimmertür klopfte. Es war sechs Uhr morgens. Ich

schlüpfte in Hose und Pantoffeln – schöne rote Saffianpantoffeln –
und öffnete. Da stand meine Wirtin und neben ihr ein baumlanger
Kerl. Es war ihr Bruder; ich hatte ihn schon einmal gesehen, er war
eine Art Schreiber bei der Polizei. Er stand da mit seinen breiten
Schultern und seinem aufgeschwemmten Bullengesicht und sprach
kein Wort. Die Wirtin hatte ihn offenbar nur mitgebracht, um mir
zu imponieren.

Die Wirtin bittet ihn auf den Flur, doch kaum ist Hugo aus dem Zimmer getreten, dreht sie den Schlüssel im Schloss und fordert ihn auf, das Haus zu verlassen.

Meine Sachen würde sie als Pfand dabehalten. Der Bruder stand
in Hemdsärmeln neben ihr und sprach noch immer kein Wort. Ich
hätte ihn niederschlagen können, doch beherrschte ich mich.

Hugo tut wie verlangt, schüttelt den Staub von den Füßen und geht zum nahen Riverside Drive, wo er sich auf eine Bank legt, um noch ein wenig zu schlafen. Als er erwacht, steht die Sonne schon hoch am Himmel. Über die Terrassen, Häuser und Autostraßen hinweg blickt er zum Hudson River hinunter, auf dem Dampfer vorbeiziehen und empfindet große Sehnsucht nach einer Insel der Südsee. Da er Hunger verspürt, schlendert er in die Eastside, wo Rabbi Fine, der in der Hallstreet einen Bäckerladen betreibt, an hungrige Galachs trockene unverkäuflichen Mohncakes verteilt. Später stiehlt er Milchflaschen und Leinensäckchen mit warmen knusprigen Brötchen von den Haustüren weg und besucht, wenn ihm langweilig ist, die Gratisvorstellungen in den Warenhauskinos. Er hat ja auch nur noch einen einzigen Dime in der Tasche, und den sieht er als seinen Glücksbringer an. Doch als er sich in der Nähe seiner alten Wohnung herumtreibt, »meldete sich der Fleischhunger mächtig«:

Es hielt mich nicht länger. Ich stürmte in ein Automatenbüfett. Mein Dime brannte mir in der Hand. Da lagen die Schinkenbrötchen angehäuft, und ohne nachzudenken verzehrte ich eines. Als ich das Weißbrot mit Schinken, Salat und etwas Majonnaise hinunter geschlungen hatte, wurde ich ganz traurig. Auf diesen Bissen Fleisch hatte ich mich all die Tage hindurch gefreut, und nun war auch meine letzte Reserve vertan und mein Talismann dazu.

Wütend sieht er sich um. Und da steht doch tatsächlich am Nachbartisch jener Gangster, der ihm die Abendeinnahmen geraubt hat, verzehrt Apfelkuchen und trinkt seelenruhig eine Tasse Kaffee. Wen wundert es, dass Hugo ein gewaltiger Zorn überkommt?

Ich stützte meine Ellbogen auf den Tisch und starrte dem Mann unverwandt ins Gesicht. Er trank ruhig seinen Kaffee aus und kam dann langsam, die Hand in der rechten Tasche, auf mich zu und sagte mit der Stimme, deren Klang ich noch in den Ohren hatte: »Hallo Boy, wie geht's?«

Sinnlos vor Wut antwortete ich ihm: »Du bist wohl verrückt, mich anzuquatschen, du möchtest wohl gern für zwanzig Jahre nach Sing-Sing?«

»Ja, wer bist du überhaupt, mein Junge? Was willst du bloß von mir?« fragte er spöttisch.

Da hielt ich mich nicht länger zurück ...

Mit blitzschnellem Griff reißt er dem Gangster aus der Jackentasche den Revolver heraus, steckt ihn in seine und holt zu einem Kinnhaken aus, der diesen über den Stehtisch befördert, was den Gangster aber nicht weiter bekümmert. Er erkennt sogar den Kinnhaken an: »Verflucht, der hat gesessen!«

Der irische Cop, die Boardinghouse-Wirtin und ihr Polizeischreiberbruder mit dem aufgeschwemmten Bullengesicht, die Leinensäckchen mit den knusprigen Brötchen, die Warenhauskinos, die Dampfer, die auf den Atlantik hinausziehen, als er sich die Zeit vertreibt und am Riverside Drive Kieselsteine ins Wasser wirft, auch die roten Saffianpantoffeln, die er schmutzig gemacht hat, damit er nicht wie ein Komiker aussieht, haben sich in sein Gedächtnis gegraben, so dass er sie nur noch abrufen muss.

Auch den Gangster sieht Hugo vor sich, schließlich hat er ihn unzählige Male dem Chef der Detektivabteilung beschrieben. Was dem Kinnhaken folgt, muss er aber erfinden. Zuerst eine kräftige Mahlzeit. Dann, wie ihm der Gangster, der mit Vornamen Bill heißt, die Hälfte des geraubten Geldes zurückgibt und sagt: »So einen wie dich können wir brauchen.« Und wie er am folgenden Tag in der Pennsylvania-Station in Begleitung von Bill in einen Zug steigt. Wieso? Noch hüllt Bill sich in Schweigen. Doch kurz vor Chicago stellt er ihm Fragen.

»Was glaubst du, wer regiert Illinois?«
 Ich antwortete ihm, so gut ich nur konnte. Er nickte und drang weiter in mich: »So, so. Und wer regiert Amerika?«
 »Calvin Coolidge und Morgan.«
 Da grinste er und meinte: »Sehr brav, mein Junge, aber es gibt in der Firma noch einen dritten Sozius.«
 Da schwieg ich trotzig. Ich wusste, wen er meinte, aber ich wollte den Namen nicht als Erster aussprechen.

Der Mann, das sei hier verraten, hieß Al Capone. Seine Firma »Chicago Outfits« floriert, wovon Hugo sich bald ein Bild machen kann, denn kaum hat er den Fuß in die Stadt des Verbrechens gesetzt, findet er sich in deren Registraturabteilung wieder, und dort laufen die Fäden des Unternehmens zusammen. Geldverleih, Bestechung, Korruption – die Fächer der Kartothek sind voll mit den Karten von Kunden, zu denen sogar der Polizeipräsident Chicagos gehört.

Eines Montags hörte ich zwei Menschen irgendwo, nicht weit von uns, ein aufgeregtes Gespräch führen; ihre Stimmen wurden immer lauter, dann lief einer durch die Zimmer, und plötzlich stürmte durch unsere Tür ein hochgewachsener, starker Mann mit gerötetem Gesicht herein. Er lief dem anderen Ausgang zu.

Ein Polizeioffizier, der seinen Kredit nicht zurückzahlen will! Hugo springt auf, verstellt ihm den Weg und zwingt ihn mit einem Jiu-Jitsu Griff nieder, weshalb man ihn, da die Firma für entschlossene Männer wichtigere Aufgaben hat, als Karteikästen in Ordnung zu halten, einem Eignungstest unterzieht – in einem mit Filz ausgeschlagenen, taghell erleuchteten Keller, der wie ein Laboratorium aussieht.

Dort gibt es unter anderem eine Apparatur mit verschiedenfarbigen Birnchen, von der aus Drähte zu einer Zielscheibe führen. Hugo, aufgefordert zu schießen, schießt aus der Hüfte. Ein Birnchen nach dem andern blitzt auf, kein Wunder, hat er doch Schießen unter Anleitung seiner Nanny schon als kleiner Junge in Heringsdorf an der Ostsee geübt. »Da gab es eine Schießbude, von der ich nicht wegzubekommen war. Ich verschoss ein Vermögen.«

Da Al Capone guter Schützen bedarf, bestellt er den Sauerkraut ein.

Wir treten in ein kleines Zimmer ein und dann in ein großes, helles, gleichfalls mit dunklen Renaissancemöbeln. Vor den breiten Fenstern sitzt vor einem großen Schreibtisch ein Mann, von dem ich zunächst nur den Hinterkopf sehe, einen mächtig gewölbten, mit dichtem, hartem, schwarzen Haar bewachsenen Hinterkopf, ein wenig zwischen die breiten Schultern eingezogen, auf einem kurzen Stiernacken. Der Mann erhebt sich, ruhig, aber schnell für sein Gewicht, das ich auf einhundertundneunzig Pfund schätze. Er ist etwa 1,77 m groß. Lächelnd wendet er uns sein Gesicht zu, und mit langen, wuchtigen Schritten kommt er uns entgegen. Er trägt einen hellen, elegant geschnittenen Anzug mit einem bunten, lustigen Schlips. An seiner Rechten blitzt ein großer Diamant. Er hat etwas außerordentlich Wildes in seinem fleischigen Gesicht, das aber nicht an einen Gorilla erinnert, eher schon an eine prächtige Wildkatze.

Al Capone! Er weist den Debütanten in seine Aufgaben ein, und bald schon schmuggelt Hugo als »Runner« Alkohol über den Michigan See, lehrt als Pistolero der konkurrierenden North Side Gang und ihrem Boss Bugs Moran das Fürchten, befreit Kameraden aus dem Gefängnis, sorgt als Bodyguard für die Sicherheit Al Capones und überfällt ein Panzerauto der Capitol Bank – in New York, in Manhattan, in der Nähe der Wallstreet, kurz davor oder dahinter.

Um neun Uhr dreißig montierten wir das Maschinengewehr bei heruntergezogenen Gardinen und stellten es schussfertig vor dem Fenster auf. Gesprochen wurde nicht viel. Merkwürdig: Obwohl ich keineswegs in unmittelbarer Gefahr schwebte, fühlte ich eine solche Anspannung der Nerven, dass es mir beinahe übel wurde. Die Luft war unerträglich.

Vier Minuten vor zehn Uhr legten wir Gasmasken an. Um neun Uhr 57 gingen die Gardinen hoch und die Fenster auf. Eine halbe Minute später sahen wir ein Panzerauto um die Ecke biegen. Na, da war es ja! Wir sahen uns an und gingen ans Werk.

In dem Augenblick, da das Panzerauto die Kreuzung passieren will, fährt es auf einen großen Wäschelieferwagen mit Anhänger auf, der ihm anscheinend ganz ohne Absicht den Weg verstellt hat. Doch der Chauffeur des Panzerwagens erkennt die Gefahr, will offensichtlich um keinen Preis auf dem Fleck stehen bleiben, versucht, den Wäschewagen zu überrennnen, rammt sich aber erst recht fest. In diesem Augenblick eröffnen vier Maschinengewehre das Feuer auf das Panzerauto: je eines aus den vier Eckhäusern. Höllisches Getöse! Die Straße widerhallt von unseren Schüssen! Im Nu ist sie wie reingefegt. Die guten New Yorker, Amerikaner überhaupt, wissen genau, was sie in solchen Fällen zu tun haben: sich aus dem Staub machen und ihr Leben in Sicherheit bringen. Einige wenige Schüsse antworten uns aus dem Panzerwagen. Der Benzintank ist schon in Brand geschossen. Im Nu brennt der Wagen lichterloh. Das ist für uns das Zeichen, mit der Schießerei aufzuhören.

Die Panzerwagenbesatzung steigt aus mit erhobenen Händen, ein Packard fährt ran, die Gangster laden die Geldsäcke um und rasen davon, während die Polizei schon die Straßenausgänge besetzt.

Ich schätze, dass ungefähr vierzig der Unseren einem Polizeiaufgebot von einigen hundert Mann gegenüber stehen. Die Polizei versucht, an unsere festen Stellungen heran zu kommen, aber es gelingt ihr nicht. Einige Motorräder mit Beiwagen, die vorne mit starken Panzerplatten abgedeckt sind, versuchen vorzustoßen, bekommen Feuer von oben und bleiben liegen. Nun werden sie von uns mit Handgranaten belegt. Aber was ist das? Jetzt schießt auch die Polizei aus Maschinengewehren. Ganze Mörtelstreifen fallen von den Wänden, Scheiben zersplittern, Sirenen schrillen. Die ersten Tränengasbomben platzen an den Mauern, etwas Tränengas dringt auch schon in die Zimmer, man wird bald nicht mehr sehen können.

Hugo und seine Kollegen brechen die Tür zur Badstube auf, reißen die Gasmasken runter, lassen die Maschinengewehre im Stich und fliehen über die Dächer. Eine Stunde später rufen Newsboys schon die Schlagzeilen aus: »Überfall auf den Geldtransport der Capitol-Bank! 4 Millionen Dollar geraubt – 8 Tote, Dutzende von Schwerverletzten.«

13.

Merry: »Sein bester Coup. Schade, dass er dabei nicht an mich gedacht hat. Ich könnte das Geld gut gebrauchen. Aber ich war ja auch noch nicht auf der Welt.«

Immerhin, die Ausgabe der Münchner Illustrierten Presse, in der der erste Teil der Geschichte erschien, hat er Merry hinterlassen. Sie erschien am 2. Oktober 1931, dem Tag, als in Chicago der von der internationalen Presse beobachtete Prozess gegen Al Capone begann.

Auf dem Titelblatt ist Al Capone zu sehen, ein Gangsterbegräbnis und Hugo, als kleiner Junge mit weißem Zylinder. Darunter steht zu lesen: »Die Aufzeichnungen des Jack Bilbo. – Hier schreibt ein

Jack Bilbo mit Pistole

›Gangster‹, ein Mitglied der Verbrecher-Organisation Al Capones, des Königs der Unterwelt von Chicago. Aus Deutschland stammend, als Kind eines reichen Hauses erzogen, wurde er auf seltsame Art Al Capones Leibgardist. Vier Jahre lang war er Tag und Nacht in seiner nächsten Nähe, immer schussbereit. Er nahm an allen großen Aktionen teil.«

Den Bericht illustrieren Fotografien. Auf einer ist Hugo alias Jack Bilbo mit hochgeschlagenem Mantelkragen und schwerer Pistole zu sehen, lächelnd, als hätte er gerade einen Gegner erledigt. Im Kopf des Betrachters beginnen von selbst die Bilder zu laufen: Wie Gangster Bill sich zügigen Schrittes vom Tatort entfernt, wie er – Schnitt – mit einer schwarzen Limousine davon fährt. Hugo und Bill in der Pennsylvania Station. Die beiden im Zug. Chicago. Verlassene Straßen, eisiger Wind, verrauchte Speakeasies. Jack, inzwischen hat er den Namen geändert, als Bootlegger bei Nacht und Nebel auf dem Michigan See. Jack mit dunkler Sonnenbrille, Borsalino und Thompson Maschinenpistole. Der Panzerwagen biegt um die Ecke. Motorräder mit Beiwagen, die mit Panzerplatten geschützt sind – wie im Film »Underground« von Josef von Sternberg mit George Bancroft als Gangster – zersplitternde Scheiben, von den Wänden platzender Mörtel.

Die Leserschaft reißt sich um die Illustrierte, und noch bevor die letzte Folge erscheint, 1932 im Frühjahr, bringt in Berlin der Universitas Verlag den Bericht als autobiografischen Roman auf den Markt. Er trägt den Titel: »Ein Mensch wird Verbrecher«. Wenige Wochen danach erscheint er in Übersetzung bei Cresset Press, London. Die Besprechungen stoßen die Auflage an.

Die Woche: »›Ein Mensch wird Verbrecher‹ ist ein außerordentliches Buch von solcher Wirkung, dass man es in einem Zug bis zu Ende liest.«

Vossische Zeitung: »Dieses Buch ist ein erschreckendes Dokument unserer verwirrten Zeit.«

Evening News: »Das Buch ›Carrying a Gun for Al Capone‹ von Jack Bilbo ist das Erstaunlichste, das bis jetzt aus Amerika gekommen ist.«

Daily Mail: »Neues Licht auf die Welt des Verbrechertums, das die amerikanische Polizei bis jetzt noch nicht gelöst hat, wird durch die außergewöhnliche Geschichte Jack Bilbos geworfen.«

Es folgen französische, spanische, italienische, niederländische, polnische Übersetzungen. Die UFA klopft an, und Jack, vom Erfolg angefeuert, schreibt in wenigen Wochen einen autobiografischen Roman hinterher, »Chicago-Shanghai«, in dem er einen Verräter durch China verfolgt, im Auftrag Capones, der sich inzwischen erheblich einschränken muss im Bundesgefängnis Atlanta, während Jack Bilbo maßgeschneiderte Anzüge trägt, ein Automobil besitzt und 70.000 Mark auf dem Bankkonto hat.

Zufrieden mit sich und der Welt geht er mit einer hübschen Freundin auf Reisen, »Maria, eine begabte Modezeichnerin mit sehr viel Temperament«, die zuerst nach Den Haag und Rotterdam führt, wo ihn Journalisten des »Nieuwe Rotterdamsche Courant« empfangen, denen er über seine Zeit bei Al Capone und über die Jahre, die er in Scheveningen verbracht hat, ein ausführliches Interview gibt.

Weshalb Rotterdam und Den Haag? »Holland und ich«, schreibt er dreißig Jahre danach, »wir hatten etwas aneinander gutzumachen.« Tatsächlich aber ist er sich selbst auf der Spur. Sie führt von Den Haag nach Paris, in die Rue de Vaugirard, wo er im feudalen »Trianon Palace« Logis nimmt, Journalisten großzügig Interviews gibt, in Montmartre umher streift, mit Borsalino und dunkler Brille, den Louvre besucht und ins Nachtleben eintaucht mit seiner Freundin Maria.

Wie gut, dass ich dabei an Geld keinen Gedanken zu verschwenden brauchte, nun, da sich die Nöte meiner frühen Jahre einmal in bar ausgezahlt hatten.

Doch plötzlich bricht er den Aufenthalt ab, stoppt auf den Champs-Élysées kurz entschlossen ein Taxi, holt das Gepäck aus dem Hotel und lässt sich Richtung Süden chauffieren, nach Arles, nach Marseilles, wo der Taxameter von 999,90 Francs zurück auf die Null springt, auf der Küstenstraße am Mittelmeer weiter, zum Ursprungsort seiner Geschichte. Wie seine Großeltern vor knapp dreißig Jahren quartiert er sich im Hôtel de Paris ein, und wie sie geht auch er ins Casino, spielt Roulette, setzt Jetons auf die Dreizehn, »ich gewann unglaublich«, und glaubt, er hätte mit einem literarischen Dreh und einem anderen Namen sein Geschick überlistet.

Jack Bilbo – weshalb nennt er sich so?

Ich hatte Bücher von Jack London gelesen, und da ich sie mochte, entschied ich, dass aus Hugo Jack werden sollte.

Und Bilbo?

Und dann hatte es ein Schiff gegeben, ein spanisches, in Rotterdam, mit dem Heimathafen Bilbao.

Bilbo, das baskische Wort für Bilbao, hatte er an der Bordwand jenes Schiffes gelesen, mit dem seine herzinnigst geliebte Nanny einst im Grau der Nordsee verschwand.

JACK BILBO

14.

1879 stellt Heinrich von Treitschke seine Schrift »Unsere Aussichten« vor, mit der er für das »germanische Volksgefühl gegen ein fremdes Element« seine Stimme erhebt. Er beteuert zwar, nichts gegen Juden zu haben, fordert aber, dass sie sich »rückhaltlos entschließen Deutsche zu sein, wie es ihrer Viele zu ihrem und unserem Glück längst geworden sind.« Was jedoch nicht über die Kluft »zwischen abendländischem und semitischem Wesen, seit Tacitus einst über das odium generis humani klagte ...« hinweg täuschen dürfe.

Treitschke argumentiert, es werde immer Juden geben, die nichts sind als deutsch redende Orientalen. Gerade bei kaufmännischen und literarischen Juden trete »ein gefährlicher Geist der Überhebung« ans Werk. Am besten stelle dies Heinrich Graetz mit seinem Werk: »Geschichte der Juden von den Anfängen bis auf die Gegenwart« unter Beweis. Welch »fanatische Wuth gegen den Erbfeind, das Christenthum, welcher Todhaß grade wider die reinsten und mächtigsten Vertreter germanischen Wesens, von Luther bis herab auf Goethe und Fichte! Und welch hohle, beleidigende Selbstüberschätzung!«

Für diese »Gesinnung verstockter Verachtung« stünde ein großer Anteil der Juden. Unbestreitbar habe »das Semitenthum an dem Lug und Trug, an der frechen Gier des Gründer-Unwesens einen großen Antheil, eine schwere Mitschuld an jenem schnöden Materialismus unserer Tage, der jede Arbeit nur noch als Geschäft betrachtet und die alte gemüthliche Arbeitsfreudigkeit unseres Volkes zu ersticken droht; in tausenden deutscher Dörfer sitzt der Jude, der seine Nachbarn wuchernd auskauft.«

Während sich in den Städten ein Literatenschwarm breitmache, eine »betriebsame Schaar der semitischen Talente dritten Ranges.«

Treitschke empört sich: »Was jüdische Journalisten in Schmähungen und Witzeleien gegen das Christenthum leisten ist schlechthin empörend, und solche Lästerungen werden unserem Volke in seiner Sprache als allerneueste Errungenschaften ›deutscher‹ Aufklärung feilgeboten.«

Treitschke klagt: »Jene unglückliche vielgeschäftige Vordringlichkeit, die überall mit dabei sein muß und sich nicht scheut, sogar über die inneren Angelegenheiten der christlichen Kirchen meisternd abzuurtheilen.«

Treitschke warnt vor den »Jahr für Jahr aus der unerschöpflichen polnischen Wiege über die Ostgrenze dringenden strebsamen hosenverkaufenden Jünglingen«.

Treitschke ruft auf, sich dieses »fremden Volkstums« zu erwehren.

Treitschke konstatiert: »Die Juden sind unser Unglück!«

Adolf Stoecker, als Dom- und Hofprediger Sprachrohr der protestantischen Kirche, verflucht die Juden als Mörder Gottes, und fordert ihren Ausschluss aus Staatsdienst, Schuldienst und Heer. Obwohl Rudolf Virchow und Theodor Mommsen gegen die »Wiederbelebung des alten Wahns« protestieren, schlagen die Flammen hoch in der Nacht auf den 14. Februar 1881: In Neustettin wird die Synagoge niedergebrannt.

1912, als Jules Greenbaum in Nowawes ein Filmatelier eröffnet, als Urban Gad »Der Totentanz« dreht und Asta Nielsen auf der Leinwand einen Schlangentanz aufführt, wettert Reinhard Mumm, evangelischer Pastor, Abgeordneter im Reichstag und Schwiegersohn Stoeckers, gegen die »Verjudung« der Kinemathographie. In einer Resolution fordert er, den Stand der Kinobesitzer »von unsauberen Elementen zu säubern«, befinde sich doch »das neue Gewerbe ... wesentlich in jüdischen Händen«, was zum »sittlichen und künstlerischen Volksverderben« führe.

Professor Karl Brunner, Herausgeber einer Monatszeitschrift zur Pflege des Deutschtums und Sachverständiger der Polizei für Jugendschutz und Schundliteratur, beschwört die Gefahr durch die Kinemathographie, die den Boden fortgesetzt unterwühlt, »in dem die gute deutsche Art wurzelt, die uns bislang noch immer eine innere sittliche Kraft und damit einen Vorsprung verlieh vor manchen anderen Völkern, die sichtlich an innerer Zersetzung kranken.«

Als Hugo übers Parkett hackt – Gestatten, Hugo Baruch, preußischer Leutnant –, als die Juden sich drängen, für Vaterland und Kaiser zu kämpfen, verstummt zwar der Chor der Antisemiten, doch nach der November-Revolution und dem Versailler Vertrag macht er sich umso lauter vernehmbar. Hindenburg beschuldigt die Juden, sie hätten dem deutschen Heer den Dolch in den Rücken gestoßen, Judenrepublik pfeift es aus der rechtsgerichteten Presse und der abgedankte Kaiser legt nah, die »Judenfrage« mittels Giftgas zu lösen. Was haben sie vor, diese Juden?

Auf die Frage hat der zaristische Geheimdienst im »Protokoll der Weisen von Zion« zur Antwort gegeben, das Judentum strebe die Weltherrschaft an, indem es durch Demokratie und Liberalismus das Ansehen der Geistlichkeit und die Macht des Papstes zersetze, mit den Philosophien von Nietzsche und Marx und der Evolutionslehre Darwins ideologischen Streit schüre, durch Wirtschaftskrisen Entbehrung und Not erzeuge und mit Mordanschlägen und Terror Kriege herbeiführe.

Der Juden »letztes, fürchterliches Mittel, vor dem selbst die tapfersten Herzen erzittern«, aber sei die Untergrundbahn. »Bald werden alle Hauptstädte der Welt von Stollen der Untergrundbahnen durchzogen sein. Von diesen Stollen aus werden wir im Falle der Gefahr für uns (die Juden) die ganzen Städte mit Staatsleitungen, Ämtern, Urkundensammlungen und Nichtjuden mit ihrem Hab und Gut in die Luft sprengen.«

In »Mein Kampf« folgert Hitler daraus: »Es ist ganz gleich, aus wessen Judenkopf diese Enthüllungen stammen, maßgebend aber ist, daß sie mit geradezu grauenerregender Sicherheit das Wesen und die Tätigkeit des Judenvolkes aufdecken und in ihren inneren Zusammenhängen sowie den letzten Schlußzielen darlegen.«

Und entwirft einen Aktionsplan, der mit der Aufklärung beginnt: über die Herkunft der Juden (»Mit dem Entstehen der ersten festen Siedlungen ist der Jude plötzlich ›da‹.«), über deren Wesen (»Der schwarzhaarige Judenjunge lauert stundenlang, satanische Freude in seinem Gesicht, auf das ahnungslose Mädchen, das er mit seinem Blute schändet und damit seinem, des Mädchens, Volke raubt«), deren Methoden (»Mit widerlichen Schmeicheleien macht er sich an die Regierungen heran, läßt sein Geld arbeiten und sichert sich auf solche Art immer wieder den Freibrief zu neuer Ausplünderung seiner Opfer.«), deren Absichten (»Mit allen Mitteln versucht er die rassischen Grundlagen des zu unterjochenden Volkes zu verderben.«) sowie deren Vorgehen (»Völker, die dem Angriff von innen zu heftigen Widerstand entgegensetzen, umspinnt er dank seiner internationalen Einflüsse mit einem Netz von Feinden, hetzt sie in Kriege und pflanzt endlich, wenn nötig, noch auf die Schlachtfelder die Flagge der Revolution.«).

Wirtschaftlich erschüttere der Jude die Staaten so lange, bis die unrentabel gewordenen sozialen Betriebe entstaatlicht und seiner Finanzkontrolle unterstellt würden. Politisch verweigere der Jude dem Staat die Mittel zu seiner Selbsterhaltung, zerstöre die Grundlagen jeder nationalen Selbstbehauptung und Verteidigung, vernichte den Glauben an die Führung, schmähe Geschichte und Vergangenheit, und ziehe alles wahrhaft Große in die Gosse. Kulturell verseuche der Jude Kunst, Literatur, Theater, vernarre das natürliche Empfinden, stürze alle Begriffe von Schönheit und Erhabenheit, von Edel und Gut und zerre dafür die Menschen herab in den »Bannkreis seiner eigenen niedrigen Wesensart«. Religion, Sitte, Moral mache der Jude lächerlich und stelle sie als überlebt hin, »so lange, bis die letzten Stützen eines Volkstums im Kampfe um das Dasein auf dieser Welt gefallen sind«, um dann die letzte Revolution zu beginnen, die politische Macht zu erringen und die Hüllen, unter denen sich der »Blutjude und Völkertyrann« verberge, von sich zu werfen und die Welt zu beherrschen.

Was von diesen antisemitischen Sätzen dringt an Hugo Ohren? Während der Kindheit wohl wenig. Seine Familie ist assimiliert. Tante Hertha ist Protestantin und sie ist nicht die einzige Protestantin in der Verwandtschaft. Treffen Weihnachten und Chanukka zusammen, brennen auf dem Weihnachtsbaum wie auf dem Chanukka-Leuchter die Kerzen. Vielleicht sieht Hugo 1920 im März die weißen Hakenkreuze auf den Stahlhelmen der Brigade Ehrhardt – das Hauptquartier der Reichswehr liegt in Nähe der Wohnung – doch was es bedeuten wird eines Tages, wie sollte er's wissen? Als Hitler und Ludendorff zu putschen versuchen, 1923 in München, ist er in New York – ein Ereignis, das, aus der Ferne betrachtet, eher bedeutungslos scheint.

Als er zurück nach Berlin kommt, sitzt Hitler im Gefängnis von Landsberg und die NSDAP ist eine Splitterpartei. Doch bei der Wahl im September 1930, nach Börsencrash und Wirtschaftskrise, nach Firmenzusammenbrüchen und Massenentlassungen, schnellen ihre Ergebnisse von 2,6 Prozent hoch auf über 18 Prozent. Ende Juli 1932 erreicht sie über 37 Prozent. Männer in biergelben Hemden pinseln nun »Juda verrecke!« an Mauern und Wände, schlagen Schaufenster ein, demolieren Varietés und Cafés, verprügeln die Gäste und schießen in die Lokale.

Arthur Koestler: »Eine Bande von SA-Leuten pflegte dann langsam an der Kneipe vorbeizufahren und durch die Fensterscheiben zu schießen; dann rasten sie mit halsbrecherischer Geschwindigkeit davon.«

Als bei der Wahl am 6. November 1932 die NSDAP 4,2 Prozent ihrer Wähler verliert, sieht die Deutsche Allgemeine Zeitung den

»Zauber der Unwiderstehlichkeit« der Nazis gebrochen, während der Vorwärts jubelt: »Abwärts mit Hitler«. Doch sie freuen sich zu früh. Am 17. November tritt von Papen zurück, am 18. November fordert Hitler von Hindenburg diktatorische Vollmacht und am 19. November verlangen Finanziers und Großindustrielle seine Nominierung zum Kanzler. Zwar will Hindenburg von dem »böhmischen Gefreiten« nichts wissen und ernennt Kurt von Schleicher zum Kanzler, doch als am 28. Januar 1933 von Schleicher zurücktritt, gibt Hindenburg seinen Widerstand auf.

Es wäre zu wenig, wenn ich sagte: es waren dunkle Tage … Finster war es! Die Öffentlichkeit war wie gelähmt … Ein lautloses Kommando: »Stillgestanden!« hing in der Luft. Nur die Nazis marschierten mit »ruhig festem Schritt«.

Noch wäre es einfach, ins Ausland zu gehen, in die Niederlande, nach Frankreich, nach England. Geld abgehoben, Koffer gepackt, in den Zug gestiegen oder das nächste Flugzeug genommen. Doch auch Hugo Baruch ist gelähmt. Dabei hätte er allen Grund zu verschwinden, denn im Angriff ist sein Bild zu sehen gewesen. »Jack Bilbo, jüdisch plutokratischer Gangster, der die arische Jugend mit seinen Büchern vergiftet.«

Übersteigt es seine Vorstellungskraft, dass die Nazis an die Macht kommen können? Glaubt er, die Mehrheit von Sozialdemokraten und Kommunisten würde Hitler verhindern? Denkt er, wie sein Vater, wie Stefan Lorant, wie abertausende Juden, Hitler würde sich arrangieren, wenn er mit anderen Parteien koalierte? Will er nicht sehen, dass ihm nur ein kurzer Erfolg in seiner Gangsterrolle vergönnt ist? Immerhin hat die UFA die Verfilmung seines Buches erwogen …

15.

Harry Graf Kessler: »SA- und SS-Truppen sowie uniformierter Stahlhelm durchziehen die Straßen, auf den Bürgersteigen stauen sich die Zuschauer. Im und um den ›Kaiserhof‹ tobte ein wahrer Karneval; uniformierte SS bildete vor dem Haupteingang und in der Halle Spalier, auf den Gängen patrouillierten SA- und SS-Leute; als wir nach dem Vortrag herauskamen, defilierte ein endloser SA-Zug im Stechschritt an irgendwelchen Prominenten (zweite Garnitur, Hitler selbst war in der Reichskanzlei) vorbei, die sich vor dem Hauptportal aufgestaut hatten und ihn mit dem Faschistengruß grüßten; eine richtige Parade. Der ganze Platz gepfropft voll von Gaffern.«

Der Fackelzug, der am Abend des 30. Januars um neun Uhr an Harry Graf Kessler vorbeizieht, hat am Großen Stern seinen Ausgang genommen. Dort haben sich tausende von SA-Männern, Korpsstudenten und Angehörige der Stahlhelm Verbände versammelt, Fackeln entgegen genommen, sich in Sechserreihen zu einer Marschkolonne formiert und zum Brandenburger Tor in Bewegung gesetzt. Da am Pariser Platz Bauzäune stehen, schwenkt die Spitze des Fackelzugs ab, biegt in die Wilhelmstraße ein, zieht an der britischen Botschaft vorbei zum Wilhelmplatz weiter. Fahnen, Standarten, Marschmusik, Trommelgedröhn, auf einem Balkon der Reichskanzlei zeigt sich gegen halb neun Uhr der neue Reichskanzler Hitler zusammen mit Heß, Göring und Goebbels, die Menge stimmt das Deutschlandlied an. Der Himmel ist klar, die Temperatur fällt auf zwölf Grad unter Null, doch die Menge verharrt stundenlang, noch nach Mitternacht hört man ihr Heil-Hitler-Geschrei.

Es folgt ein Schlag auf den andern. 31. Januar: Auflösung des Reichstags. 1. Februar: Veranstaltungsverbot für die KPD unter freien Himmel. 2. Februar: Besetzung des Karl-Liebknecht-Hauses. 4. Februar:

Hindenburg erlässt Verordnung zum »Schutze des deutschen Volkes«, die jede Kritik an Hitler verbietet. 7. Februar: Auflösung des preußischen Landtags. 17. Februar: Schießerlass Görings, rücksichtsloser Waffengebrauch der Polizei gegen Antifaschisten.

Und Jack? Jack hört die Rundfunkansprache von Goebbels anlässlich Hitlers Ernennung, er hört das Geschrei, das vom Wilhelmplatz nach Charlottenburg dringt, und vielleicht auch das Gröhlen, mit dem die SA-Formation »Mördersturm 33« durch die nächtliche Wallstraße zieht.

Und zögert noch immer. Klammert sich fest an den Demonstrationen und Protesten gegen Hitlers Ernennung, an der Kundgebung der »Eisernen Front«, zu der im Lustgarten 200.000 Teilnehmer kommen. Doch wer ihm begegnet, kann ihn nicht mehr als Jack Bilbo erkennen, denn an Stelle eines Borsalinos trägt er nun eine Arbeiter-Mütze. Die gestreiften Anzüge, die Sakkos mit den breiten Revers, die Hosen mit den hohen Stülpen, zieht er nicht mehr an.

Jack schläft jetzt in staubigen Speichern und auf Sofas bei Freunden. Wenn er sich auf die Straße begibt, weicht er SA-Horden aus und achtet auf Männer, die Trenchcoats und Filzhüte tragen. Im Kino atmet er auf, wenn die Wochenschau anfängt, denn dann ist es dunkel im Saal, wohl auch an dem Abend, als ihn ein Nazi erkennt.

Als der Vorhang schließt, verlässt Jack als erster das Lichtspieltheater. Die Lietzenburger Straße ist noch belebt. Es fällt leichter Schnee. In Nachtlokalen wird getanzt und getrunken. Vielleicht bleibt er stehen und überlegt, ob er eintreten soll für einen Kurzen im Stehen. Geht jedoch weiter. Biegt in die Kleiststraße ein. Nollendorfplatz, Bülowstraße, unter den Bülow-Bögen hindurch. Und plötzlich bremsen zwei Autos. »Heraus sprangen SA-Leute und stürzten auf mich zu.« Sie schlagen ihn nieder, treten ihm in den Leib, bis er das Bewusstsein verliert. Als er wieder zu sich kommt, klafft ihn ein Spitz an und eine Frau sagt: »Mein Gott.« Dann fährt er mit Tatütata durch einen endlosen Tunnel, einen Tunnel, wie es in Berlin keinen gibt. Er wird in die Charité eingeliefert, mit Abschürfungen, inneren Verletzungen, gebrochenen Rippen, und, nach Wundbehandlung und Operation, auf die Station von Dr. Ewers verlegt.

Kopf, Hände und Füße waren verbunden, mein Oberkörper lag in Gips ... Ich lag ungefähr neun Wochen in der Charité.

Wochen, in denen die Republik zur Diktatur wird. Am 27. Februar steht der Reichstag in Flammen. Am Tag darauf hebt Hindenburg die Grundrechte auf, indem er die Verordnung »zum Schutze von Volk und Staat« erlässt, die allen Oppositionellen Versammlungen und Demonstrationen verbietet. Die Reichstagsbrandverordnung setzt Pressefreiheit und freie Meinungsäußerung außer Kraft, erlaubt Eingriffe in das Brief-, Post-, Telegraphen- und Fernsprechgeheimnis, sowie Hausdurchsuchungen und Beschlagnahmungen nach freiem Ermessen. Eine Verhaftungswelle setzt ein, die provisorisch errichteten Lager füllen sich mit Kommunisten und Sozialdemokraten.

Am 5. März neue Wahl. Die Zentrumspartei weigert sich, mit der NSDAP zu koalieren, was dieser, gegenüber der Wahl im November, mit 43,9 Prozent einen Stimmenzuwachs von fast 11 Prozent bringt. Am 23. März beschließt der Reichstag mit den Stimmen der Zentrumspartei das Ermächtigungsgesetz, welches Hitler diktatorische Vollmacht verleiht.

Mit Hitler als Kanzler brechen vollends die Dämme. Sturmtrupps der SA zwingen jüdische Ärzte und Anwälte, ihre Praxen zu schließen und demolieren und plündern jüdische Geschäfte. Der 11. März ist der Tag des »Warenhaussturms«. Die SA besetzt jüdische Hotels und Pensionen und misshandelt die Gäste.

Kiel, 12. März: Der jüdische Rechtsanwalt Wilhelm Spiegel ermordet. Straubing, 15. März: Der Jüdische Kaufmann Otto Selz ermordet. Göttingen, 28. März: Jüdische Läden demoliert, Synagoge beschädigt. In anderen Städten werden Gerichte gestürmt, jüdische Rechtsanwälte und Richter verprügelt – um die Justiz »von jüdischen Rechtsverdrehern zu säubern«.

Am 1. April postieren sich SA-Männer, Männer des Stahlhelms und Hitlerjungen vor jüdischen Kaufhäusern, Geschäften, Anwaltskanzleien und ärztlichen Praxen mit Schildern: »Deutsche, kauft nicht bei Juden!« oder »Die Juden sind unser Unglück!« Sie schlagen Schaufenster ein, dringen in jüdische Wohnungen, zerschlagen die Möbel, vergewaltigen Frauen, misshandeln, erschlagen, verschleppen die Männer. Sie machen auch vor Krankenhäusern nicht halt.

Ein jüdischer Chirurg: »Zufällig war einer unserer Bewacher ein ehemaliger Patient von mir. Um sich erkenntlich zu zeigen, veranlasste er, dass auf der Rückseite meines Laufzettels handschriftlich vermerkt wurde: ›Nicht misshandeln!‹ Als in der folgenden Nacht die SA-Wachmannschaft eine wilde Prügelorgie veranstaltete, hielt ich denen meinen Laufzettel mit dieser Aufschrift entgegen. Darauf befahl mir einer: ›Hinlegen!‹ Ich warf mich zu Boden und wurde verschont. Rechts und links wurden einige Leute mit Knüppeln so lange geschlagen, bis sie tot waren, es war entsetzlich. Wenn sie sie wenigstens erschossen hätten, aber sie haben sie zu Tode geknüppelt.«

Am Abend, zu ungewohnter Stunde, kommt zu Jack Dr. Ewers ins Zimmer und sagt: »Sie müssen hier raus. Man will sie heute noch holen.«

Dr. Ewers selbst half mir, Hose, Jacke und Schuhe anzuziehen – meine eigenen Kleider, die er aus meiner Wohnung hatte holen lassen. Schnell musste es gehen. Schnell, schnell! Niemand vom Pflegepersonal störte; niemanden trafen wir an, als wir die Treppe hinunterschlichen. Der große graue Mercedes meines Vaters stand vor der Tür – Dr. Ewers hatte meinen Vater benachrichtigt. Er lächelte wehmütig, stopfte mir eine Banknote in die Tasche und half mir auf den Fahrersitz. Der Schlüssel hing am Armaturenbrett.

Nur los, war mein einziger Gedanke. Los, los, los! Immer in Richtung Frankreich! Unterwegs schlief ich im Wagen. Ich kaufte mir Brot, Käse, Milch. Je näher ich der Grenze kam, umso mehr geriet ich in Panik: Wenn sie dich aufhalten, wenn du ihnen in deinem Aufzug verdächtig bist oder wenn alle Grenzübergänge von deiner Flucht in Kenntnis gesetzt worden sind?

An der Grenze musste ich stundenlang warten. Aber es herrschte dort ein so reger Verkehr, dass alles ziemlich durcheinanderging und man sich um den Einzelnen wenig kümmerte. Das war mein Glück! Als ich mich endlich auf französischem Gebiet befand, atmete ich befreit auf. Ich bat die Zöllner, mich sofort zur Gendarmerie zu bringen. Dort brach ich zusammen.

Sein Vater hat inzwischen für ihn einen Sanatoirumsplatz reserviert und französische Freunde verständigt. Sie holen ihn ab, geben ihm Geld und bringen ihn nach Paris, in ein Sanatorium am Bois de Boulogne.

16.

In den deutsch-russischen Vertrag von Rapallo vom 16. April 1922 wurde der friedfertig klingende Artikel 5 eingebaut, mit dem sich die Regierungen gegenseitig versichern, dass sie sich in wirtschaftlicher

Hinsicht »in wohlwollendem Geiste wechselseitig entgegenkommen« und bei grundsätzlichen Regelungen »in vorherigen Gedankenaustausch eintreten.« Der abschließende Satz »Die Deutsche Regierung erklärt sich bereit, die ihr neuerdings mitgeteilten, von Privatfirmen beabsichtigten Vereinbarungen nach Möglichkeit zu unterstützen und ihre Durchführung zu erleichtern« hat es in sich, denn hinter den Vereinbarungen versteckt sich die Wiederaufrüstung der Reichswehr auf dem Territorium der Sowjetunion, womit Deutschland den Vertrag von Versailles bricht.

Die Privatfirma Junkers baut in der Sowjetunion eine Flugzeugfabrik, die Privatfirma Krupp ein Werk für Infanteriekanonen, die Privatfirma Stolzenberg ein Chlorwerk zur Herstellung von Senfgas. In Luga entsteht ein Artillerieübungsplatz, bei Kasan ein Übungsgelände für Panzer.

Heinz Kraschutzki, Chefredakteur der Zeitschrift Das andere Deutschland bringt es ans Licht, und wird für diesen »Verrat am Vaterlande« von Generälen der Reichswehr auf die »schwarze Liste« gesetzt. Als er erfährt, dass er füsiliert werden soll, bringt er Frau und Kinder nach Cala Ratjada. Auf einem Grundstück, das er günstig auf Erbpacht bekommt, baut er ein Haus, seine Frau stellt Flechterinnen ein, die Bastsandalen und Strandtaschen flechten, welche sich ausgezeichnet verkaufen, zuerst an Touristen in Palma, dann in Barcelona und als die Modezeitschrift Vogue über Kraschutzkis Firma Los Estrellos berichtet, gehen sogar aus Honolulu Bestellungen ein.

Cala Ratjada im Osten Mallorcas bietet Zuflucht für Emigranten. Heinz Kraschutzki ist nicht einzige, der der Zuflucht bedarf. Auch die Schriftsteller Franz Blei und Karl Otten lassen sich in dem Fischerdorf nieder, sowie Heinrich Maria Davringhausen, der Maler.

Konrad Liesegang, ein Fotograf aus Berlin, auf der Suche nach Motiven in einen verwilderten Garten gedrungen, findet im zum Garten gehörenden Haus einen irre redenden Kranken, der behauptet, der

Leibwächter von Al Capone zu sein. Er holt einen Arzt, besorgt Medikamente, verständigt Bekannte und Freunde, Heinz Kraschutzski, den mexikanischen Maler Santos Balmori Picazo, dessen schwedische Frau, die Ballerina Isabel Bjornstrom, welche sich um den Leibwächter kümmern. Das Kaufmannsehepaar Manuel und Bella versorgt ihn mit gekochtem Hühnchen und Fisch, und nach zwei Wochen ist Jack wieder bei Kräften. Er war, durch das Wasser des verschmutzten Brunnens im Garten, an Typhus erkrankt.

Heutzutage quillt Cala Ratjada über von Feriengästen. 1933 ist der Ort ein verschlafenes Nest. Zwischen Arca und Cala Ratjada verkehrt ein Bus, der am Morgen die Marktfrauen abholt und am Abend zurück bringt. Es gib eine einzige Straße im Dorf neben kopfsteingepflasterten Gassen, Kirche, Fischerhafen, einigen Bars, im Hotel Ca's Bombu finden Fremde Logis, Langustenhäuser, quaderförmige Bauten, verfallene Mauern, eine Festungsruine und auf einer Anhöhe eine Villa mit Park. Sie sieht wie eine Burg aus und gehört Juan March.

Juan March ist Zeitungsverleger und an Stromerzeugung und Verkehrsunternehmen beteiligt, ihm gehören Ländereien, Schiffsfahrtsgesellschaften und die Banca March, eine der größten des Landes. Den Grundstock zu seinem Vermögen hat er mit Schmuggel, Tabakanbau, Schweinehandel und der Versorgung deutscher Unterseeboote mit Treibstoff während des Ersten Weltkriegs gelegt.

In Cala Ratjada ist er verhasst und gefürchtet, verhasst, da die Campesinos, die seine Ländereien bestellen, Hungerlöhne bekommen, gefürchtet als Feind der 2. Republik. Als Jack nach Cala Ratjada kommt, sitzt Juan March im Gefängnis, weil er mit der Diktatur von Primo de Rivera kollaborierte. Seine Frau, Dona Leonor, die in der Villa March residiert, empfängt indes Generäle, Würdenträger der Kirche und italienische Faschisten, wie man an deren schwarzen Hemden erkennt.

Bei Kraschutzski auf der Terrasse, wo sich die Emigranten allabendlich treffen, fragt man sich, was sich tut in der Villa. Planen sie einen

Putsch, wie Sanjurjo y Sacanell im vergangenen Jahr? Und was, wenn er gelingt und Militärs die Macht übernehmen? Werden sie ins Gefängnis geworfen, des Landes verwiesen, ins Deutsche Reich deportiert?

Jacks Geld schmilzt indessen dahin, es reicht kaum, um über den Sommer zu kommen, und aus Berlin kommt keines nach, denn sein Konto haben die Nazis gesperrt, und von seinem Vater treffen weder Anweisungen noch Nachrichten ein. Heinz Kraschutzski schlägt vor, er solle eine Strandbar eröffnen. Jack, dem der Vorschlag gefällt, lässt sich vom Besitzer genehmigen, sie in den Garten bauen zu dürfen. An Helfern fehlt es ihm nicht. Liesegang, Davringhausen, dessen Kinder Brigitte, Lore und Simon und die Kinder Kraschutzskis – alle wollen ihm helfen.

Als Standort bestimmt Jack den Platz zwischen Brunnen und Haus.

Ich rammte einen Pfahl in den Garten, zeichnete auf der Erde einen Kreidekreis herum und schrieb dazu: »Dies ist das offizielle Zentrum der Welt.« Warum nicht? Wer konnte mir das Gegenteil beweisen?

Das Wrack eines Fischerbootes liefert als Baumaterial Balken und Bretter, Lore Auerbach, die Frau Davringhausens, steuert Strohmatten bei, Liesegang zimmert Tische und Stühle, Xovio, ein Fischer und Schmuggler, spendiert einen Prunksarg, den Manuel, der Kaufmann, in eine prächtige Theke verwandelt. Davringhausen malt Bilder, eine Tänzerin, die nur ein Baströckchen trägt, vielleicht Josefine Baker, und die Wikiki-Band, die aus einem Klarinettisten und einem Saxophonisten besteht. Die Kinder sammeln Tierskelette und Strandgut, die Flechterinnen der Firma Kraschutzski nähen Decken und Kissen, und Frau Kraschutzski gibt der Bar einen Namen: Wikiki-Bar, weil sie Kraschutzski-Sandalen auch in Honolulu verkauft.

Als alles fertig war, konnten wir sagen: Wir haben eine Bar, die sich in der Originalität ihrer Einrichtung mit den Nachtlokalen einer Weltstadt messen kann.

Die ersten Gäste: zwei von Kraschutzski verständigte Reporter aus Palma. Sie reisen mit Kamera an und treffen, mit aufgekrempelten Ärmeln und einem Smith & Wesson Revolver im Gürtel, den Bodyguard Al Capones, bereit für sie Cobblers, Fizzes, Flips, Sours, Slings oder American Softdrinks zu mixen. Und ihnen seine Bücher, »die ein neues Licht auf die Welt des Verbrechertums werfen«, höchsteigenhändig signiert. Den blauen Rauch, den er über die Sargtheke bläst, pusten sie weiter an ihre Leser. »Jack Bilbo, el hombre misterioso, der in seiner Strandbar die Schmugglerbraut von Mallorca, die Schauspielerin Jenny Jugo, erwartet.« Das schlägt ein in Palma de Mallorca – wie eine Granate. Im Sommer 1933 wird Cala Ratjada zum Magnet für Touristen. Sie kommen in Bussen, mit Autos, mit Motorrädern an, einer sogar mit dem Flugzeug, er setzt auf der Sandstraße auf, um nach einem Whisky weiter zu fliegen.

Jede Nacht bald zweihundert Gäste! Ich brauchte dringend Verstärkung. Meine Künstlerfreunde verschmähten den Job nicht und ihre Freundinnen zum guten Teil auch nicht. Weiße Servieranzüge wurden selbst hergestellt, und Zuschnitt und Aufwand meiner Bar wuchsen, wie man sagt, über Nacht. Die Vorräte an Getränken erschöpften sich schnell ...

Doch jede Woche holt ein motorisierter Amerikaner Nachschub aus Palma, »nicht nur in Flaschen, sondern gleich in Gallonen«, während er, Dona Leonor, der Frau von Juan March, den Schwarzhemden und dem Pfarrer zum Trotz, den Garten in einen afrikanischen Kral umgestaltet. Er rammt Pfähle ein, bindet an ihnen Tierskelette und aus Strandgut gefertigte Fetische fest, bei deren Anblick die Betweiber ihre Skapuliere über den Kopf ziehen und das Kreuzzeichen schlagen.

»Dämonen« nannten sie die Skelette an den Pfählen, die Bar war für sie ein brodelnder Höllenpfuhl. Die Fremden – das mussten Wahnsinnige sein.

Und damit liegen sie richtig, denn Verrückte kommen genug in die Bar. Mister Clutterbuck etwa, ein Rhinozerosjäger, der nach dem zehnten Gin-Fizz die Viecher mit bloßen Händen erwürgt. Oder eine Holländerin, die durch American Softdrinks in religiöse Ekstase gerät. Oder eine Engländerin, die ihren Schmuck an die Gäste verschenkt und jammert, man würde sie schamlos bestehlen.

Eines Morgens gegen neun Uhr stakste ein großer Mann in die Bar, und seine beachtlich korpulente Frau folgte ihm mit Fotoapparat und Stativ. Schweigend schritten sie durch alle Räume – erst durch das Pariser Zimmer, dann durch das holländische, dann durch das Piratenzimmer. Im Garten, dem »Negerdorf«, machten sie endlich halt. Aus einem Koffer holte der Mann einen Tropenhelm hervor, bewaffnete sich mit Schild, Pfeil und Bogen und ließ sich von seiner Frau fotografieren. Dieses Ganze ereignete sich wie eine Zeremonie – ohne Worte ...

Wikiki-Bar

Mir kam es allmählich so vor, als wäre Mallorca ein Sammelplatz aller Verrückten der Welt – und auf Mallorca: Cala Ratjada – und in Cala Ratjada: die Wikiki-Bar!

Wie er sich vorkommen mag, wenn er hinter der Sargtheke steht, Cocktails mixt, seine Gäste bedient oder im »Negerdorf« unter illuminierten Hundeschädeln als selbsterklärter Standesbeamter eine Trauung vollzieht? Als einer, dem Tod und Teufel nichts anhaben können? Als einer, dem ein Schutzengel hilft? Jedenfalls hat er wieder Boden unter den Füßen, ein Haus, in das er sich zurückziehen kann, eine Bar, die gute Einnahmen bringt Abend für Abend, und Freunde, Emigranten wie er, Antifaschisten.

Und Cala Ratjada? Cala Ratjada gefällt ihm, der Hafen, die Fischer, die bei Einbruch der Dunkelheit mit ihren Booten hinausfahren, die glasklaren türkisgrünen Buchten, die kleinen verschlafenen Hafenbars, wo man schnell ein Glas Wein trinken kann, die Schmuggler, die Cala Ratjada mit Tabak versorgen, die Katzen, die zu ihm kommen, weil sie wissen, dass er sie füttert.

Doch ist es auch unsicherer Boden, keiner, auf den man ein Haus bauen sollte. Der Pfarrer hetzt von der Kanzel herab gegen die Antichristen und Heiden, die den Ort überschwemmen, und dann gibt es da einen Lehrer, Lehrer Förster aus Hagen, der in Deutschland gesucht wird, weil er Kinder missbraucht hat. Er kommt in die Wikiki-Bar, wenn außer Jack niemand da ist, lächelt ein freundliches Lächeln, lobt seine Cocktails und dass er endlich Leben in dieses verschlafene Nest bringt, in dem man sich sonst zu Tode langweilen würde.

Heinz Kraschutzski warnt vor dem Lehrer. Er stehe mit dem deutschen Konsul in Verbindung, Konsul Dede in Palma, und bespitzele Emigranten, weil er sich bei den Nazis lieb Kind machen wolle. Selbst Kindern versuche er die Würmer aus der Nase zu ziehen. Heinz Kraschutzski klärt Jack auch über die politischen Verhältnisse auf, über die katholische Kirche, die Großgrundbesitzer, die Militärs, die die 2. Republik als Ausgeburt der Hölle betrachten.

Im November stehen Neuwahlen an. Was geschieht, wenn die Rechte die Mehrheit gewinnt, das Zentrum, die Monarchisten, die Agrarier, die katholische CEDA unter Gil-Robles, den Verehrer und Bewunderer Hitlers, dem Demokratie nicht Ziel, sondern Mittel zur Eroberung eines neuen Staates bedeutet? »Wenn die Zeit kommt«, ließ er verlauten, »werden sich die Cortes fügen – oder wir werden sie verschwinden lassen.« Und dann? Was wird dann mit den Emigranten geschehen? Fürwahr ein unsicherer Boden, auf den er seine Strandbar gebaut hat.

Als Henry und Agnes Grace Gamble, Billie gerufen, in die Wikiki-Bar treten, Ende Juli, Mitte August, Henry im weißen Leinenanzug mit roter Nelke im Knopfloch, Billie sommerlich gekleidet in Bluse und Rock, bester Zwirn, wie Jack mit Kennerblick feststellt.

Billie war Engländerin. Sie war dreiundzwanzig Jahre alt, hatte blondes Haar, strahlend blaue Augen und ein klar geschnittenes, edles Gesicht. Sie war groß und schlank, eine vornehme Erscheinung –

Er macht ihr Komplimente und findet heraus: Billie stammt aus guter Familie, verfügt über ein solides, in Aktien angelegtes Vermögen und ist mit ihrem Bruder auf Reisen – Paris, Madrid, Barcelona, Mallorca. In Palma hat sie von Jack Bilbo, dem Leibwächter Al Capones gehört, und dass er in Cala Ratjada eine Strandbar betreibt.

Nun sitzt sie bei ihm an der Theke, bubbelt mit einem Strohhalm in American Softdrinks, lauscht seinen Geschichten, und was für

Geschichten! Von einem Überfall auf einen Geldtransport der Capitol Bank inmitten Manhattans. Von Max Schmeling, dem Boxer, der Jack Sharkey besiegt hat und Weltmeister im Schwergewicht ist und mit dem er, Jack Bilbo, selber geboxt hat. Von der Berliner Gesellschaft, von Koryphäen des Geistes, von Künstlern und dem Adel, den er verachtet, wie er auch Bank- und sonstige Direktoren verachtet, und natürlich dass er ein Schriftsteller ist. Jack nebelt sie ein – und ist selbst eingenebelt, von Billies Parfüm, ihren strahlenden Augen und was er unter ihrer sommerlichen Kleidung erahnt und natürlich von Billies in Aktien angelegtem Vermögen und dass sie einen britischen Pass hat.

Jeder Mensch weiß, dass die wichtigen Dinge im Leben gelegentlich auf unerwarteten und eigentlich »unpassenden« Wegen auf uns zukommen. Dennoch, obwohl wir das wissen, geraten wir in Erstaunen, wenn wir höchstpersönlich erleben, dass das Schicksal ein solches Spiel mit uns vorbereitet ... Mein Schicksal spielte mir Billie zu.

Jack führt sie zu Wachtürmen, die zum Schutz vor Piraten gebaut worden sind, zeigt ihr Tropfsteinhöhlen, in denen sie Schätze versteckt haben könnten, und weiht sie in Schmugglergeheimnisse ein. Eines Nachts stapft sie neben ihm her, in Männerhosen, mit geschwärztem Gesicht. Der Leuchtturm von Capdepera streckt seine Lichtfinger aus, in Cala Ratjada bellen die Hunde und draußen auf See blinken algerische Schmuggler. Sie tuckern mit Xovio, der in der Strandbar verkehrt, zu einem Fischkutter raus, nehmen heiße Ware entgegen, Streichhölzer, Tabak, Zigaretten, und kehren im Morgengrauen reich beladen zurück.

Als Henry von der Liebschaft seiner Schwester erfährt, drängt er,

Billie

das Fischernest zu verlassen. Doch Billie spreizt sich gegen sein Drängen, und im Oktober, als die Gäste seltener werden, als die Wellen Schaumkrönchen tragen und der Wind durch die Strohmatten pfeift, sind sie immer noch da. Billie gibt erst ihren Widerstand auf, als ihr die Folge ihres Abenteuers bewusst wird: Sie erwartet ein Kind. Zusammen mit Henry verlässt sie das Dorf, mit dem Bus, der die Marktfrauen nach Arta befördert, still und heimlich am Morgen.

Was bleibt ihr auch übrig? Soll sie ihr Kind in Cala Ratjada gebären, wo es nicht einmal ein Krankenhaus gibt? Soll sie ihr Leben an der Seite eines Mannes verbringen, der Streichhölzer schmuggelt und, wie sie inzwischen begreift, fadenscheinige Geschichten erzählt? Sie hinterlässt einen Brief, in dem sie bedauert, einer dringenden Familienangelegenheit wegen nach England zu müssen: »Liebster, ich wünsche Dir alles Gute für dein weiteres Leben.«

Santos Balmori Picazo, der sieht, wie sie abfährt, rüttelt Jack aus dem Schlaf.

Ich war zerschmettert. Ich konnte nicht frühstücken, mir war alles zuwider. Immer wieder sagte eine Stimme zu mir: »Endlich hast du einmal ein Mädchen kennengelernt, das ganz nach deinem Herzen ist, und da lässt du alter Dummkopf sie dir aus den Fingern gleiten!«

Frau Liesegang, der er sein Unglück klagt, bedauert: »Was für ein Jammer! Diese junge Engländerin war wirklich ein Mädchen der besonderen Art.«

Diese Worte taten ihre Wirkung. Ich trommelte ein paar meiner Freunde zusammen, und wir fuhren alle los mit einem Wagen. Es war eine tolle Fuhre! Der Bus hatte bereits zwei Stunden Vorsprung. Aber wir holten auf! Wenig später als der Bus trafen wir in Palma ein. Nun galt es schnellstens Billie zu finden.

Seine Freunde kämmen Bars und Hotels durch, fragen bei den Reiseagenturen, während er die Straßen absucht. Doch Billie ist nirgends zu finden. Und Jack ist verzweifelt. Seine Freunde fahren nach Cala Ratjada zurück. Er aber wartet schon am frühen Morgen im Hafen an der Anlegestelle der Fähre. Und da sieht er sie endlich, Billie und Henry. Er versperrt ihnen den Zugang zum Fallreep und beschwört Billie, zurück nach Cala Ratjada zu kommen. Billie sagt, dass sie ein Kind kriegt, ein Kind und Cala Ratjada, dieses elende Nest, Fischer,

Schmuggler, Verrückte, kein Krankenhaus, in dem sie es zur Welt bringen könnte, die Hebamme eine katholische Hexe, in den Häusern nicht einmal Öfen, nur Brasseros, Tische mit Decken, unter denen Mandelschalen verglühen und er ein niederträchtiger Gangster.

Jack aber verspricht hoch und heilig, bei Gott, dem Allmächtigen, beim Augenlicht seines ungeborenen Kindes, dass er nie wieder einen Panzerwagen ausrauben wird und nun ein neues Leben beginnt, ein Leben mit festem Boden unter den Füßen, mit Geschäft, mit Haus und einem Garten voll Blumen und frischem Gemüse. Und er hält sein Versprechen. Zurück in Cala Ratjada, verkauft er die Bar und zieht mit Billie aufs Festland, nach Sitges, eine Autostunde von Barcelona entfernt, wo er ein Grundstück erwirbt, auf dem er ein Haus bauen lässt – mit Billies Geld allerdings.

Ein hübsches Haus nach gemeinsamen Wünschen: drei Schlafzimmer, ein Mädchenzimmer, ein Wohnzimmer, Küche, Bad, Garage. Schon das Planen und Zeichnen machte viel Freude. Ich habe täglich acht Stunden auf dem Bau mitgeholfen. Die Spanier sind ja gewohnt, sich Zeit zu lassen; der Bau unseres Hauses hätte normalerweise ein Jahr dauern können – das Haus war aber bereits in zwei Monaten fertig! Alles, was in Sitges Beine hatte, kam und bestaunte unser »Wunderhaus«. In das Dach hatte ich ein Schwimmbassin eingebaut, das zugleich den Vorzug hatte, in der sengenden spanischen Sonne das Haus zu kühlen. Es war den Blicken der Menschen vollkommen enthoben. Wir hatten rechts die Berge, links das Meer und über uns den Himmel – was konnte es Schöneres geben?

Foto des Hauses

S.O.S. Bar

Beim Hafen, in der Carrer de les Parelladas, unweit der Kirche de Sant Bartolomé i Santa Tecla, mietet er eine Bar mit langer Theke und offenem Kamin an, streicht die Fenstergitter, tüncht die Wände, bringt den eingerosteten Ventilator wieder in Gang und malt neben den Kamin ein Treppengeländer, das in die Vergangenheit führt – nach New York, nach Berlin. Ein rauchender Revolver verweist auf Chicago, wo sein zweites Leben begann.

S.O.S. Bar nennt er seine Bar, und schon am Tag der Eröffnung drängen Reporter herein, denn seine ersten Gäste sind von Karat: Der Trainer Max Machon mit Frau, der Manager Joe Jacobs, die Schauspielerin Anny Ondra und der Mann, mit dem sie seit einem dreiviertel Jahr verheiratet ist: Max Schmeling. Er ist der Star der Eröffnung. Er erklärt den Reportern, er habe mit Jack Bilbo trainiert, als es um die deutsche Meisterschaft ging, während Jack – rammpammpamm-pamm, wir stammen vom Mahagonistamm – auffährt, was Katalonien bietet.

Max Schmeling bereitet sich auf den Kampf gegen Paolino Uzcudun vor, der am 13. Juni in Barcelona stattfinden soll, und da er keinen Sparringpartner seiner Gewichtsklasse findet, springt Jack in die Bresche. So stehen sie am Donnerstag, den 22. März 1934, wieder im Ring, während Joe Jacobs, wie das seine Art ist, auf einer kalten Zigarre herumkaut.

Jack Bilbo und Max Schmeling im Ring

17.

1934 – ein erfolgreiches Jahr, wie Fotos beweisen: Die Bar, von innen und außen, an der Theke eine Traube von Gästen; die Getränkekarte in englisch und spanisch; eine Liste mit Prominenten, die es sich in »el primer bar de Sitges« gut gehen lassen: Miguel Utrillo, der in Sitges lebende Maler und Vater von Maurice Utrillo, der Pariser Revuestar Jeanne Aubert, die Schriftsteller H. G. Wells und G. K. Chesterton, Tennisstar Bubi Maier, die Meisterschwimmerin Solita Solares, der Philosoph Michael Fraenkel, Léon Blum, der französische Staatspräsident, Filmstars und Sänger. Luis Trenker sitzt auf einer Mauer. Billie im Garten. Eine Wiege neben dem Pool auf dem Dach. Jack selbst – mit Strohhut, Pfeife und einem Revolver: halb Schrebergärtner, halb Gangster. Und Merry.

Luis Trenker zu Besuch

Außerdem eröffnet Jack einen Laden, »El Barco«, in dem Billie Souvenirs, antike Kacheln und Teller, Strandkostüme, Strandtaschen und Sandalen der Marke Kraschutzski verkauft. Er stellt sich als Goldmine raus.

Ich war Ende zwanzig. Nach all dem Zickzack meines bisherigen Schicksals war ich jetzt glücklich und zufrieden mit meiner Existenz: zwei gutgehende Geschäfte, die mir einen ansehnlichen Lebensunterhalt sicherten – ich hatte es als Schriftsteller zu einigem Erfolg gebracht – ich hatte am Mittelmeer eine extravagante Villa mit Hunden und Hühnern. Ich hatte eine zauberhafte Frau und ein entzückendes Kind.

Die 2. Republik droht indes zu zerbrechen. Seit der Wahl im November 1933 bilden Koalitionen aus konservativen und rechten Parteien die Regierung. Sie setzen eine Amnestie für politische Gefangene durch, unter die Sanjurjo y Sacanell und jene Verurteilten fallen, die 1932 einen Putsch unternahmen. Außer Landes verbannt, baut der Putsch-General sogleich einen Verschwörerkreis auf und sucht Unterstützung bei den Nationalsozialisten.

Während in Navarra Carlisten und Falangisten Truppen ausbilden, denen Mussolini 200 Maschinengewehre und 20.000 Handgranaten verspricht, Sozialisten und Kommunisten ihre Jugendverbände in Kampfverbände verwandeln, gehen die Anarchisten über zum Angriff. Sie legen mit Streiks Großstädte lahm, greifen Posten der Zivilgarde an und lassen den Expresszug zwischen Barcelona und Sevilla entgleisen.

Am 4. Oktober 1934 tritt Ricardo Samper zurück. Woraufhin der Staatspräsident Alejandro Lerroux zum Premierminister ernennt, welcher Vertreter der von Gil-Robles geführten CEDA in sein Kabinett übernimmt. In Madrid reagiert darauf die marxistische Gewerkschaft UGT mit einem Generalstreik und schickt Kampfgruppen vor, die das Innenministerium einnehmen sollen. Der Aufstand wird niedergeschlagen, der Generalstreik erstickt, doch nun flammt die Revolution in Asturien auf.

Manuel Grossi: »Gegen halb acht Uhr morgens sammelte sich eine Menge von etwa zweitausend Personen vor dem Rathaus von Mieres, das schon von aufständischen Arbeitern besetzt war. Ich proklamierte vom Balkon aus die Sozialistische Republik. Die Begeisterung war unbeschreiblich. Hochrufen auf die Revolution folgten weitere Vivas auf die Sozialistische Republik. Als ich mich wieder vernehmlich machen konnte, ordnete ich die Fortsetzung der Aktion an.«

Bergarbeiter greifen Posten der Zivilgarde an, besetzen Rathäuser, stecken Kirchen und Klöster in Brand. Revolutionskommitees übernehmen schließlich die Macht, ein 30.000 köpfiges Heer wird auf die Beine gestellt und der Marsch auf Madrid vorbereitet. Wo Lerroux den Auftrag erteilt, die Erhebung niederzuschlagen. Die Niederschlagung nehmen die Generäle Franco und Godet in die Hand – mit Fremdenlegion und maurischen Truppen, mit Flugzeugen und Feldartillerie.

Indes bleibt es ruhig in Sitges. Die Saison ist vorbei. Hotels und die feudalen Ferienhäuser der Sommergäste aus Barcelona stehen verlassen, der Strand gehört Muschelsuchern und Möwen. Billie schließt das Geschäft, Merry kräht aus der Wiege, und Jack heizt den offenen Kamin in der Bar, es fällt leichter Regen und die Nächte sind kühl.

Wenig Gäste. Fischer, ein Bankangestellter, ein Buchhändler, der auf Kropotkin und Bakunin schwört, der Postbote auch, der, wenn er Briefe und Rechnungen bringt, gern eine Stunde verweilt, ein, zwei Gläser Wein trinkt und mit Jack über Politik diskutiert. Er händigt Jack auch jenen Brief aus, durch den er erfährt, dass sein Vater versucht hat, sich das Leben zu nehmen.

Bruno Baruch

Goebbels hatte Bruno Baruch bezichtigt, sich illegal bereichert zu haben und drängte den Juden aus Film und Theater. Die Gestapo drohte, ihn zu verhaften, die Finanzbehörde beschlagnahmte die Geschäftsunterlagen und setzte einen Treuhänder ein. Vor die Wahl gestellt, seinen Besitz zu veräußern oder in einem Lager zu enden, unterschrieb er Abtrittserklärungen, die ihn ruinierten. Was ihm noch blieb, waren Brillanten, die er als eiserne Reserve versteckt hielt. Doch wusste Rosa Felsegg davon. Sie nützte die Gelegenheit und ließ sie von einem jungen Liebhaber stehlen.

1935 hauste Bruno Baruch in einem Gartenhaus am Rande Berlins. Er besaß nur noch, was er am Leib trug, und da er keine Perspektive mehr sah, versuchte er sich mit Schlaftabletten das Leben zu nehmen. Eine Freundin fand ihn, rettete sein Leben und informierte den Sohn.

Ich schrieb sofort zurück, er solle zu mir kommen. Seine Flucht aus Deutschland gelang. Aus Paris verständigte er mich. In Barcelona holte ich ihn von der Bahn ab. Ich erkannte ihn kaum wieder, gebrochen in seiner Lebenskraft, silbrig weiß das Haar – ein alter Mann, knapp einundsechzig Jahre alt. Ich hob ihn aus dem Zug heraus; ich war erschüttert. So also hatte er die drei Jahre Nazizeit bezahlen müssen, das war aus seiner überquellenden Vitalität geworden!

Wir aßen zusammen in der Stadt; aber während wir einander gegenüber saßen, sah er mich kaum an – seine Augen wanderten rastlos umher und verfolgten jede Bewegung unter den Gästen. Er wagte kaum zu sprechen und flüsterte mir zu, ob ich nicht auch meinte, dass unsere Unterhaltung abgehört würde.

»Vater«, sagte ich beruhigend, »dieser Mann ist Spanier, nicht sehr gebildet; er kann kein Wort Deutsch verstehen und die anderen hier auch nicht.«

Mein Vater war ein ruinierter Mann. Er konnte die Erlebnisse in Berlin und den Verlust seines Geschäftes und Berufes nicht verwinden. Nichts hatte er aus Berlin mitnehmen können als seinen Fetzen Leben und zehn Mark in der Tasche; was sollte er damit anfangen?

Eines Morgens kam er nicht zur gewohnten Zeit zum Frühstück. Ich klopfte an seine Tür – vergebens. Ich brach die Tür auf. Da lag er, weißhaarig und schön im silbernen Seidenpyjama. Veronal hatte ihm den letzten Ballast des Lebens, die Hülle, die keine Elastizität mehr hatte, abgenommen.

Merry: »Obwohl er seinem Vater immer vorgeworfen hatte, sich nicht um ihn gekümmert zu haben, hatte er ihn doch sehr verehrt. Ich glaube, im Grund wäre er auch gern wie sein Vater gewesen. Und viele seiner Züge hatte er ja, nur dass er sie verkehrte, wohl um er selber zu sein. Sein Tod traf ihn hart. Ich weiß von meiner Mutter, dass er sich über Wochen zurückzog. Er kümmerte sich um nichts mehr, und die S.O.S. Bar hielt er lange geschlossen, doch als der Bürgerkrieg anfing, fuhr er nach Barcelona und kämpfte.«

18.

Zur Winterolympiade in Garmisch-Partenkirchen reist aus Lissabon Sanjurjo y Sacanell an. Als er zurückfliegt, besitzt er die Zusage Görings, für einen Putsch Flugzeuge zur Verfügung gestellt zu bekommen. Eine Clique von Generälen plant daraufhin den Aufstand. Zwar steht noch kein Termin fest, doch die Verhältnisse drängen, denn bei den Wahlen im Februar 1936 erreicht die Volksfront aus Sozialisten, Republikanern und Kommunisten die Mehrheit und Premierminister Azaña setzt wieder Reformen in Gang.

Die Ereignisse überschlagen sich, als im Haus von Largo Caballero, einem Führer des asturischen Aufstands, eine Bombe gelegt wird und der Gründer der Falange, José Antonio Primo de Rivera, in Haft kommt.

Ein Gemetzel in der Extremadura. Blitzstreiks. Rücktritt unter dem Druck der Volksfront von Alcalá Zamora. Am 13. April wird Richter Pedregel umgebracht. Am 14. April, dem Jahrestag der Republik, explodiert während einer Parade auf der Präsidentenbühne eine Bombe. Woraufhin Sturmgardisten einen Leutnant der Zivilgardisten erschießen, mit der Folge, dass zwei Tage später Sozialisten in den Leichenzug feuern, was zu einem Gefecht führt, bei dem ein Leutnant der Guardia de Asalto den Vetter des Falangistenführers erschießt. José Antonio schwört blutige Rache. Am 12. Juli erschießen Falangisten den Leutnant. Dies wiederum ruft die Rache der Sturmgardisten hervor. Sie dringen ins Haus des rechten Oppositionsführers ein, verschleppten ihn und bringen ihn mit Genickschüssen um.

Die Schüsse sind der Auftakt zum Putsch. Am späten Abend des 17. Juli umstellt in Tetuan eine Bandera von 600 Fremdenlegionären die Residenz des Hochkommissars und verlangt dessen Rücktritt. In Ceuta übernimmt Oberst Yagüe mit einem Handstreich die Macht. In Larache heftige Gefechte mit republiktreuen Truppen, sie erliegen morgens um fünf Uhr. In Las Palmas ergreifen die Generäle Orgaz und Franco die Macht. Im Lauf des 18. Juli werden Cádiz, Jerez, La Linea und Algeciras erobert, Queipo de Llano übernimmt mit einem Handstreich Sevilla, Córdoba kapituliert. Am 19. Juli greift die Erhebung auf Asturien, Mallorca, Navarra, Kastilien und das Baskenland über.

In Barcelona setzt sich die Militärmaschinerie um fünf Uhr morgens in Gang. Es rücken aus: Die Kavallerieregimenter Mentosa, das Santiago-Regiment, das 7. Regiment der leichten Artillerie, die Gebirgsartillerie und die Infanterieregimenter von Badajoz und Alcántara. Die Kompanien des Pionierbataillons und die Kavallerieregimenter bewegen sich Richtung Plaza de España, auf der Calle Industria Richtung Cinc d'Ors marschiert das Santiago-Regiment, das 7. Regiment der leichten Artillerie teilt sich in zwei Kolonnen, von denen eine Barcelona umgeht, während die andere zur Plaza de Cataluña marschiert. Die Gebirgsartillerie marschiert Richtung Hafen. Das Infanterieregiment von Badajoz hält auf die Innenstadt zu. Eine Kompanie des Infanterieregiments von Alcántara marschiert zur Calle de Caspe, wo sich der Radiosender befindet. Die 1. Kolonne des 7. Infanterieregiments dringt zum Plaza de Cataluña vor, das Infanterieregiment von

Badajoz besetzt Innen- und Altstadt, die Kompanien des Pionierbataillons und die Gebirgsartillerie die Zufahrt zum Hafen.

»Wenn das Pack den Donner der Kanonen hört, wird es rennen wie die Karnickel«, tönt General Burriel. Doch als die Infanterieregimenter den Plaza de Cataluña erreichen, geraten sie unter schweren Beschuss. Sie ziehen sich ins Militärcasino, in die Maison Doré, ins Hotel Cólon und in die Telefonzentrale zurück. Die Guardia de Asalto nimmt die Barcelona umgehende Kolonne des 7. Regiments unter Feuer und stoppt deren Vormarsch. An der Calle Pau Claris wird die zweite Kolonne gestoppt.

Arbeiter schießen mit Jagdgewehren von den Dächern herab auf die Putschisten, Frauen überschütten sie mit kochendem Wasser. Anarchisten stecken Kirchen in Brand. An der Kreuzung Claris / Cortés rasen Lastwagen in Maschinengewehrnester. Im Hafen bilden Schauerleute mit Papierwalzen eine bewegliche Verteidigungslinie und nehmen die Gebirgsartillerie unter Beschuss, so dass sich das Regiment in die Kaserne zurückziehen muss. Ihre mit Sprengstoff bepackten Maultiere werden in Fetzen gerissen.

Gegen Mittag halten die Putschisten nur noch die Universität, die Plaza de España, das Karmeliterkloster im Norden der Stadt, das Hotel Colón und die Telefonzentrale besetzt. Maschinengewehrschützen bestreichen die Rambla von der Spitze der Columbus-Säule herab.

Jack verfolgt den Generalsputsch im Rundfunk.

Am Morgen des 18. Juni beschwichtigt noch der Sender Madrid: »Niemand, absolut niemand auf der spanischen Halbinsel hat an diesem verrückten Komplott teilgenommen.« Am Abend muss man gestehen: »Der Aufstand hat auf Andalusien übergegriffen«. Um 22 Uhr spricht die Kommunistin Dolores Ibárruri. Sie ruft die Frauen auf, mit brennendem Öl und Messern zu kämpfen. »Es ist besser, auf den Füssen zu sterben, als auf den Knien zu leben. No pasarán!«

Während die Regierung beschließt, Waffen ans Volk zu verteilen und Anarchisten, Sozialisten und Kommunisten ihren Hader begraben, meldet Radio Saragossa: »Attención, Attención! Aquí Saragossa. Das Militär ist Herr der Situation. General Franco ist der Befreier Spaniens! General Franco hat die Regierung übernommen! Arbeiter, legt die Waffen nieder! Viva España!«

Das war eindeutig ein faschistischer Sender gewesen! Was war denn geschehen? Ich stand hinter meinem Bartisch. Meine beiden Kellner, meine Gäste – alle sahen wir uns erstaunt und verständnislos an ... Ich beschloss, nach Barcelona zu fahren, um gegen die Faschisten mitzukämpfen. Meine beiden Kellner, deutsche Emigranten, begleiteten mich. Wir steckten Revolver ein. Überall stand die Bevölkerung auf den Straßen. Die Bauern hatten sich mit Hacken und Harken bewaffnet; nur wenige hatten Schusswaffen.

An der Stadtgrenze geraten sie in Maschinengewehrfeuer. Die Straßen sind aufgerissen, die Pflastersteine zu Barrikaden getürmt, Tote liegen herum wie auf der Bühne, es brennt an allen Ecken und Enden, auch im Hafen steigen schwarze Rauchsäulen hoch. Jack schlägt sich zum Hotel Colón durch, wo er einen umgestürzten Wagen als Deckung benützt.

Das bedeutete zwar nicht viel Schutz, aber immerhin etwas. Der Mann zu meiner Linken mochte ein guter Fünfziger sein – er feuerte aus einem antiken Revolver; er erzählte mir, er sei Buchhändler von Beruf. Der Mann rechts von mir war in Straßenbahneruniform; seine Waffe war ein geradezu vorsintflutlicher Apparat. Für jede Salve, die wir auf das Hotel und das Fernsprechamt abfeuerten, warfen die Faschisten einen harmlosen Hotelangestellten aus einem

Fenster und schossen auf jeden, der ihm zu Hilfe eilen wollte. Ununterbrochen fluten Nichtkämpfer durch die angrenzenden Straßen, die sich, einem Aufruf der Regierung über den Rundfunk folgend, aus der Gefahrenzone in Sicherheit bringen wollten. Während unseres Gefechtes auf der Plaza Cataluña beobachtete ich, wie eine Handvoll unserer Leute den Paseo de Gracia hinunterstürzten und in die Kirche eindrangen. Bald darauf drangen Rauchschwaden aus dem Portal ...

Merry: »Als kleines Mädchen hab ich immer gespürt, dass viele Geschichten von meinem Daddy nicht stimmten. Das war schlimm. Ich wollte ja stolz auf ihn sein; aber wenn man nicht weiß ... Als mir meine Mutter erklärte, er sei nie in Chicago gewesen, dachte ich, dann hat er auch nicht in Barcelona gekämpft. Aber lange danach, da war ich längst erwachsen, habe ich Frau Schwarz kennen gelernt und sie ist in Barcelona gewesen und hat ihn inmitten der Kämpfe gesehen.

Natürlich kann ich mich an nichts mehr erinnern. Ich war ja erst zwei. Aber meine Mutter hat mir erzählt, was geschah, als er aus Barcelona zurückkam. Er meldete sich sofort beim Militärkomitee und wurde als Organisator für die Rückführung der Touristen in deren Heimatländer bestimmt. Es war ja mitten im Sommer, und die Hotels waren voll, Niederländer, Deutsche, Briten, Franzosen, und alle wollten nach Haus, und da mein Daddy Fremdsprachen konnte, war er dafür der richtige Mann. Er organisierte Busse, konfiszierte Benzin, und als unsre Regierung Schiffe für die Evakuierung der Ausländer schickte, zuerst die ›London‹, nach der ›London‹ die ›Garland‹ und zuletzt noch die ›Drafton‹, ein kleineres Schiff, wies er die Plätze zu. Frauen und Kinder zuerst. Männer nur mit Familie.

Als er uns abholen kam, arbeitete meine Mutter im Garten. Es musste sehr schnell gehen, so dass sie sich nicht einmal umziehen konnte, und so fuhr sie in ihrem grünen Gärtnerkleid los. Dann das Chaos im Hafen! Dort hatten ja Kämpfe getobt. Überall lagen noch rauchende Trümmer, und die Sonne brannte herunter und alle drängten zum Schiff und plötzlich war ich verschwunden. Stellen Sie sich das einmal vor!
Erst dachte meine Mutter, ich wäre weg gekrabbelt und fragte die Leute, ›haben Sie meine Tochter gesehen?‹, aber die waren alle mit sich selber beschäftigt, und so lief sie verzweifelt herum und rief ›Merry, Merry!‹, und das Seltsame ist, ich kann mich daran erinnern. Sie denken sicher, dass ich mir das nur einbilden würde. Wahrscheinlich haben Sie Recht. Die Psychologen behaupten ja, man könne sich an kein Ereignis erinnern, das vor dem dritten Lebensjahr liegt. Aber bei geschlossenen Augen glaube ich, sie rufen zu hören. Schließlich entdeckte sie mich. Ich war schon an Bord. Ein Seemann, ein Hüne, ein Riese hatte mich für verloren gehalten und mit auf die ›Garland‹ genommen. Mit einer Hand hielt er mich bei den Füssen und mit der anderen Hand klopfte er mir auf den Hintern und dabei wiederholte er immer wieder: ›Poor maid, poor little maid‹. Und ich, mit dem Kopf nach unten, ich schrie wie am Spieß.«

Die »Garland« bringt Mutter und Kind nach Marseilles. Von dort fahren sie nach Paris, von Paris in die Provence zu Verwandten und schließlich nach London, wo Billie eine Wohnung in Kensington mietet, 5 Redcliffe Gardens. Jack beschafft sich indes den Pass eines gefallenen niederländischen Soldaten, ersetzt das Lichtbild durch sein eigenes Lichtbild, vernagelt Fenster und Türen, und macht sich ebenfalls auf den Weg. Bei Portbou überquert er die Grenze. Dann schlägt er sich durch nach Calais, nimmt die Fähre nach Dover und geht als Jan van der Reijn an Land.

Merry: »Er sah wie ein Landstreicher aus und stürzte sich gleich über die Vorräte her. Was aber nun? Was sollte geschehen? Noch hoffte er, die Falangisten würden geschlagen und wir könnten nach Sitges zurück, doch der Krieg zog sich hin, und so musste er wieder von vorne beginnen. Zuerst wollte er einen Nachtclub eröffnen, doch er hatte kein Geld, und meine Mutter hatte ja gerade einen Teil ihres Vermögens verloren, denn das Haus und die Bar hatte sie finanziert. Sie weigerte sich, ihr Geld in seine Unternehmen zu stecken. Deshalb kam es immer wieder zum Streit. Dann warf er das Geschirr an die Wand oder schlug die Möbel kaputt, Möbel, die uns gar nicht gehörten, denn meine Mutter hatte die Wohnung gemietet und die Möbel gehörten Mrs. Ordish, die unsere Landlady war, eine liebenswürdige ältere Dame. Immer wenn sie kam, um die Miete zu kassieren, brachte sie Bonbons für mich mit. In ihrer Pension wohnten Emigranten aus Deutschland, viele von ihnen Juden, die von der jüdischen Wohlfahrt nur ein paar Schillinge Unterstützung bekamen. Oft konnten sie nicht die Miete bezahlen, aber Mrs. Ordish wies keinen hinaus. Nach einem Krach mit meiner Mutter zog mein Daddy zu ihr.«

19.

»Die Emigration, emigratio communis primaria, unterscheidet sich von anderen chronischen Krankheitsvorgängen erstens dadurch, dass Patient sich des Befallenseins erst nach einer gewissen, individuell variierenden Inkubationsfrist bewusst wird. Zweitens kennt sie Zwischenperioden eines trügerischen Sichwohlbefindens, klinisch bezeichnet als Euphorie. Die, drittens, abwechselt mit für dieses Übel typischen Zuständen der großen Verzweiflung, desperatio emigratica,

Zuständen von heftig contagiösem Charakter, in denen Patient entweder, drittens A, die Einsamkeit sucht, oder, drittens B, gleichartig Erkrankte aufspürend Amok läuft und die Einsamkeit meidet. Viertens endet zu beschreibende species aus der Familie der fressenden Übel unweigerlich mit dem Tode.«

So beschrieb der Schriftsteller Robert Neumann die Emigration. Er selbst setzte sich gegen diese Krankheit zur Wehr, indem er Schach-Endspielprobleme erdachte und Ziegel für mörtelfrei errichtbare Mauern erfand. Karl Otten, mit einem britischen Kriegsschiff nach England gelangt, schreibt über den Putsch auf Mallorca: »Torquemadas Schatten«. Ludwig Meidner zeichnet und malt in einer dunklen, kaum beheizbaren Kammer. Sein Freund Max Hermann-Neiße tröstet sich mit Stout-Bier und schöpft aus der Verzweiflung Poeme.

Nacht in der Emigration

Nachts bin ich ganz allein im Weltenraum,
fern allen Freunden, die mich längst vergaßen.
Die sieben Stock, hoch über Londons Straßen:

Die Katze mir zu Füßen hat die Ruh
als ihr Gehäus. Die Frau an meiner Seite
schloß sich im Schlaf wie eine Blume zu,
ihr Atem nur gibt sanft mir das Geleite.

Da draußen sind die Sterne und der Mond
und werden unser Leben überdauern.
Nachtwandlerisch umschleicht mein Wunsch die Mauern,
dem Frieden fremd, der hinter ihnen wohnt.

Und alle Laute, die das Dunkel haucht,
verwandeln jäh sich in ein kurzes Schweigen.
Dann taumle ich benommen und verbraucht
ins Frühlicht, dessen Züge bleich sich zeigen.

Auch Jack stellt sich dem fressenden Übel literarisch entgegen. Dennis Cohen, Eigner der Cresset Press, jener Verlag, der die englische Übersetzung von »Carrying a gun for Al Capone« und »Chicago-Shanghai« auf den Markt gebracht hatte, zahlt ihm für ein Fortsetzungsbuch hundert Pfund Vorschuss. Womit nach der »individuell variierenden Inkubationsfrist« die »Zwischenperiode eines trügerischen Sichwohlbefindens« beginnt. Er zieht von der Pension von Mrs. Ordish in eine Wohnung in Chelsea, deckt sich ein mit Bohnenkaffee und Pfeifentabak, schließt die Gardinen, schmaucht dicke Wolken und hämmert seine dritte Lebensgeschichte in die Maschine.

Ich schrieb Tag und Nacht und in zwei Wochen war das Buch fertig: »I Can't Escape Adventure«.

Was der Leser erfährt: Jack Bilbo, Gunman und Bodyguard Al Capones, wird vom Abenteuer verfolgt. Es lauert ihm auf. Es klebt ihm an den Fersen. Es läuft ihm als Schatten voran. Im Spielcasino von Monte Carlo drängt es sich in Gestalt eines russischen Emigranten an seine Seite und sagt: »Gestatten Gorgulow, Pawel Timofejewitsch Gorgulow. Ich habe Sie sofort als den berühmtem Gangster Jack Bilbo erkannt. Ich brauch ihren Rat. Ich muss den französischen Staatspräsidenten ermorden. Was schlagen sie vor? Gift, Messer, Pistole?«

Obwohl Jack den Polizeipräfekten von Paris unterrichtet, führt Gorgulow das Attentat aus, und streckt – wie am 6. Mai 1932 geschehen – Präsident Paul Doumer mit Schüssen nieder, denen dieser erliegt. Worauf Jack Bilbo sich fragt, weshalb hat Jean Chiappe, der Polizeipräfekt, den Mord nicht verhindert? Ein Verdacht tut sich auf. Chiappe stecke selber hinter dem Mord. Er ist Teil einer Verschwörung, und das Attentat hat Hitler in Auftrag gegeben.

Zurück in Berlin ruft er Freunde zusammen, um einen antifaschistischen Kampfbund zu gründen. Von nun an, erzählt er, habe er Versammlungen der Nazis überfallen und Plakatekleber und Juden beschützt, bis er, niedergeschlagen, verschleppt und gefoltert, sein Heil in der Flucht sucht. Sie führt ihn nach Sitges, wo er die S.O.S. Bar eröffnet, ein Haus baut und Billie zur Frau nimmt. Doch die Faschisten gönnen ihm keine Ruhe. Um den italienischen Angriff zu stoppen, muss er in geheimer Mission nach Abessinien fliegen. In Spanien zurück, fängt der Bürgerkrieg an. Er kämpft in Barcelona an der Seite der Anarchisten, gerät in grausame Wirren und zieht den Hass des Caudillos auf sich, den er als feigen und hinterhältigen Mörder seiner Leute entlarvt. Der eignen Ermordung entgeht er nur, weil er sich beerdigen lässt, um dann springlebendig nach England zu fliehen. Ein retuschiertes Foto dient als Beweis.

Alfred Kerr bespricht »I Can't Escape Adventure« mit Lob: »Bilbo (den Eindruck hat man von seinem Buch, das keiner weglegt, der es angefangen hat) – Bilbo ist eine tapfere Lebkraft; kaum ein bissl Gascogner, kein Flausenbeutel; sondern (zumal im Nichtverhehlen) ein liebenswerter, offener, tüchtiger Kerl. Jack Bilbo? Heißt er Jack Bilbo? Heute bestimmt. Er ist jedoch ein Enkelsohn des berühmten, alten Ausstattungsgeschäftes für die Theater Berlins – und nicht nur Deutschland: Baruch & Co … Sieh da. Nachdenkliches Erinnern an Gewesenes. Ein plattdeutsches Buch heißt: ›Was aus einem Schiffer werden kann.‹ (›Wat ut'n Scheper werden kann.‹) Ich dachte jetzt: ›Wat ut'n Baruch werden kann.‹«

Sein Grab

Trotz der lobenden Besprechung kommt »I Can't Escape Adventure« nicht über die erste Auflage raus. Wen interessiert denn auch noch, was Alfred Kerr im »Pariser Tageblatt« schreibt? Die englische Presse beachtet das Buch nicht.

Aufmerksamkeit schenkt sie Jack erst im folgenden Jahr, als es im Chelsea Register Office zu einem Skandal kommt.

Empire News: »July 14. 1938 – Ein Einspruch gegen eine Heirat hat gestern im Chelsea Register Office zu ungewöhnlichen Szenen geführt. Zuerst stürzten ein Trauzeuge und die Braut auf die Straße. Es folgte der Bräutigam. Er trug eine weiße Nelke im Knopfloch. Er fasste die Braut am Arm und zerrte sie wieder hinein, wo etwa zehn blasse Hochzeitsgäste den Vorgang verfolgten.«

Die Szene, Folge eines langwährenden Zustands der desperatio emigratica, bedarf der Erklärung. Als Jacks Buch auf den Markt kommt, ist der Vorschuss verbraucht, der Bohnenkaffee getrunken, der Tabak verraucht, und er, zuerst noch im Glauben, sein Buch würde ein Bestseller werden, sieht sich zu einem Dasein verdammt, das vielen Emigranten bestimmt ist: in billigen Cafés oder auf Parkbänken sitzen und zusehen, wie die Tage vergehen.

Billie hat ihm noch beim Umzug in die Old Church Street geholfen. Jetzt sind, wenn er in RedcliffeGardens erscheint, Tür, Fenster und Gardinen geschlossen. Um die Miete bezahlen und Lebensmittel kaufen zu können, muss er in die Hallam Street pilgern, wo Stefan Zweig residiert, der als »anschnorrbar« gilt, oder zu Karl Otten, der beim BBC ein geregeltes Einkommen hat, oder zu Emigranten, die er aus dem Romanischen Café kennt, und von denen die meisten selber nichts haben oder gerade so viel, um ihr Leben zu fristen. Das spricht sich herum. Man leiht ihm nichts mehr. Auch Stefan Zweig macht die Tür nicht mehr auf, und so treibt es ihn zum Jewish Refugee Comittee im Woburn House am Tavistock Square, wo streng gescheitelte Frauen an verzweifelten Tischen Tee und trockene Biscuits verteilen und Mr. Leebordon, der Finanzsekretär, nach gründlicher Prüfung der Faktenlage entscheidet, wer Unterstützung bekommt – 25 Schillinge die Woche.

Herbert Malinow (von Merry befragt): »Das Komitee hatte wenig Geld zur Verfügung, aber es tat, was es konnte. Jeder, der ins Woburn- und später ins Bloomsbury House kam, erhielt zu essen und trinken. Wir sammelten Kleidung und gaben sie weiter. Manchmal übernahmen wir auch die Kosten für Hotels und Pensionen. Das war aber nur in Notfällen möglich, denn es kamen ja immer mehr Juden nach London. So blieb uns nichts anderes übrig, als sie zu verteilen, nach Glasgow, nach Liverpool, nach Manchester, überall hin. Ich, als Assistent von Leebordon, musste dann Gutscheine ausstellen, für die sie in einem Reisebüro Tickets bekamen, One-Way-Tickets versteht sich. Ich erinnere mich gut, wie Jack zu uns kam. Sein Pass war verschmiert, die Jahreszahlen waren kaum noch zu lesen. Er behauptete, er habe eine Tochter und müsse für ihren Unterhalt sorgen. Aber Leebordon ließ sich nicht erweichen. Ich musste einen der Gutscheine ausstellen, ich glaube für ein Ticket nach Schottland, und zusehen, dass Jack Bilbo abfuhr. Als ich zur King's Cross Station kam, stand er auf dem Bahnsteig. Er stieg auch in den Zug und zog ein Fenster herunter, sagte Good Bye, und dann fuhr er ab. So dachte ich jedenfalls. Doch als ich den Bahnhof verließ, trat er auf mich zu, grinste von einem Ohr zum andern und sagte: Herbert Malinow, Schottland ist mir zu kalt. Ich habe eine bessere Idee. Pass auf! Wenn du Geld brauchst, sag diesem Leebordon, du hast mich abfahren sehen ... Kurzum, ich stellte ihm von da ab Gutscheine aus, auf verschiedene Namen, damit es nicht auffiel, und er tauschte sie ein und verkaufte die Tickets. Das ging auch eine Weile lang gut, aber eines Tages begann Leebordon Lunte zu riechen. Er zählte die Gutscheine ab, und damit versiegte die Quelle. Als ich Jack wiedersah, das war 1938 im April oder Mai, jedenfalls nachdem die Deutschen in Österreich einmarschiert waren, lud er mich in den Gateway Club ein, der sich in Chelsea befand, wenn ich mich recht erinnere in der Bramerton Street.«

Wohin es von Jacks Wohnung nur ein Katzensprung ist, Old Church Street, King's Road, erste Seitenstraße die Bramerton Street. Der Club gehört Dudley Crampton, einst Richter in Kenia, Kolonialengländer, ein wenig hinter der Zeit her. Ein paar Kellerstufen führen hinab in den Club, die Räume sind im rustikalen Stil alter Pubs eingerichtet, und Jack ist der einzige Gast.

»Es ist nett bei Ihnen«, sagte ich höflich.

»Ja«, antwortete er, »bloß Gäste habe ich nicht. Seit drei Monaten führe ich den Club. Aber niemand kommt.«

Wir setzten uns und tranken Whisky. Nun schaute ich mich

genauer um. »Das Licht ist zu grell«, sagte ich unvermittelt. »Auch sind die Wände zu kahl. Ihre Bar ist zu schwach bestückt, man müsste wenigstens doppelt so viele Getränkesorten anbieten.«

Crampton runzelte die Brauen und sah mich scharf an.

Und bietet Jack eine Stelle als Geschäftsführer an. Der schlägt ein, ohne zu zögern, und nimmt die Ausstattung des Clubs in die Hand. Auf dem Caledonian Market ersteht er afrikanische Masken, Schilder, Speere, ein ausgestopftes Krokodil, engagiert einen Maler, der die Wände in eine Getränkekarte verwandelt, mietet Spielautomaten, einarmige Banditen, »Eine merkwürdige Sache, sie waren in England verboten, aber eingeführt werden durften sie doch, wenn auch ein horrender Zoll von 70 bis 80 Pfund darauf lag«, engagiert eine Kapelle und gibt eine Party, einen Gala-Eröffnungsabend, am 13. Mai 1938 – ein Dreizehnter wieder, zudem ein Freitag! Herbert Malinow erscheint in Begleitung einer Freundin, der 23-jährigen Lehrerin Alsace-Lorraine Drake.

Diese Freundin wirkte spröde und prüde; sie war nicht gut, sondern einigermaßen passend gekleidet, korrekt und anständig, was der Kleinbürger darunter versteht. Das Gesicht war annähernd hübsch, ihr Lächeln annähernd nett – wirklich alles mäßig bis mittelmäßig. Dennoch übte sie sogleich einen eigenartigen Reiz auf mich aus. Wieso? Ich witterte in ihr die »Pfarrerstochter«, die aus einer unnatürlichen Atmosphäre kommt, die sexuell nur Verdrängung und Entbehrung kennt und – um so anfälliger für Perversionen ist.

Alsace-Lorraines eigenartiger Reiz löst jenen von Robert Neumann erwähnten Amoklauf aus. Die ersten Schritte erfolgen jedoch wohlüberlegt: Komplimente über ihr Aussehen kombiniert mit American Softdrinks. Zu Hause starker Kaffee, physische Annäherung, Entkleidung, Vollzug des Geschlechtsakts, nach Schlaf stockende Wiederholung desselben, vertrauensvolle Offenbarung über spezielle Verlangen, Hinweis auf Haushaltsführung und Heirat.

»Daraufhin schmiegte sie sich an mich, so dass ich die Tränen auf meiner Wange spürte«, wodurch er in einen seelischen Aufruhr gerät. Doch noch reagiert er bedacht, sieht verständnisvoll zu, wie sie mit einem Wedel den Staub im Zimmer verteilt, wie sie kehrt, putzt und scheuert. Auch als Mr. Drake mit Gemahlin erscheint, aus Hertfordshire angereist, um den angehenden Schwiegersohn auf Herz und Nieren zu prüfen, und Mr. Drake, »ein unsicherer, hektischer kleiner Mann, der aussah wie der Oberkellner eines billigen Restaurants«, von Mann zu Mann fragt: »Ist meine Tochter noch Jungfrau?« versteht Jack noch die Contenance zu bewahren. »War sie denn eine?«

Doch am 14. Juli, im Standesamt Chelsea, bereit das Ja-Wort zu sprechen, bereit einen goldenen Ring an Alsace-Lorraines Finger zu stecken, verliert er die Beherrschung. Er stürzt sich auf Mr. Drake, tritt ihm in den Hintern und wirft ihn die Treppe hinab, die das Portal der City Hall mit dem Register Office verbindet, worauf Alsace-Lorraine einen Schreikrampf bekommt, ihrem Vater hinterher stürzt, auf die Straße hinaus, von Jack aber verfolgt, eingeholt und zurück ins Office gezerrt wird, und das vor den Augen eines Reporters der Empire News, der natürlich die Ursache für diese Verhaltensweisen zu erfahren begehrt. Alsace-Lorrain kann vor Schluchzen nicht sprechen, Mr. Drake steht unter Schock, der Standesbeamte hüllt sich in Schweigen und Jack Bilbo erklärt: »Ich habe nichts zu sagen.«

Der Trauzeuge kommentiert: »Es gab eine Störung«, und einer der Gäste erklärt: »Ich kann nur sagen, dass eine gewisse Person Einspruch gegen die Heirat erhob.« Und zwar Mr. Drake. Er hatte von der Existenz von Billie und Merry erfahren, daraus geschlossen, dass Jack verheiratet sei und mit dem Zwischenruf »Bigamist!« die Eheschließung verhindert. Eine Woche später ist das Missverständnis geklärt, Jack und Alsace-Lorraine treten erneut vor den Standesbeamten und sprechen das Ja-Wort.

Journalistin: »Mr. Bilbo, sind sie nun geschieden?« Jack Bilbo: »Da ich nicht verheiratet war, kam ich mit der Scheidung nicht durch.« Journalistin: »Weshalb hat Mr. Drake sie einen Bigamisten genannt?« Mr. Drake: »Ein Missverständnis. Ich bedaure.« Jack Bilbo: »Ich bin mit meinem Schwiegervater versöhnt.« Alsace-Lorraine: »Wir sind glücklich.« Kameras klicken, Dudley Crampton lässt Sektkorken knallen und die Journalisten brüten Schlagzeilen aus. »Endlich verheiratet!«, »Junges Paar findet endlich sein Glück!« Zwei Wochen später nennt Alsace-Lorraine seine erotischen Vorlieben widernatürlich, fordert ihre Briefe zurück und wirft sie vor seinen Augen ins Feuer.

Alsdann packte sie ihre paar Sachen zusammen und fuhr mit einem Taxi davon. Ich war sie los. Es fehlte nur noch das gerichtliche Nachspiel. Alsace-Lorraine reichte die Scheidungsklage wegen Grausamkeit ein, und das war ihre letzte Gemeinheit ...

Schlimme Wochen für Jack. Kaum ist er sie los, seine Alsace-Lorraine mit dem eigenartigen Reiz, nimmt ihn der Staat ins Visier. Konstablers statten dem Gateway Club einen Besuch ab, demontieren die Spielautomaten, konfiszieren Geschäftsunterlagen und reichen sie ans Home Office weiter, wo man nach gründlicher Prüfung erkennt, dass Mr. Jack Bilbo, wie er sich nennt, keine Arbeitserlaubnis besitzt. Ein

Polizeiinspektor stattet ihm einen Besuch ab und bestellt ihn im barschen Ton ins Ministerium ein – innerhalb einer Stunde.

Ich wollte nichts vom Home Office. Was wollte das Home Office von mir? Ich hatte ein unangenehmes Gefühl bei dieser Vorladung.

Aus gutem Grund. Seine Pässe sind Makulatur – sowohl der des niederländischen Tee-Importeurs, als auch der eigne, den er beim Verlängern verpfuscht hat.

Nachdem ich zwei Stunden auf einer Bank gewartet hatte, wurde ich endlich von einem Beamten in einem würdig-hohen Kragen empfangen. Sein Gesicht war englisch glatt und undurchschaubar.
»Kann ich bitte Ihren Pass sehen.«
Ich zeigte ihn vor. Das Blankgesicht blickte darauf, zögerte, blickte noch einmal und stutzte.

Als Jack ihm erklärt, dass er auf der Gestapo-Suchliste steht, kein deutscher Konsul bereit sei, seinen verpfuschten Pass zu verlängern, staunt der Beamte.

»Wie – Sie geben freiwillig zu, Urkundenfälschung begangen zu haben?«
»Ich gebe zu, dass ich versucht habe, eine Urkundenfälschung vorzunehmen. Meine Überlegung war ganz einfach die: Urkundenfälschung – sechs Monate Gefängnis; werde ich aber nach Deutsch-

land abgeschoben, und damit drohen Sie mir als Ausländer ja, dann bedeutet das für mich KZ.«

Der Beamte fordert ihn auf, den Pass verlängern zu lassen, andernfalls werde er ins Gefängnis gesteckt und zurück nach Deutschland geschickt, gibt dann jedoch nach und erteilt ihm schließlich die Aufenthaltsgenehmigung. Arbeitserlaubnis erteilt er ihm aber keine, so dass ihn Dudley Crampton auch nicht länger zu beschäftigen wagt.

Ich ließ in meiner Kraft, zu leben, in meiner Freude, zu lieben, in meinem Glauben an den Sinn aller Dinge überhaupt, nach. Ich wurde so mürbe, als wäre ich ein alter Luftballon, den man nicht mehr aufblasen kann ...

Und da, 1939 im März, beginnt er zu malen.

20.

Sein erstes Gemälde hatte Merry im Treppenhaus hängen. Ich sah es vom Livingroom aus, schenkte ihm aber erst Beachtung, als die Sonne darauf fiel, durch ein kleines Fenster schräg gegenüber. Auf einmal brannte es auf. Der Rückenakt eines Mädchens in Rot. Grob und unbeholfen gemalt, die Farbe dick auf die Leinwand getragen, als hätte er versucht, eine Plastik zu schaffen. Das Antlitz des Mädchens bleibt dem Betrachter verborgen, denn es hält das Gesicht abgewandt, während der Hintern ...

Was war das Erregendste, was ich mir vorstellen konnte? Eine Frau, natürlich. Ihr Gesicht? Nein. Ihr Hintern. Ja, ich liebe den Hintern. Er ist rund und seine Sanftheit suggeriert Trost und Mütterlichkeit. Und da er der Teil ist, den man verhaut, suggeriert er auch die Hilflosigkeit der Frau. Da sie in dieser Hinsicht scheu und zurückhaltend ist, wirkt er diskret. Als Zentrum des Körpers trägt er den Rücken, die Schultern, Nacken und Kopf und überträgt sich auf die Schenkel, Beine und Füße. Kurz gesagt, er ist die Achse der weiblichen Form, eine Achse von Schönheit und Intimität, und da mich jeder Teil einer Frau interessiert, ist der Hintern für mich der Ausgangspunkt der Exploration.

Jack hat seinen Mantel versetzt, Hubert Hill, seinem Landlord, für fünf Schillinge eine Staffelei abgekauft und bei Green & Stone in der King's Road Malzubehör erstanden: Leinwand, Pinsel und Farben, Weiß, Schwarz, Gelb und Rot, ein besonderes Rot ...

Da die Frau ein Dunkles verbirgt, brauchte ich ein besonderes Rot ...

Der Grund, weshalb er zu malen beginnt:

Ich musste mich befreien von den Bildern und Visionen, den Zweifeln und Ängsten, die furchtbar auf meiner Seele lasteten ... Dieser Ausbruch kam so schnell, dass ich keine Zeit hatte, mir über Formprobleme Gedanken zu machen.

Die Schwierigkeit: der Hintern des Mädchens.

Ich wusste nicht, wie ich plastische Effekte herstellen konnte. Ich trug die Farben dick auf. Ich wusste überhaupt nichts. Ich wusste nur: Ich muss malen. Ich fluchte und schwitzte und wurde von Schauern geschüttelt.

Er malt von drei Uhr nachmittags bis vier Uhr nachmittags am folgenden Tag…

… ohne Unterbrechung. Keinen Tee, kein Dinner, die ganze Nacht, kein Frühstück, keinen Lunch.

Dann nimmt er das Bild von der Staffelei, bringt es in die King's Road und bittet Alf Green, »Red Girl« in einen Rahmen zu setzen.

Es sollte einer der ganz einfachen sein, die nur sieben Shillinge sechs Pence kosteten. Alf Green schaute das Bild lange an und sagte: »Nehmen Sie einen besseren Rahmen.« Ich erklärte ihm, dass mir dann kein Geld bleibt, um Farben zu kaufen. Er fragte mich, wer das Bild gemalt hat. Ich sagte: »Ich selber«. »Well«, sagte er darauf, »dann sorge ich für den passenden Rahmen und Sie bezahlen, wenn sie wieder bei Geld sind.« Ich antwortete: »Es sieht nicht so aus, als käme ich jemals wieder zu Geld.« Die Erwiderung war typisch für ihn. »Never mind. Das Bild verdient einen guten Rahmen und deshalb mache ich einen. Und nun zu den Farben.«

Sein Partner Bill Stone mischte sich ein: »Ein Maler braucht Farben.« Und dann gab er mir eine ganze Schachtel voll Tuben, alle Farben, die man sich vorstellen kann, und dazu noch sechs Pinsel. Auf Kredit. Und »Red Girl« sollte als Sicherheit dienen. Ich war so gerührt, dass ich vergaß, mich zu bedanken. Ich ging nach Haus und malte.

Blumen, einen Pandabär, eine Schönheit der Südsee, eine spanische Landschaft, Merry über ein Schulheft gebeugt, ein Luftschloss, die goldene Lu, einen Korsar, eine Haremswitwe, Cleopatra, süße Träume, Pharaos Tochter. Dazwischen drängt Unheimliches und Bedrohliches vor. Angst, Feuer, der Tod, ein schleimiges, gesichtsloses Etwas, seine glückliche Insel, doch unbewohnt und verlassen, zuletzt Adolf Hitler. Anstelle des Munds schlitzt er ihm ein Loch ins Gesicht, stopft einen Baumwollknödel hinein und versenkt ihn im Meer.

Der Rahmen bestand aus Glasröhren, in denen lebende Goldfische schwammen.

Mitte Juni sieht man ihn vor einen Leiterwagen gespannt von einer Galerie zur andern ziehen.
»Full up to next year«, heißt es in St. James bei Reid & Lefevre.
»Was glauben sie, wieviel malende Emigranten es gibt?« in der Galerie Zwemmer.
Mr. Philipps, einer der Leicester-Gallery-Direktoren, besucht ihn, betrachtet die Bilder, murmelt etwas von »strange« und räuspert sich verlegen davon. Worauf Jack das Pandabär-Bild unter den Arm klemmt und sich zur Arlington Gallery in der Bond Street begibt,

dem, wie er sie nennt: »Headquarter of the Royal Society of Miniature Painters«.

Ich stieg fünf Treppen hinauf. Da war eine ältere Dame. Ihr Name war Lucy McDonald. Ihr gehörte die Galerie. Ich sagte ihr gerade heraus, dass ich kein akademischer Kunstmaler bin, kein Geld habe und wahrscheinlich keines meiner Bilder los bringen werde. Doch da sich im Juli ihre Kunden im Urlaub befinden, werde eh keiner kommen, und warum es also nicht mit meinen Bildern versuchen?

Lucy McDonald hat ein Herz für darbende Künstler und unterzeichnet einen Vertrag, ohne zu ahnen, worauf sie sich einlässt. Das dämmert ihr erst, als die Presse vom »malenden Gangster« berichtet, der »die Pistole mit dem Pinsel getauscht hat« und zusehen muss, was Jack an die Wand hängt. Sie schluchzt: »Mr. Bilbo, nehmen sie doch wenigstens das scheußliche Hitlerbild ab.«

Am Tag der Vernissage, dem 11. Juli 1939, bildet sich in der New Bond Street eine Traube von Menschen. Als Lucy McDonald sie einlässt, ruft schon eine Kunstkennerin: »Skandal!« Eine andre empört sich, dass die Südseeschönheit nichts anhat. »Primitiv«, urteilt die Witwe des Malers Millet. »So hat man in der Steinzeit gemalt. Da malt ja Picasso noch besser.« Ein Herr bellt empört: »Sie sollten ihre Bilder den Hottentotten in Afrika zeigen.« Eine Lady vom Tierschutzverein befürchtet, dass die Fische im Rahmen ersticken: »Tierquälerei!«

Dann stürmen Faschisten herein. »Entartete Kunst! Der Jude beleidigt ein befreundetes Staatsoberhaupt. Wir hätten die Emigranten nicht ins Land lassen sollen. Sie verderben Anstand und Sitten.«

Doch schließlich tritt John Rothenstein, Direktor der Tate Gallery, vor die Besucher. »Ladies and Gentlemen, Jack Bilbos Bilder entspringen dem Entsetzen der Zeit und stellen sich durch die Intensität der Farben dem über uns aufziehenden Dunkel entgegen. Manche sind bizarr und phantastisch, doch in allen glimmt Hoffnung. Ich halte es durchaus für möglich, dass dieser unbekannte Maler der Malerei neue Wege zu weisen vermag. Deshalb danken wir Mrs. McDonald für die mutige Entscheidung, die Gemälde zu zeigen.«

Merry: »Doch auch Rothenstein konnte meinem Vater nicht helfen. Niemand kaufte ein Bild. Er befürchtete schon, er würde gar nichts verkaufen. Bei der Finissage am 28. Juli geschah dann aber ein Wunder. Ein schottischer Holzhändler, Andrew Eliot, erkundigte sich, wieviel sie denn kosten. Mein Vater verstand nicht, welche Bilder Eliot meinte. Aber der wollte alle zusammen. Mein Vater verlangte daraufhin dreitausendsechshundert Pfund. Doch Eliot lachte ihn aus. Er sagte, er wolle die Bilder in den Pferdestall hängen und bot dreihundert Pfund. Mein Vater durchschaute den Bluff. Er verlangte 3600 Pfund, für jedes Bild hundert Pfund. Schließlich stellte Eliot einen Scheck über 3200 Pfund aus, denn vier der Gemälde behielt mein Daddy zurück. Stellen Sie sich nur vor! 3200 Pfund! Das war eine Unmenge Geld. Daddy konnte seine Schulden bezahlen, es blieb ihm sogar noch einiges übrig. Anton Zwemmer, dem die Galerie in der Litchfield Street gehörte, eine sehr renommierte, bot ihm eine Folgeausstellung an. Auch die Galerie Reid & Levefre zeigte Interesse. Und natürlich die Presse!«

Catholic Herold: »Bilbos Gemälde lassen die Bilder anderer Maler wie Schatten erscheinen. Charakteristisch sind seine Strenge, sein Sinn für Farben und seine aggressive Emotionalität.«

The Times: »Mr. Jack Bilbo steht für starke Farben, rot, blau, orange und gewalttätige Bilder. Sie zeigen den Einfluss von Gauguin, Rouault (die dicken schwarzen Linien, mit welchen er zeichnet) und van Gogh.«

New York Times: »Jack Bilbo ist einer der eindrucksvollsten und ergreifendsten Maler dieses Jahrhunderts.«

»Red Girl« ist der Wendepunkt seines Lebens. Bücher hat er geschrieben, um Geld zu verdienen, doch zu malen begann er aus innerer Notwendigkeit.

Merry: »Dabei vergaß er völlig, was um ihn herum geschah. Ich denke, dass er in einen Rauschzustand geriet. War ein Gemälde fertig, legte er sich aufs Sofa, aufs Bett, irgendwohin, auch auf den Boden, und sofort schlief er ein, völlig erschöpft.«

Nach der Ausstellung in der Galerie von Lucy McDonald, nach dem Verkauf seiner Bilder, nach den Lobeshymnen der Presse, zieht er sich wieder zurück und malt für die Ausstellung der Galerie Zwemmer. Die Vernissage findet am 30. April 1940 statt, doch zur Finissage kommt es nicht mehr, denn zu dieser Zeit steht Großbritannien mit Deutschland im Krieg und Jack wird wieder vom Mahlstrom der Geschichte erfasst.

21.

Der Mahlstrom der Geschichte zeichnete sich ab im »Gesetz zum Schutze des Blutes und der deutschen Ehre«, mit dem der deutsche Reichstag im September 1935 beschließt, Ehen zwischen »Juden und

Staatsangehörigen deutschen oder artverwandten Blutes« zu verbieten, bereits geschlossene für nichtig zu erklären und außerehelichen Verkehr zwischen »Juden und Staatsangehörigen deutschen oder artverwandten Blutes« mit Gefängnis oder Zuchthaus zu ahnden. Das am selben Tag erlassene Reichsbürgergesetz bestimmt, dass Juden keine öffentliche Ämter ausüben dürfen und ihr politisches Wahlrecht verlieren.

1938 wird ihnen ein J in ihre Pässe gestempelt, sie müssen die zusätzlichen Vornamen Sarah und Israel führen und dürfen keine Kinos, Theater, Vorträge und Konzerte besuchen. In der Nacht vom 9. auf den 10. November steckt die SA Synagogen in Brand, zerstört jüdische Geschäfte, verwüstet Wohnungen, vergewaltigt und plündert. In den Tagen danach füllen sich die KZs.

Ab 1. Januar 1939 ist Juden der Betrieb von Einzelhandels- und Versandgeschäften, Bestellkontoren sowie die selbständige Ausübung eines Handwerks verboten. Bald dürfen sie sich nicht mehr auf Parkbänke setzen, Grünanlagen und Wälder betreten, Autos, Motorräder, Fahrräder, Rundfunkgeräte, Schallplatten, Schreibmaschinen, Kameras, elektrische Geräte besitzen, Straßenbahnen, Busse und Züge benutzen, Hunde, Katzen, Kanarienvögel als Haustiere halten, kein Weizenmehl, kein Brot, keine Brötchen mehr kaufen, keine Tierprodukte, keine Süßigkeiten, kein Obst. Sie werden in »Judenhäuser« gepfercht, deportiert und ermordet.

1937 haben 5000 Emigranten Zuflucht in Großbritannien gesucht. 1939 sind fast 80.000 im Land, 50.000 in London. Doch auch hier machen sich die Antisemiten bemerkbar. Oswald Mosley, Führer der »British Union of Fascists and National Socialists«, schürt Angst vor »Überfremdung durch artfremdes Blut«. Er lässt seine Blackshirts marschieren und »Mind Britains Business« skandieren. Seine große, blonde, attraktive Schwägerin Unity Valkyrie Mitford wirbt in der britischen Wochenschau für die nationalsozialistische

Idee und preist Hitler, in dessen Kreis sie verkehrt, als Erlöser und Heiland.

Aus einem Brief an ihre Schwester: »Ich war in der Osteria (Osteria Bavaria, München). Der Führer war himmlisch, in bester Stimmung und sehr lustig. Es gab zwei Suppen zur Auswahl und er warf eine Münze um sich zu entscheiden, er war so süß! Er redete ganz viel über Juden, und das war allerliebst! Liebe Grüße und Heil Hitler!«

Nach der Kriegserklärung an Deutschland warnt die britische Presse vor einer 5. Kolonne, da man befürchtet, dass sich unter den Emigranten Agenten befinden, beauftragt, die Eroberung und Besetzung Großbritanniens vorzubereiten. In der Bevölkerung breitet sich Angst aus. Die Emigranten müssen vor Kommissionen erscheinen und sich einem Verhör unterziehen, bei dem man sie nach Herkunft und Vermögen befragt, nach Beruf, nach Religion, nach politischer Haltung, nach tausend anderen Dingen und in Kategorien einteilt, in zuverlässige, unzuverlässige und feindliche Fremde.

Jack wird als unzuverlässig in die Kategorie B eingestuft.

Am 3. September 1939 um viertel vor elf Uhr, drei Tage nach dem Einmarsch der Wehrmacht in Polen, heulen in London die Luftschutzsirenen. Der Verkehr kommt zum Erliegen, die Passanten drängen in die Schächte der Untergrundbahnen. Jack steht mit einem Polizisten vor der Chelsea Town Hall.

Wir waren die einzigen auf der Straße. Die Londoner City war tot. Nirgends ein Mensch. Er riet mir, dass ich ebenfalls Schutz suchen solle. Ich lachte. »Heute gibt's keinen Angriff. Das Ganze ist nur ein Trick. Die Sirenen heulen nur, damit die Leute nicht zu diskutieren beginnen, und den Kriegseintritt als vollendete Tatsache nehmen. Ich wette, da ist kein deutsches Flugzeug über dem Ärmelkanal.

Noch ist der Krieg weit entfernt. Doch London bereitet sich vor. Die Kinder werden evakuiert, in den Parks Luftschutzgräben gegraben, Barrage-Ballons steigen auf, silberne Wale, die Netze aus Stahlseilen tragen, um Sturzbomber am Angriff zu hindern. In den Geschäften liegen Gasmasken aus, auf den Bürgersteigen ist in weißer Farbe geschrieben: »Walk on the left«, damit die Passanten nicht kollidieren des Nachts, denn die Häuser werden verdunkelt, die Straßen nicht mehr beleuchtet, damit kein Späher London ausmachen kann, wenn er darüber hinweg fliegt. Tagsüber kreisen Abfangjäger über der Stadt, und die Beamten der Ausländerbehörde durchforsten die Akten und laden die Emigranten der Kategorie B wieder vor.

Man versuchte mich nach meinem Privatleben bis in die intimste Sphäre hinein auszufragen. Welcher anständige Mann lässt sich das gefallen? Und sollte ich mich erniedrigen lassen, nur weil ich ein schutzloser Ausländer war? Ich schwieg beharrlich und das machte mich besonders verdächtig.

Indes rückt der Krieg näher heran. Nach der Eroberung Polens marschiert die Wehrmacht in Dänemark ein und greift Norwegen an. Dänemark kapituliert nach wenigen Stunden, Norwegen setzt sich zur Wehr, und da das Land mit Großbritannien einen Verbündeten hat, unterstützt die Royal Navy das Land, greift deutsche Kriegsschiffe an, setzt sie auf Grund, U-Boote, Torpedoboote, Kreuzer, Zerstörer, und schießt deutsche Flugzeuge ab.

Am heftigsten kämpft die Navy um Narvik. Eine Zerstörerflottille dringt in den Hafen, versenkt zwei Zerstörer und setzt das Schlachtschiff Gneisenau außer Gefecht. Obwohl sie zwei Zerstörer verliert, greift sie drei Tage später erneut an und gewinnt die Herrschaft über die Gewässer vor Narvik.

Am 14. April 1940 landen französische, britische, polnische und norwegische Truppen. Die Kämpfe ziehen sich bis Ende Mai hin. Als sich die deutschen Truppen zurückziehen, läuft bereits die Offensive im Westen und Großbritannien muss seine Streitkräfte für die Verteidigung abziehen.

Am 10. Mai marschiert die Wehrmacht in Luxemburg, Holland und Belgien ein. Mussolini verbündet sich mit Hitler, und Winston Churchill, zum Verteidigungs- und Premierminister ernannt, ordnet an: »Collar the lot!« 4000 in England lebende Italiener werden aus ihren Wohnungen, von ihren Arbeitsplätzen geholt und in Lagerhallen, Neubauten und leerstehende Fabriken gesperrt. Vier Tage später, am 14. Mai, greift die deutsche Luftwaffe Rotterdam an.

Richard Friedenthal: »Der Straßenverkehr war schwach; trotzdem bebten und schütterten die Fenster fortwährend, und zuweilen stießen die hölzernen Schieberahmen mit einem trockenen Geräusch an ... Das strickende Geräusch, wie von einer riesenhaften Maschinerie, deren Zähne mit leisem Reiben eiserne Maschen ineinanderfügten, ließ nicht ab.«

Das Bombardement bestärkt Winston Churchill in seinem Beschluss, die Emigranten mit harter Hand anzufassen, was Jack, der sich der klirrenden Scheiben und des Dachziegelgeklappers während der Schlachten in Flandern erinnert, in das Geschehen hineinzieht. Zwei Tage später, am 16. Mai um sieben Uhr morgens, vernimmt er das Geräusch eines Motors, Schritte, Stimmen und wie jemand an die Wohnungstür pocht. Dann stehen zwei Polizisten im Zimmer und bieten ihm an, ihn zu begleiten. »›Pardon, aber wir haben Order ...‹, sagte einer der beiden.« Sein Name stünde auf der Internierungsliste, eine Formsache nur, am Abend sei er wieder zu Haus, doch einen Rechtsanwalt verständigen, leider, könne er nicht, telefonische Kontaktaufnahme sei auch nicht gestattet. »Ich wurde wütend. Doch was blieb mir anderes übrig, als nachzugeben?«

Und so zieht er sich an, packt Wäsche, Pfeife, Tabak, Socken in eine Tasche, stopft das verbliebene Geld aus dem Verkauf seiner Bilder in Hose und Jacke – sicher ist sicher, und wer weiß, wie lange es dauert? – gibt Hubert Hill noch die Hand und steigt in die »Black Mary«, die mit laufendem Motor vor der Haustüre wartet.

Richard Friedenthal: »Die ›Schwarze Marie‹, außen ihrem Namen entsprechend in glänzender Rußfarbe lackiert, war innen lazarettweiß und roch wie eine leere Konservenbüchse. Die Längsseiten waren mit Holzpritschen ausgestattet ...«

Auf denen schon andere sitzen, Juden wie Jack, auch ein paar nichtjüdische Leute, Antifaschisten, die im spanischen Bürgerkrieg waren. Sie werden zur Polizeistation Chelsea gebracht, von dort zu den Militärbaracken am Hyde Park Corner, wo sie Verpflegung aus der Küche der Soldaten empfangen, bevor sie in Busse steigen, die zur Pferderennbahn Kempton Park fahren, südwestlich von London.

Um das Gelände ein Kordon Soldaten mit aufgepflanzten Bajonetten, am Eingang Posten der Buckingham Guards. Ein Sergeant führt das Kommando und befiehlt den Gefangenen, sich in Reihen vor die Eingangstüren zum Verwaltungsgebäude zu stellen. Darin lange Tische, an denen Corporals das Gepäck inspizieren, Rasierklingen, Taschenmesser, Scheren, Essbestecke, Papier, Bleistifte, Füllfederhalter, Zeitschriften, Bücher, Uhren und Geld konfiszieren und in Pappkartons legen, indes Kripobeamte die Personalpapiere und Pässe studieren. Beim Betreten der Wetthalle, einem langgestreckten niedrigen Schuppen, nehmen die Internierten graue, staubig riechende Woilachs entgegen.

Richard Friedenthal: »Durch die kleinen Seitenfenster der Wettschalter fiel das Licht in hellen Balken herein. Das Dach war von einem gewaltigen Gestühl von dunklen Schatten abgestützt ... In der

Mitte des Raumes hing eine einzelne Petroleumlampe in einem Drahtgitter. In ihrem mageren Licht sah die Wirrnis der grauen Gestalten, Decken und Koffer wie eine riesige Schutthalde aus, in der Scharen von Bettlern nach irgendwelchen Resten und Krumen wühlten. Hier und da zuckte eine Taschenlampe auf, die ein Gesicht oder einen Arm mit hellen Konturen und tiefschwarzem Grat heraus ätzte.«

Jack ist verwirrt. Noch begreift er nicht recht, was mit ihm geschieht, sind die meisten der Internierten doch Juden und wie er vor den Nazis geflohen. Manche haben in Lagern gesessen, andere in Spanien gekämpft, und nun verfährt man mit ihnen, als wären sie Nazis. Ein Verdacht macht sich breit: Churchill plant einen Handel mit Hitler und sie sollen als Tauschware dienen.

»Die Stimmung war ganz und gar trüb.« Doch da macht Jack sich bemerkbar. »Cabaret!« kreischt er los.

Merry: »Er versuchte die Leute für ein Kabarett zu gewinnen. Halt die Klappe, sagten welche. Doch er gab nicht klein bei. Und dann improvisierte er einen Sketch, und da lachten die ersten und bald machten andere mit. Es waren ja Künstler darunter. Ein Trompeter vom Kit Kat Club hatte seine Trompete gerettet und auf einmal wurde die Rennbahn zum Varieté. Am anderen Tag, als sie hinausgehen durften, nutzten sie die Gelegenheit und besetzten den Musikpavillon und spielten und sangen und führten Kabarett-Nummern auf. Natürlich mein Daddy groß vorne weg! Und die Soldaten! Die dachten doch, sie müssten stramme Nazis bewachen, Jawoll und Heil Hitler, und nun sangen diese Nazis Couplets. Mein Vater hat erzählt, dass sie selber zu tanzen begannen. Das muss man nicht glauben, aber gelacht haben sie sicher.«

Ein paar Tagen später rollen Züge heran – die Gleise reichen bis ans Tor der Pferderennbahn –, die 5. Kolonne steigt ein, quetscht sich in Coupés, und dann laufen grüne Wiesen und blühenden Bäume vorbei. »Don't mind Hitler, take your Holiday«, steht auf Werbeplakaten der »London Coastal Coaches« zu lesen.

22.

Das Internment Camp Nummer 12, Warth Mill, am River Irwell gelegen, war bis 1928 eine Jutemühle und Baumwollfabrik. Seitdem steht sie leer.

Der Zustand der Gebäude war unbeschreiblich und ekelerregend. Überall der penetrante Jutegeruch; wo man den Fuß auch nur hinsetzte, brach der verrottete Fußboden ein. Dafür lief dicht um das Haus ein doppelter Stacheldrahtverhau [Welcher später durch einen Betonplattenzaun ersetzt werden sollte, L. L.], der es unmöglich machte, auch nur drei Schritte an der frischen Luft spazieren zu gehen. [Und so eng um die Gebäude gespannt war, dass kein Platz blieb, um im Freien zu schlafen. L. L.] Um so fataler das, als unsere sanitären Anlagen jeder Beschreibung spotteten. Sie bestanden aus alten Marmeladeeimern.

---

18 Wasserhähne für 1500 Männer, weder Betten noch Tische, keine Medizin, keine ärztliche Versorgung, dafür Wanzen, Läuse und Ratten. »Statt Warths Mill nannten wir unsere Unterkunft ›Rat's Mill‹, Rattenmühle.« Weil Kommandant Major Braybrook der Sold, ge-

messen am Rang, unzureichend erscheint, plündert er die Kartons mit den Effekten, eignet sich das Geld und die Uhren der Enemy Aliens an und lässt die Fleischportionen verkleinern, um das eingesparte Fleisch auf dem schwarzen Markt zu verkaufen. Es herrscht Hunger im Camp und »es fehlte nicht viel, und es wäre zu einer Meuterei gekommen. Das aber hätte unsere Lage nur noch verschlimmert, und weil ich das ganz klar sah, fasste ich einen Plan.« Bei der Ausführung hilft ein Soldat, dem der Sold ebenfalls unzureichend erscheint. Er versendet Briefe, durch welche die Presse erfährt, was im Camp für Zustände herrschen.

Ergebnis: Unser »Luxus«-Lager wurde Gegenstand des öffentlichen Interesses. Die Linkspolitiker griffen das Thema auf. Plötzlich erwachten sie und erkannten, dass wir unter unwürdigsten Umständen hinter Stacheldraht leben mussten – wie Ratten in der Falle.

Schließlich schaltet sich das Kriegsministerium ein – mit dem Ergebnis, dass die Enemy Aliens der Rattenmühle Adieu sagen dürfen. Sie werden nach Douglas verschifft, Major Braybrook vom Dienst suspendiert und zu vier Jahren Gefängnis verurteilt; er hatte 50.000 bis 60.000 Pfund unterschlagen.

Dr. Klaus Hinrichsen wurde in der Nacht vom 9. auf den 10. November 1938 von der SA aus seiner Lübecker Wohnung geholt, kam aber, da er nur einen jüdischen Elternteil hatte und deshalb als Halbjude galt, bald wieder frei. Im Mai 1939 fuhr er nach London. Er kehrte nicht nach Deutschland zurück. Bei Kriegsbeginn musste er vor einem der Tribunale erscheinen, wurde in die Kategorie B eingestuft, im Juni 1940 interniert, nach Douglas verschifft und im Hutchinson Camp, im Süden der Stadt, gefangen gehalten.

Ich besuchte ihn in London, in Highgate. Sein Haus war voller Gemälde, kostbarer Gemälde – von Georges Braque und Pablo Picasso, von Marc Chagall und Fred Uhlmann. An der Wand neben der Treppe Kollagen von Schwitters. Hinrichsen war ihm im Lager begegnet und Schwitters hatte ihn porträtiert. Das Bild zeigt ihn als 28-jährigen Sekretär des Kultur-Komitees des Hutchinson Camps. Nun war er über neunzig, ein alter Mann, doch mit klarem Gedächtnis. Er schreibe ein Buch über das Camp, sagte er und hoffe, dass ihm noch die Zeit bleibe, es zu Ende zu bringen.

Hinrichsen: »Auf der Isle of Man, müssen Sie wissen, hat es neun Internierungslager gegeben, zwei für Frauen, sieben für Männer. Das Hutchinson Camp war eines davon. Es war gut organisiert, geradezu demokratisch. Jedes Haus wählte einen Vertreter, und wenn es Beschwerden oder Anliegen gab, teilten sie diese dem Lagersprecher mit, der sie an den Kommandanten leitete. Meist ging es ums Essen. Porridge. Jeden Tag Porridge. Soll ja gesund sein, aber ich habe in meinem Leben nie wieder Porridge gegessen. Die Häuser waren solide gebaut, vorher hatten in ihnen ganz normale Leute gewohnt, mit Toiletten und fließendem Wasser, mit Tischen und Stühlen und Betten und open fireplaces natürlich, was wichtig war, denn die Isle of Man kennt kalte Winter. Zur Verdunklung hatte man die Fenster blau übermalt, es wurde ja mit deutschen Fliegern gerechnet. Weil wir aber raus sehen wollten, schabten wir Gucklöcher frei, und da gab es nun einen Designer aus Leipzig, Hellmuth Weissenborn, der kratzte Gestalten der Mythologie in die Scheiben: Artemis mit einem Bock, Najaden, einen Kentaur, einen Delphinreiter, der ins Muschelhorn blies. Andere taten es nach, und so wurde die Lagerstraße zu einer Open Air Galerie. Damit fing im Hutchinson Camp das Kulturleben an.«

Professoren, es gab viele im Lager, nahmen wieder ihre Tätigkeit auf.

Hinrichsen: »Die Vorlesungen fanden auf einem Rasenplatz statt, und Sie dürfen mir glauben, das bekam man in Cambridge nicht besser geboten. Philologie, Literatur, Philosophie, einer lehrte Sinologie, Richard Friedenthal sprach über die Reconquista, er hatte ja einen Roman über Hernán Cortés geschrieben. Bruno Ahrends, der von Beruf Architekt war, führte Kurse ein, time-tables for lectures nannten wir sie, an denen jeder teilnehmen konnte. Wir gaben eine Lagerzeitung heraus, auf Englisch, The Camp, und es wurde Theater gespielt und es fanden Ausstellungen und Lesungen statt.«

Kurt Schwitters kommt im Juni 1940 ins Hutchinson Camp. Er porträtiert Gefangene (Halbfigur mit Händen: 5 Pfund, Halbfigur ohne Hände: 4 Pfund, nur Kopf und Schultern: 3 Pfund), gestaltet Plastiken und Skulpturen aus Porridge, setzt, was ihm unter die Finger gerät, zu Kollagen zusammen, Zigarettenschachteln, Briefmarken, Bonbon-Papierchen, und stellt sie aus in »The Artist's Café«. Bei der Vernissage rezitiert er die »Ursonate«, »Lanke trr gl / Pii pii pii / Ooka ooka ooka ...« und schafft damit den Hutchinson-Gruß.

Hinrichsen: »Viele Jahre danach, da war Kurt Schwitters schon tot, bin ich einem aus dem Lager begegnet. Ich habe ihn nicht erkannt, aber als er mich grüßte: ›Lanke trr gl pii pii pii‹ habe ich automatisch erwidert: ›Ooka ooka ooka.‹ Was da die Leute gedacht haben mögen?«

Jack Bilbo ist zwar im Onchan Camp interniert, nordöstlich von Douglas. Doch Nachrichten springen über Zäune hinweg und so hört man von ihm im Hutchinson Camp.

Hinrichsen: »Am 2. August griff ein deutsches U-Boot die ›Arandora Star‹ an und versenkte sie mit 700 Internierten, sie fanden alle den Tod. Wir erfuhren davon, denn es gab Detektoren im Camp, mit denen wir Nachrichten hörten. Und da die Transporte weitergehen sollten, in die USA, nach Kanada, nach Australien, die Lager platzten ja geradezu aus den Nähten, lauter Enemy Aliens, England wimmelte offenbar nur so vor Enemy Aliens und achtzig Prozent waren Juden oder Halbarier wie ich einer war, hätte jeder von uns der Nächste sein können. Das schlug auf den Magen. Man packt uns auf Schiffe, damit uns die Deutschen versenken, man lässt uns verrotten, wo bleibt denn die Presse? So ging es durchs Camp. Und da kam das Gerücht auf, dass B. Traven unter uns sei.«

Auch im Onchan Camp lebt die Kultur wieder auf. Eine Lagerzeitung erscheint, der Onchan Pionier, mit Kommentaren, Speiseplänen (Porridge am Montag, Porridge am Dienstag) und in einer Lagerhalle wird die »Popular University of Onchan« gegründet, in der Professoren und Lehrer unterrichten und lehren.

Englisch, französisch, italienisch, spanisch, russisch, niederländisch und deutsch. Medizin und Psychologie, Kunst, Musik, Architektur, Mathematik. Dr. Schaul lehrte Chemie und Physik. Dr. Ritter sprach über Theater und Film. Dr. Stroh, der Biograph von Dr. Benesch, dem tschechischen Präsidenten, über Geschichte. Professor Süsskind lehrte alte Sprachen. Professor Kestner übernahm das Amt des Direktors, Heinz Kiewe, sein Sektretär, organisierte den Ablauf. Während ich ...

Jack malt wieder Bilder, auf Pappe mit Farben von der YMCA, düstere Bilder vom Lager, in denen Grau und schmutziges Gelb dominieren, richtet eine Bar ein, »Bilbos Cabin«, backt Kuchen und Kekse aus Porridge, holt ein Piano aus einem der Häuser, engagiert Professor Friedmann und Dr. Salomon als Pianisten, schreibt Sketches für Kabarett-Abende, zu denen sogar der Kommandant des Lagers erscheint, um Bilbos Endlosballade vom traurigen Leben und dem noch traurigerem Ende von Pussy, dem Dieb, anzuhören.

A cat went into the kitchen
All the way from Hitchin.
She took
Off the hook
A piece of pie belonging to cook.
Cook grabbed the knife
And took pussy's life.

Then all cats got together
And buried poor pussy in rainy wheather.
And on the tombstone they wrote
this very note: –

A cat went into the kitchen
All the way from Hitchin ...

Die Kabarett-Abende bringen Leben ins Lager. Die Enemy Aliens lachen, sie singen mit, trinken Whisky und Bier – von Wachsoldaten ins Lager geschmuggelt, um den Sold aufzubessern –, doch am Morgen ist die Stimmung wieder so trostlos und trist wie das Onchan Camp selbst mit seinen Backsteinhäusern, Wachtürmen und Stacheldrahtrollen.

Wie lange wird die Gefangenschaft dauern? Monate? Jahre? Kommen sie überhaupt wieder raus? Werden sie hinter den Stacheldrahtrollen verrotten? Und was, wenn die Wehrmacht den Kanal überquert und Großbritannien besetzt? Zwar haben sich 330.000 Soldaten von Dünkirchen nach England gerettet, doch die französische Armee ist geschlagen, überrollt, Paris ist besetzt, auch die Kanalinseln Alderney, Guernsey und Jersey. Und am 10. Juli greift im Süden die deutsche Luftwaffe an, wirft Bomben auf Industrieanlagen und Städte.

Angst breitet sich aus, grassiert wie eine ansteckende Krankheit.

Ein Gefangener klettert auf eines der Häuser, sieht im Dunst der irischen See Zerstörer und Kreuzer, brüllt: »Schiffe, die Nazis!«, und springt runter vom Dach. Als dann auch noch eine Kolonne zusammengestellt wird und zum Hafen marschieren muss, von wo sie nicht mehr zurück kehrt, schlägt die Angst um in Verzweiflung. Doch da tritt Jack in Aktion, wie in Kempton Park, als er »Cabaret!« schrie, nur dass er dieses Mal ernst bleibt, sehr ernst, denn was er zu offenbaren hat, ist von enormer Bedeutung. »Liebe Freunde, es fällt mir schwer auszusprechen, was ich so lange verschwieg. Doch nun ist es Zeit. Vor euch steht nicht nur der Maler Jack Bilbo. Ich bin auch der seit fünfzehn Jahren verschollen geglaubte Dichter B. Traven. In wenigen Tagen wird England erfahren, wen Churchill einsperren ließ. Ich werd ihn entlarven und die Missstände und das Unrecht an die Öffentlichkeit bringen.«

Der dies notiert hat, hieß Emil Rameau und war stellvertretender Direktor des Berliner Schillertheaters. Für Die Westküste, die Emigrantenzeitschrift des Aufbau-Verlags in den Vereinigten Staaten, schrieb er eine Reportage über Jack Bilbos Verwandlung: »Der falsche B. Traven«. Als sie der richtige B. Traven in die Hände bekommt, teilt er der Redaktion mit: »... ich habe diese Seite des Atlantiks während der letzten 30 Jahre niemals verlassen. Doch selbst wenn ich bei Kriegsausbruch in England gewesen wäre, so habe ich gute Gründe zu glauben, dass mich die Engländer nicht hinter Stacheldraht gesteckt hätten, sondern in die Armee oder Navy oder in einen anderen Dienst ... Ich bin sicher, dass der in dem Artikel erwähnte Mann, Mr. Jack Bilbo, unter meinem Namen bald nach dem Krieg in Hollywood auftauchen wird. Er gehört zu der Sorte von Mensch, die man dort dringend braucht.«

Hinrichsen: »Sie glauben nicht, wie Jack Bilbos Geständnis in Hutchinson einschlug. Haben sie schon gehört, B. Traven ist unter uns! Jetzt kommt ans Licht, dass wir unschuldig sind! Man wird uns entlassen! Intellektuelle, Professoren, erwachsene Männer – auf einmal waren sie wieder Kinder, Kinder, die an den Weihnachtsmann glauben. Manche packten sogar schon ihr Sachen, so macht die Hoffnung die Menschen verrückt. Und zwischen Douglas und London glühten natürlich die Drähte, denn man befürchtete, dass die Presse Wind von der Geschichte bekommt, und das hätte Staub aufgewirbelt, denn Kritik an der Internierung hatte es von Beginn an gegeben, in der linken Presse vor allem. H. G. Wells tat sich da ganz besonders hervor, und er und Jack Bilbo kannten sich ja, was ich zu diesem Zeitpunkt aber nicht wusste.«

Und Jack? Er steht wieder im Zentrum der Welt, wie in Cala Ratjada, als er einen Kreis in den Sand zog, pafft seine Pfeife, gluckst vor Vergnügen, stapft von einem Ende des Lagers zum andern. B. Traven, der geheimnisumwitterte Traven! Da ist er! Da geht er! Da kommt er! Da stapft er die Straße lang! Wer hätte das für möglich gehalten? Und wie er geheimnisvoll lächelt und grinst!

Als Zweifel aufkommen, weil die Tage vergehen, ohne dass man auch nur einen einzigen Gefangenen entlässt, als der Glaube auf baldige Freilassung schwindet, als, wer schon seine Sachen gepackt hat, diese wieder auspacken muss und B. Traven sich zurück in Jack Bilbo verwandelt, bleibt er doch der Mann, der Hoffnung ins Lager gebracht hat. Professor Kestner trägt ihm sogar eine Lehrstelle an, aus Dank für seine Intervention und um ihn ruhig zu halten, während Jack, nun außerordentlicher Professor der Popular University of Onchan, über B. Traven doziert: »B. Traven und die deutsche Literatur in der Emigration«.

Nur der Kommandant will ihm nicht die Verwandlung in B. Traven verzeihen. Wohin käme man auch, wenn jeder seine Identität wechselte, über kurz oder lang gäbe es nur noch Shakespeares im Camp. Wer die Lagerordnung sabotiert, wird aus dem Lager entfernt, zum Nutzen aller, weil nur so verhindert werden kann, dass der Bazillus der Resistenz andere Gefangene mit Verwandlungsideen infiziert. Also schickt er Wachsoldaten zu Bilbo, damit sie ihn arretieren, sicherheitshalber, bis wieder ein Transportschiff nach Amerika fährt. Doch da sich Jack gegen die Festnahme wehrt, und es nicht den Regeln der Fairness entspricht, einen Boxer mit Bajonetten zu stechen, pfeift der Kommandant das Vorhaben ab. Und verspricht diesem Bilbo oder Traven oder wer immer er sein mag, dass er ihm, so er die Lagerordnung nicht länger unterminiert, eine hübsche Uniform schenkt.

Die Armee braucht nämlich Soldaten, Pioniere vor allem, und weil der eine und andere Enemy Alien zwar ein Alien, aber kein Enemy ist, und Jack ein halber Brite dazu, schließlich hat er eine englische Mutter und eine englische Tochter, und oben drauf im besten Alter und stämmig gebaut, wie ein Ochse so kräftig, lässt er ihn in eine Uniform stecken, die zwar ein wenig spannt überm Bauch, doch Jacks Entlassung bedeutet.

Die irische See rollt grau an die Insel heran, am Fahnenmast knattert die Union Flag, und Jack schlägt wieder die Haken zusammen – zackig klack kurz – Jack Bilbo, Pionier in His Majesty's Forces. Seine Schnürstiefel sind auf Hochglanz poliert, der Schnauzer ist nach Vorschrift gestutzt, das Schiffchen sitzt schief auf dem Kopf. Vor der Kommandantur haben sich die Enemy Aliens versammelt, von den Milchgesichtern bis zu den Greisen, 1800 Männer. Lagersprecher Ludwig Rosenberg (wie Jack aus Charlottenburg stammend, nach dem Krieg Gewerkschaftsführer in Westdeutschland), wünscht dem Pionier alles Gute, Professor Kestner überreicht ihm eine Urkunde der »Popular University of Onchan« und Erich Kiewe rezitiert ein Jack zugedachtes Poem. Man schreibt 1940, den 10. November.

Jack Bilbo als Pionier

Onchan J.o.M.
November 4th
1940

Popular University
Academic Seminar
Technical Institute
Arts & Crafts Classes
P.U. Library
Jewish Seminar
Religious Institutions

Our dear friend Jack Bilbo has shown to 1500 Internees on their way from London via Kempton Park and Bury to Onchan J.o.M. how one may with courage and initiative can help his fellowmen.
By founding the Popular University and organizing a great many of performances as well as exhibitions he enabled us / in a time of great mental strain / to carry our fate in a dignified way and to make internment even a human inspiration to everyone of us.

Popular University
of
Onchan Internment Camp

Alwin Kiewe
Secretary
Otto Kestner

Urkunde der Popular University of Onchan

23.

Wir marschierten ordnungsgemäß zum Bahnhof, wir stiegen ordnungsgemäß in den Zug, wir reisten ordnungsgemäß ab – nur wohin? Keiner wusste Bescheid. Jeder der armen Teufel hoffte natürlich, in einen Ort in der Nähe von Verwandten und Freunden zu kommen. Doch wer hatte welche in Bradford? Wir stiegen aus. Es war stockdunkle Nacht. Man verstand was von Verdunklung in Bradford. Ein freundlicher Sergeant mit Sturmlampe nahm uns in Empfang. »All right, von jetzt an untersteht ihr meinem Befehl.« Er schüttelte unseren Bewachern die Hand. Er trug keine Pistole. Dieser Sergeant lächelte freundlich und breit. Breit war auch sein Yorkshire Akzent, mit dem er unsere Herzen gewann. Wir marschierten. Wir marschierten ordnungsgemäß. War es der Deutsche in uns, war es der Jude oder der Brite? Ich denke, wir wollten diesem Engel von Sergeant eine Freude bereiten. Wir begannen zu singen. »It's a Long Way to Tipperary«. Wir sangen und pfiffen ein Lied nach dem andern.

Wir gelangten zu Baracken mit Tischen und bekamen zu essen, das erste ordentliche Dinner seit langem. Der Empfang konnte nicht freundlicher sein. Unser Yorkshire Sergeant lief auf und ab und schöpfte uns nach. Er schien glücklich, solch ausgehungerte Gäste zu haben und hielt eine Rede. Er sagte, es täte ihm leid, keine Decken und Matratzen zu haben. Wir sagten, das sei in Ordnung, wir wären gewöhnt, auf dem Boden zu schlafen.

Kräftiges Frühstück am Morgen. Dann marschieren sie wieder. Nach Shipley.

Den Hügel hinauf, den Hügel hinunter. Dann wieder zum Bahnhof. Zum Zug. Er stoppte und fuhr, stoppte und fuhr. Die Fahrt dauerte Stunden. Nachts trafen wir ein. Wo, wusste ich nicht. Wir marschierten und marschierten und marschierten. Wir kamen bei irgendwelchen Baracken an. Nackter Holzboden. Egal, wir waren müde. Wir schliefen. Am Morgen stellten wir fest, wir waren im Catterick Camp. Ein hässlicher Ort. Ungefähr 30.000 Männer in Khaki. Wir mussten Hütten bauen, Kohlen schaufeln, dreckige Wäsche holen. Jeden Tag Inspektion. Das Wichtigste im Leben eines Soldaten sind sorgfältig gefaltete Decken. Zum wahnsinnig werden.

Seit August fallen Bomben. Liverpool, Birmingham, Manchester, Salford, Stretford. Am 15. November greift die Luftwaffe Coventry an. In London heulen Nacht für Nacht die Sirenen. Am 7. September haben Bomber den Osten und Südosten von London verwüstet und in der City einen Feuersturm entfacht.

Der schwerste Angriff erfolgt in der Nacht vom 29. auf den 30. Dezember. In dieser Nacht wirft die Luftwaffe Brandbomben ab.

Jack wird nach Leeds in der Grafschaft West Yorkshire gebracht. Am Abend des 14. März hat die Luftwaffe die Stadt bombardiert. Als er eintrifft, steht sie in Flammen. Er zieht Verletzte und Tote unter den Trümmern hervor, »am Schlimmsten waren die Kinder, wie sie schrien«, und räumt voller Ekel und Abscheu tagelang den Schutt von den Straßen. In den kurzen, unruhigen Nächten träumt er von Totenstädten und Leichen, von verlorenen Seelen, die wie Strichmännchen aussehen, von Dämonen, die unheimliche Schluchten bewachen und ihm so wirklich erscheinen, dass er glaubt, sich hinter dem, was man für die Wirklichkeit hält, eine andre verbirgt.

Alles schien sinnlos. Das ganze Leben, der Krieg. Ich fühlte mich krank. Ich wusste, ich muss wieder malen, unbedingt, sonst bringst du dich um. Doch dazu musste ich nach London zurück.

Doch die Armee gibt ihre Pioniere nicht frei, und so muss er, zurück im Catterick Camp, Kohlen schaufeln und dreckige Wäsche abholen und warten und warten, bis der nächste Einsatz beginnt, in Hull, in Scarborough, in anderen Städten. Schließlich stellt er sich krank, um entlassen zu werden, Bronchitis, Magenbeschwerden, und als auch keine Krankheiten helfen, spielt er verrückt.
Er klopft einem Major auf die Schulter, »der Major schnappte nach Luft«, verweigert Befehle, »Befehlsverweigerung, Bilbo, ist ein schweres Vergehen ...«, versteckt sich, spricht mit Gespenstern, »Sie müssen verrückt sein«, und wird schließlich zu einem Psychiater beordert.

Gerade Stirn, gerade Nase, gerader Mund, Pokergesicht. Er stellte eine Million Fragen. »Lieben Sie das eigne Geschlecht?« »No, Sir.« »Geisteskrankheit in der Familie?« »Yes, Sir«. »Wer?« »Mutter verrückt. Mein Vater hat Selbstmord begangen.« »Kopfschmerzen?« »Yes, Sir.« »Haben Sie Träume?« »Jede Menge.« »Gute oder schlechte?« »Albträume. Tote. Leichen, Gespenster. Auch wenn ich wach bin.«

Daraufhin darf er nicht mehr die Baracke verlassen und muss sich einer weiteren Exploration unterziehen – durch einen Oberst.

Der Oberst bellte mich an: »Was stimmt nicht mit Ihnen?« »Ich weiß nicht, Sir.« »Mit Ihnen ist alles in Ordnung.« »Ich weiß nicht, Sir.« »Sie können uns nicht zum Narren halten.«

Zwei Tage später wird er entlassen. »Hurra! Ich konnte nach London zurück.«

Merry: »Viele Bilder, die mein Vater gemalt hat, gehen auf die Albträume während seiner Pionierszeit zurück. Diese Schlucht, die ein Dämon bewacht und die Totenstadt mit den Häusern, die wie Sarkophage aussehen, auch diese Strichmännchenseelen. Als er nach London zurückkam, das war 1941 Mitte April, hatte er den Kopf voller Bilder, doch kein Geld, um Pinsel und Farben zu kaufen. Dieser Major Braybrook hatte ihm alles geklaut und vom Sold waren nur ein paar Schillinge übrig, Unterkunft hatte er auch keine mehr, und was meine Mutter betrifft: als die Bombenangriffe begannen, waren wir zu Verwandten nach Sussex gezogen. So musste er bei Freunden und in einer ausgebombten Fabrik übernachten.«

Ich besaß nicht einmal einen ordentlichen Anzug. Ich trug einen, den ich im Haus einer alten Freundin entdeckte. Es war ein alter von mir. Ich hatte ihn weggeworfen gehabt. Anzug oder keinen, ich brauchte unbedingt Arbeit. Ich ging zu den Theatern, aber die meisten waren zerbombt oder hatten geschlossen. Eines Tages ging ich zum Windmill Theatre, um mich dem Regisseur Vivian van Damm vorzustellen. Ich sagte, ich habe Ideen, und da er mich mochte, engagierte er mich. Hurra! Ich war engagiert! Fünf Pfund die Woche und ein Pfund für jeden Sketch ...

Also begann ich im Windmill Theatre. Ich schrieb Sketches, Dutzende Sketches, aber van Damm wollte sie nicht. Zu intellektuell, bekam ich ständig zu hören. Ich mochte van Damm, aber unsere künstlerischen Vorstellungen klafften weit auseinander. Sie ließen sich nicht überbrücken. Trotzdem hätte er mich behalten. Doch Mrs. Henderson, der der Laden gehörte, dem Anschein nach eine süße alte Dame, hinter dieser Maske versteckte sich jedoch eine harte Geschäftsfrau, setzte mich auf die Straße. Was nun?

24.

Die Luftangriffe auf London hatten im März ausgesetzt, doch wie sah es aus in der Stadt? Ganze Straßenzüge zerstört, vom Old Bailey standen nur noch die Mauern, tausende Zivilisten verbrannt, erstickt, von einstürzenden Häusern zerquetscht und noch immer heulen Tag für Tag die Sirenen, steigen Hurricanes und Spitfires auf. Die Londoner geraten jedoch nicht mehr in Panik. Statt Schutz in U-Bahnschächten zu suchen, spannen sie zum Schutz vor Bomben den Regenschirm auf, und in der Oxford Street steht ein Schild vor der weggebombten Fassade eines Geschäfts: »Opened as never before!«

Das Leben geht eben weiter. Der Milchmann stapft über Trümmer hinweg, der Postbote kämpft sich an verschüttete Briefkästen ran, in ausgebrannten Bibliotheken schmökern Leser angekokelte Bücher, und im Windmill Theatre treten die Tänzerinnen mit Gasmasken auf.

Vor dem Eingang zur Leicester Square Station geht Jack auf und ab, im Magen Hunger und Leere, in der Hand einen Strauß rote Rosen (aus einem Garten geklaut), im Kopf einen Plan.

Er wartet auf Anna Elisabeth Boivie, die er im Catterick Camp kennen gelernt hat, als sie ihren Mann besuchte. Schließlich taucht sie auf zwischen Passanten. Anna, Sekretärin in der schwedischen Botschaft, fühlt sich ihrem Mann zwar verbunden, doch haben sie sich auseinander gelebt.

Merry: »Das war für meinen Daddy der Glücksfall des Lebens, denn sie wurden ein Paar.«

Aber noch gehört sie zu ihrem Mann, einem biederen Verwaltungsbeamten. Ihm hat sie das Ja-Wort gegeben. Wäre es nicht Verrat, wenn sie sich auf einen andern einließe, ein Verhältnis begänne, ausgerechnet mit Jack, einem Emigranten, der den Verrückten gespielt hat und nun in einer Fabrikhalle schläft, einem Maler mit struppigem Bart, der auf Packpapier Zeichnungen kritzelt, Huren, Skelette, nackte Frauen mit riesigen Hintern, Gespenster, dämonische Vögel – einem Phantasten, der den Krieg als Gelegenheit sieht, die Malerei zu revolutionieren und als Galerist England in die Moderne zu führen.

Die meisten Galerien, erklärt er Anna, hätten geschlossen, auch Anton Zwemmer beabsichtige, seine zu schließen, und so könne er Bilder bekommen, von Chagall und Kokoschka, von Braque und Picasso, von Utrillo und vielen anderen Malern. Jetzt, da Panzer die Weltgeschichte beherrschen, sei die Zeit der Historien- und Pferdemaler passé, und er kenne einen geeigneten Ort, um eine Galerie zu eröffnen, eine Galerie der Moderne, 12 Baker Street, 1. Etage, drei Räume, zwei große, ein kleiner, und die Miete sei günstig.

Fünfzig Pfund kratzt er mit Annas Hilfe zusammen, mietet damit die Räume in der Baker Street an und eröffnet die modern art gallery. Der erste Maler, der die Treppe heraufsteigt, Fritz Samson Schames, hat in Liverpool im Lager gesessen und dort Bilder gemalt, düstere Bilder auf Zeitungspapier, Wachtürme und Stacheldrahtzäune, Backsteinhäuser, Zelte, Gefangene beim Essen. Nun setzt er Artefakte aus zerbombten Häusern zu Mosaiken zusammen, Scherben, Drähte, angebrannte Fotos. Und er bringt Martin Bloch und Hugo Dachinger mit, Malerkollegen, die mit ihm im Huyton Camp waren. Als Jack am 2. Oktober 1941 die modern art gallery einweiht, hängen an der Wand deren Werke und natürlich auch seine, Bilder, die er in Onchan gemalt hat.

Klaus Hinrichsen: »Und Sie glauben nicht, welchen Anklang sie fanden! Auf einmal zog die Gegenwart in die Malerei ein, die Lager, der Krieg, die Bomben und Toten. Die Leute fingen an zu begreifen, dass die Malerei eine andere Zielsetzung hat, als im Livingroom an den Wänden zu hängen und für gute Stimmung zu sorgen. Das muss man Jack Bilbo lassen: Er verstand es, der Moderne in England eine Bresche zu schlagen. Dabei fing er erst an. Nach seiner Entlassung aus dem Hutchinson Camp stieß auch Kurt Schwitters dazu, und als Anton Zwemmer seine Galerie schloss, bekam Bilbo von ihm Gemälde französischer Meister: Monet, Modigliani, Picasso, Léger, Degas, auch viele englische Maler. Die modern art gallery, das ging wie ein Lauffeuer um. Er konnte sich kaum noch retten vor Bildern und stellte jeden Monat andere aus.«

Januar 1942: Samson Schames, Egon Schiele, Kurt Schwitters, Jack Bilbo. Februar: Rosalie de Meric. März: Anna Mayerson. April: Samson Schames. Mai, Juni, Juli: Neue Wege der Kunst, Junge Surrealisten, Konstruktivisten, Primitive aus England, Alexander Bauernfreund. August, September: Bauernfreund, Bilbo, Dachinger, Mayerson, Modigliani, Picasso, Schames. Oktober: Dachinger, Oba Holloway. November, Dezember: Emmy Bridgwater, Felix J. Watson Taylor, Bauernfreund, Bilbo, Dachinger, Degas, Léger, Modigliani, Picasso, Schames.

Im Februar 1943 zieht Jack in die Charles II. Street um. Die Straße mündet in den Haymarket ein, wo sich His Majesty's Theatre befindet, was Besucher und potente Kunden verspricht. Das Haus, zwischen zwei mächtige Gebäude gequetscht, ist schmal wie ein Handtuch, doch ideal, um dort zu wohnen und zugleich eine Galerie zu betreiben. Parterre die modern art gallery, darüber die Wohnung, zwei Zimmer, Küche, Toilette, darunter ein langgestrecktes Kellergewölbe.

Zuerst dient das Gewölbe als Lager. Dann richtet Jack es als Schutzbunker ein, und schließlich findet es als Konferenzsaal Verwendung. Ein langer Tisch, der sich von einem Ende des Caves, wie sie das Gewölbe nun nennen, zum anderen streckt und gerade noch Platz lässt für einen Ohrensessel.

Merry: »Setzte sich ein anderer drauf, wurde mein Daddy fuchsteufelswild.«

Hinzu kommen Stühle für Freunde, für Samson Schames und seine Frau Edith, für Kurt Schwitters und Edith Thomas, Schwitters Gefährtin, für Hugo Dachinger, Jankel Adler, für Künstler, die zwischendurch und immer wieder mal kommen, weil sie mitreden wollen oder neugierig sind: Robert Neumann, H. G. Wells, Klaus Hinrichsen, Richard Friedenthal, auch für Ivan Maisky, der Botschafter der Sowjetunion. Er hält die Verschwörer mit russischem Wodka am Leben, indes Anna sie mit Knäckebrot aus der schwedischen Botschaft versorgt. Edith Thomas kennt dagegen eine Quelle für Tee. »Wir nannten sie Wantee, denn sie rief immer: ›Want Tea?‹«, erzählt Hinrichsen.

Auch Merry, mit ihrer Mutter wieder in London, gehört mit dazu. Inzwischen ist sie beinahe neun.

Merry: »Wenn meine Mutter keine Zeit für mich hatte, brachte sie mich in die modern art gallery. Ich war gerne dort, denn ich mochte Anna sehr gern. Sie sorgte für mich wie eine Mutter, so

Modern Art Gallery

dass ich im Grunde zwei Mütter hatte. Aus der schwedischen Botschaft brachte sie mir Süßigkeiten mit, Schokolade, Sahnebonbons, immer hatte sie etwas für mich in ihrer Tasche. Davon konnten andere Kinder nur träumen. Mitten im Krieg, was gab es denn noch zu kaufen? Selbst für Brot, Eier und Milch musste man Bezugsscheine haben. Die modernen Bilder, die überall hingen, mochte ich nicht. Am Schlimmsten fand ich die Kollagen von Schwitters, denn aus denen stachen Glasscherben und so spitze Dinge hervor und mein Daddy hatte sie ausgerechnet neben die enge Stiege gehängt, die zur Wohnung hinauf ging. Ich hatte Angst, dass ich mir die Augen aussteche.

Eines Tages wurde im Cave mal wieder Hitler erschossen oder der 2. Weltkrieg gewonnen, und so hatte ich den Laden zu hüten. Da kam ein Kunde herein. Wahrscheinlich hätte er eines der Bilder gekauft, aber ich warnte ihn: ›Kaufen Sie bloß nicht den Mist.‹ Das hörte mein Daddy unten im Cave. Kaum hatte der Kunde den Laden verlassen, schoss er die Treppe herauf. Er sah aus wie der Teufel. Aber er brachte kein Wort über die Lippen. Nur so ein Fauchen. Das war das einzige Mal in meinem Leben, dass ich ihn sprachlos erlebte.
Manchmal ging es hoch her in der modern art gallery. Meist wenn Ivan Maisky dazu kam. Der füllte die Gläser bis obenhin voll und dann: Hoch lebe Stalin! und schwarzes Brot hinterher und Gürkchen, wahre Delikatessen. Oder es wurde gestritten. Mein Vater dachte, der Anarchismus sei die Hoffnung der Menschheit und Maisky, der konnte nicht anders als Stalin loben, sonst wäre er über kurz oder lang in der Lubjanka gelandet und ich glaube, das ist er ja auch. Jedenfalls prallten sie dann aufeinander und wenn der Wodka bis zur Kinnlade stand, brüllten sie, dass ich es oben in der Wohnung noch hörte.«

Man sieht Jack im Ohrensessel am Ende des Tisches, paffend, dass der Pfeifenkopf glüht, anarchistische Ideen propagierend, die er aus Berlin und Spanien kennt, von einer Welt ohne Staaten, ohne Polizei, ohne Bürokratie, ohne Lager und Gefängnisse, friedlich und glücklich wie seine Insel. Und wie er, morgens um zehn Uhr, aus der Galerie tritt, den Arm ausstreckt und, ohne nach rechts und links zu blicken, die Charles II. Street überquert und zum Haymarket geht und His Majestys Theatre betritt, zu dessen Hintereingang er einen Schlüssel besitzt, und auf der einzig Seiner Majestät vorbehaltenen Toilette, The Royal Toilet, die Notdurft verrichtet. Er trägt eine Bradford-Hose, gehalten von einem Gürtel mit einer Patronentasche voll Tabak, ein großkariertes offenes Hemd, eine Schaffelljacke und einen wilden Bart im Gesicht.

Und man sieht, wie er vor sich hin stiert mit leeren Augen, am 17. Dezember 1942, als Graf Raczyński, Außenminister der polnischen Exilregierung, im BBC über die Judenvernichtung berichtet. Jan Karski, Diplomat und Kurier der polnischen Untergrundbewegung, war als SS-Mann getarnt in das Lager Izbica gedrungen.

25.

Jan Karski in »Mein Bericht an die Welt«: »Das Lager befand sich östlich von Warschau in der Nähe der Stadt Bełżec und war wegen der darüber kursierenden Schreckensgeschichten in ganz Polen berüchtigt. (...) Es befand sich auf einem großen, ebenen Areal von reichlich einem Quadratkilometer. Ringsum war es mit Respekt einflößendem Stacheldraht eingezäunt, der fast zweieinhalb Meter hoch und in gutem Zustand war. Innerhalb des Lagers standen etwa alle fünfzehn Meter Wachposten, die jeweils ein Gewehr mit aufgepflanztem Bajonett bei sich hatten. Das Lager selbst bestand aus einigen wenigen Behelfsunterkünften oder Baracken. Die restliche Fläche war bedeckt von einer dichten, pulsierenden, geräuschvollen Menschenmasse. Hungernde, stinkende, gestikulierende, wahnsinnige menschliche Wesen in permanenter, erregter Bewegung. (...) Zu meiner Linken bemerkte ich die Bahngleise, die in ungefähr hundert Meter Abstand am Lager entlangliefen. Vom Lager zu den Gleisen führte eine Art Rampe, die aus alten Brettern gezimmert war. Auf den Schienen war ein alter Güterzug mit mindestens dreißig dreckigen, staubigen Waggons abgestellt. (...) Es gab keine Organisation oder Ordnung irgendeiner Art. Keiner von ihnen [den Juden, L. L.] war in der Lage, Hilfe zu leisten. Ganz schnell verloren sie jegliche Selbstbeherrschung und jedwedes Gefühl, es blieb nur der nackte Selbsterhaltungstrieb. Sie befanden sich in einem Stadium völliger Entmenschlichung. Dazu kam noch das typische Herbstwetter, kalt und regnerisch. Die Baracken fassten nicht mehr als zwei- bis dreitausend Personen und jede ›Lieferung‹ bestand aus mehr als fünftausend Menschen. Das bedeutete, dass sich jedes Mal zwei- bis dreitausend Männer, Frauen draußen verteilten und den Naturgewalten, sowie allem anderen, ungeschützt ausgesetzt waren. Das Chaos, das Elend, das Grauen all dessen war schlicht unbeschreiblich. Es herrschte ein bestialischer Gestank aus Schweiß, Dreck, Fäulnis, feuchtem Stroh und Exkrementen.«

Jan Karski beobachtete, wie die Juden in Güterwaggons gezwungen wurden: »Der SS-Mann brüllte: ›Ruhe! Ruhe! Alle Juden steigen jetzt in diesen Zug und werden an einen Ort gebracht, wo Arbeit auf sie wartet. Ruhe bewahren und nicht drängeln. Wer versucht, sich zu widersetzen oder Panik verursacht, wird erschossen.‹ Er hielt kurz inne und sah die hilflose Menge, die offenbar nicht begriff, was vor sich ging, herausfordernd an. Plötzlich zog er mit einem lauten, herzhaften Lachen seine Pistole und schoss drei Mal wahllos in die Menge.

Ein einziges verwundetes Stöhnen war die Antwort. Er grinste, steckte die Waffe zurück ins Halfter und setzt zu neuem Gebrüll an: ›Alle Juden raus, raus!‹ Einen Augenblick lang verstummte die Menge. Diejenigen, die dem SS-Mann am nächsten standen, zuckten vor den Schüssen zurück und versuchten panisch, sich nach hinten zu schieben. Doch das wurde von der Menge verhindert, die nach einer Salve hinter ihr abgefeuerter Schüsse wie von Sinnen und unter Angst- und Schmerzensschreien nach vorn drängten. Die Schüsse kamen nun pausenlos von hinten und dann auch von den Seiten, kreisten die Menge ein und trieben sie in einem einzigen brutalen Gedränge zur Rampe. In äußerster Panik, verzweifelt und vor Qual stöhnend, hasteten sie die Rampe entlang und trampelten so, dass die ganze Konstruktion einzustürzen drohte. (...) Ich weiß, dass viele Menschen mir nicht glauben werden, nicht glauben können und denken, dass ich übertreibe oder fantasiere. Doch ich habe alles selbst gesehen, und es ist weder übertrieben noch erfunden.«

Als Karski am 25. November 1942 London erreicht, ist die Liquidierung des Warschauer Ghettos in Gang. Sein Bericht und seine aus Polen geschmuggelten und nach London gelangte Mikrofilme beweisen, dass das Gerücht vom Völkermord an den Juden der Wahrheit entspricht. Nachdem Ignacy Schwarzbart, Mitglied des Polnischen Nationalrates, Karskis Bericht zur Kenntnis gelangt ist, telegrafiert er an den jüdischen Weltkongress in New York:

»... ÜBERALL IN POLEN TÄGLICH TAUSENDE TOTE STOP GLAUBT DAS UNGLAUBLICHE STOP«.

Am 2. Dezember berichtet die New York Times, dass fünf Millionen Juden zur Vernichtung bestimmt sind. Zwei Wochen später verliest Szmul Zygielbojm vom Polnischen Nationalrat im BBC eine Rede, in der er erklärt, dass es eine Schande sei, weiterzuleben, angesichts dessen, was den Juden geschieht. Am 17. Dezember spricht Graf Raczyński im BBC über die Judenvernichtung. Der britische

Außenminister Anthony Eden verliest am selben Tag ein Kommuniqué und verspricht, man werde die Verantwortlichen für die »bestialische Politik kaltblütiger Vernichtung« zur Rechenschaft zu ziehen.

Die Deportationen der Berliner Juden haben im Oktober 1941 begonnen. Inzwischen rollen die Züge Tag für Tag in den Osten. Noch hat Jack nicht von Auschwitz gehört, doch die Nachrichten von Massenerschießungen und Vernichtungslagern sind nach London gedrungen, so dass er sich fragt, was mit seiner Familie passiert, wer deportiert worden und wer überhaupt noch am Leben ist. Nach Graf Raczyńskis Bericht im BBC steht er nicht mehr auf, wäscht sich nicht mehr, verbringt die Tage im Bett, will niemanden sehen. Erst am 8. Januar 1943, als die Galerie Reid & Lefevre eine Ausstellung mit seinen Gemälden eröffnet, kehrt er wieder ins Leben zurück.

Zur Vernissage hielt Charles B. Cochran, der Max Reinhard Englands, eine brillante Rede. Mit einem Festessen, mir zu Ehren gegeben vom Savage Club, endete dieser Tag.

Danach beginnt er wieder zu malen. Zuerst kritzelt er nur wirre Skizzen: Skelette, eine Kuckucksuhr, die sich mit Zeit füllt, welche sie durch eine Röhre aus dem Universum bezieht, ein Hintern aus dem ein Gesicht wird, Henker, Vögel, von einem Messer tropft Blut, einer baumelt am Galgen. Dann wagte er sich an Pinsel und Farbe, Totenstädte vor Augen, finstere Schluchten, vogelköpfige Dämonen, Strichmännchenseelen, von denen auch er eine ist – er wagte sich wieder an die Leinwand heran. Er malt verlassene Häuser an der Grenze zum Jenseits (»The Edge of Beyond«), er malt Strichmännchenfiguren an einem schmiergelben Strand (»Dance of the Lost Souls«), er malt wie die schwarze Hand des Todes nach einer Frau greift (»Ulla and

Theatre (Gemälde)

Death«), und er malt immer wieder sich selbst, als Strichmännchen, als Clown, als Maler, als Kapitän.

In »Theatre of Life« steht er in der Loge und erklärt mit großer Geste die Welt. In »Theatre« tritt aus sonniger Landschaft ein totenköpfiger Gnom mit Zipfelmütze und Stock an die Rampe und starrt zur Loge herauf. Ein unheimliches Bild. Wer mag dieser Gnom sein? Was stellt er dar? Ist er einem Albtraum entsprungen? Was will er von Jack? Was will er von Jack Bilbo, dem Maler? Was will der Maler von ihm? Ihn bannen, den Gnom?

Im November 1942 greift wieder die Luftwaffe an, um Bomben auf Bath, York, Norwich, Exeter, Canterbury und London zu werfen. Die

Bombardierungen dauern bis Juni 1943 und fordern 1600 Tote. Die nächste Angriffswelle erfolgt im Januar 1944 und hält drei Monate an, wobei die Luftwaffe drei Viertel ihrer Bomber verliert. Eine Bombe verfehlt knapp die modern art gallery. Sie fällt auf das Vordach eines Gebäudes schräg gegenüber, springt ab, dreht sich und explodiert aufwärts statt abwärts.

Im obersten Stock wohnte John Orpen, mein Anwalt und Freund. Wir stürzten hinaus und riefen: »John Orpen, John Orpen!« »Hier, alter Junge«, kam es aus dem Dunkeln. »Here I am, Jack. A little b-b-b-bit close, b-b-b-but I'm quite all right.« Das Vordach hatte ihm das Leben gerettet.

Ab Juni 1944 schlagen V1-, ab September V2-Raketen ein. Schwere Detonationen, in Chelsea zerspringen sämtliche Fenster und in London heulen wieder die Luftschutzsirenen. Doch bald schon steigen Spitfires auf und schießen die doodlebugs ab oder klemmen sich unter das Leitwerk und dirigieren sie um, damit sie außerhalb der Stadt detonieren. Dennoch erreichen viele Raketen ihr Ziel, zerstören Gebäude, verursachen Brände und töten 6000 Menschen. Währenddessen bereitet Jack eine Ausstellung vor.

Merry: »Mein Vater empfand es als Schande, wie Kurt Schwitters dahinvegetierte. Er hatte einen Schlaganfall hinter sich und oft nicht mal das Geld, um Brot und Kartoffeln zu kaufen. Sein einziges Paar Socken stopfte ihm von Zeit zu Zeit Anna. Als er erfuhr, dass ihm mein Daddy eine Ausstellung widmet, geriet er ganz aus dem Häuschen.«

Auch Klaus Hinrichsen erinnert sich: »Er kam gut gelaunt auf mich zu, wie ein junger Mann, optimistisch, als hätte er in der Lotterie einen Treffer gelandet. ›Haben Sie gehört: Ich werde in der modern art gallery eine Ausstellung haben. Und Herbert Read soll für den Katalog das Geleitwort verfassen.‹ Herbert Read, müssen Sie wissen, hatte die Ausstellung internationaler Surrealisten kuratiert – 1936! also zu einer Zeit, als man in England die Surrealisten noch für geisteskrank hielt. Da er als einflussreicher Kritiker galt, glaubte Schwitters, er könne etliche Bilder verkaufen. Doch die Besucher schreckten zurück, und so brachte er nur ein einziges Werk an den Mann, und das lediglich, weil ihn Bilbo bedrängte: ›Kaufen Sie doch ein Bild, eines nur, damit ich nicht sagen muss, ich hätte nichts von Kurt Schwitters verkauft.‹ Und einer kaufte dann auch, eine wunderbare Collage, der Komödiant Bryan Mickie.«

Die Vernissage am Abend des 4. Dezember 1944 ist gut besucht. Aus der Charles II. Street kommen die Gentlemen des United Service Clubs und die Angestellten der Crédit Lyonnais, von His Majesty's Theatre Schauspielerfreunde, zu denen Richard Attenborough und Lilly Palmer gehören. Maler sind da, Schriftsteller, die Direktoren des Art Theatres, Alfred Munnings, der Präsident der Royal Academy, Ellen Wilkinson, Ministerin für Erziehung, auch Diebe, Jimmy und Larry, Einbrecher, die die Keller der Reichen und Vornehmen plündern und Jack mit Delikatessen, frischen Austern – woher nur? – und Champagner versorgen, sowie Alcar Tripp, Assistent Commissioner of Police.

Wie ich erfuhr, malte er auch. Aber ein Cop als Maler, das geht nicht zusammen?

An den Wänden Collagen und Bilder von Schwitters, auf Podestalen seine Skulpturen. Es gibt ein kaltes Büffett, Wein, Bier, Champagner, und Herbert Read hält eine Rede. Danach rezitiert Schwitters zum Geheul der Luftschutzsirenen seine Sonate:

Fümms bö wö tää zää Uu
pögiff,
kwii Ee.
Oooooooooooooooooooooooooooooooo
dll rrrrr beeee bö
dll rrrrr beeeee bö fümms bö …

KÄPT'N BILBO

26.

Seine Reisen nahmen ihren Anfang während des Ersten Weltkriegs in Holland. Damals war Hugo Baruch mit einem imaginären Drillbohrerschiff unterwegs, das sich durch die Erdkruste bohrte und bei den Indianern heraus kam, gegen die er dann heldenhaft kämpfte. Es gab aber auch den Traum von der Insel, der Insel der Seligen, auf der er zum Besten aller regierte, als Präsident oder König, den Traum von der Insel als einem paradiesischen Ort mit Rosenbeeten, Märchenpark und einem Kaufhaus, in dem alles kostenlos war.

1944 bricht er erneut dorthin auf. Als Hexenmeister der Farbe reitet er nun auf einem Pinsel, weg von den Bomben, den Bränden, dem Sirenengeheul, zu seiner Insel. Zwar ist sie nun schroff und zerklüftet, doch erwarten ihn friedliche Tiere, eine Riesenmaus, eine Eule, ein Löwe, und Anna, Anna erwartet ihn auch, schlafend auf ihrem dunklen Haar ausgestreckt. Beide sind nackt, wie Adam und Eva im Garten Eden, weshalb er das Gemälde »Paradise« nennt.

Ein Trugbild? Ein Traum? Wie sollte er diese Insel erreichen? Wo findet er sie? Käme Anna mit auf die Reise? Würde sie ihn begleiten und dort mit ihm leben? Noch ist sie eine verheiratete Frau, und wenn er sie drängt, sich scheiden zu lassen, windet sie sich wie ein Wurm oder blinzelt wie eine Eule oder windet sich und blinzelt zugleich, weshalb er sie Wurmeule nennt – Owo, the Owlworm. Als sie sich weiterhin windet, zwingt er ihre Entscheidung herbei, steigt auf einen Stuhl, legt sich einen Strick um den Hals und erklärt, sein Leben ohne sie wäre sinnlos und dass er den Tod einem sinnlosen Leben vorziehen wird.

Merry: »Wie im Film. Hochdramatisch. Da Owo ihn mochte und dachte, er springe tatsächlich vom Stuhl, sagte sie Ja zu seinem ich weiß nicht wievielten Heiratsantrag. Und was glauben Sie, wie er darauf reagierte? ›Komm‹, sagte er. ›Wir gehen ins Kino.‹«

Im Chelsea Register Office, wo Jack mit Alsace-Lorraine getraut worden ist, heiratet er auch Anna Elisabeth Boivie. Zur Feier des Tages trägt er eine Schaffelljacke mit Nelke, die reichlich spannt überm Bauch, während Owo eine plüschige Felljacke trägt und Halsketten aus hölzernen Kugeln. Mit Jack soll ein anderes Leben beginnen, ein von lästigen Konventionen befreites, und das beginnt auch für sie.

Seit Stalingrad und der Vernichtung der 6. Armee ist die Rote Armee auf dem Vormarsch. Im Sommer 1943 sind die Alliierten in Sizilien gelandet. In der Normandie landen sie am 6. Juni 1944, dem D-Day. Seither zieht sich die Schlinge um Nazideutschland enger und enger. Nun, 1945 im Frühjahr, steht die Rote Armee an der Oder und die Alliierten am Rhein – Zeit, den Traum von der Insel in Angriff zu nehmen.

Sie kaufen einen Rolls-Royce Jahrgang 1927 und Jack montiert Büffelhörner aufs Dach, und mit dieser Büffelhornlimousine fahren sie aufs Land, inspizieren zum Kauf angebotene einsam liegende Häuser, zu denen auch eines in Weybridge gehört.

Es liegt an der Themse. Zwar ist der Garten verwildert und die Bootsanlegestelle verrottet, zwar quietschen die Türen in verrosteten Angeln und die Dielen sind morsch und vom Kot der Tauben gesprenkelt, doch ist die Lage idyllisch. Jack ist begeistert, denn es gibt einen großen offenen Kamin und eine Veranda und Vogelnester in den Sträuchern und Bäumen. Schwäne und Enten schwimmen heran und auf der Themse ziehen Schiffe vorbei und muhen mit den Nebelhörnern herüber. Jack weiß für den Landsitz sogar schon den Namen. Bilbo Bay wird er ihn nennen. Die Besitzerin fordert 5000 Pfund, gibt sich aber mit 4500 zufrieden, und so schlagen sie ein, Owo und Jack.

Bilbo Bay

Als Großbritannien jubelt, dass die Jahre von Blut, Schweiß und Tränen vorbei sind, als Bilder von Vernichtungslagern und Leichenbergen die Zeitungen füllen und die Nazibonzen im Gefängnis von Nürnberg aus Blechnäpfen fressen, sieht man Jack bei der Arbeit.

Er bessert das Dach aus, ersetzt morsche Dielen durch neue, tüncht, hobelt und nagelt, rollt Teppiche aus, schafft Möbel herbei, einen riesigen Schreibtisch, Stühle, Kuckucksuhr, Betten, afrikanische Masken, Flaschen, Kupferkessel, Laternen, repariert den Anlegesteg, rodet Gestrüpp und verwachsene Bäume. Owo indes pflanzt Blumen und Ziersträucher an, und als im August 1945 auf Hiroshima und Nagasaki Atombomben fallen, liegt an der Themse, von London 30 Meilen stromaufwärts, Jacks glückliche Insel.

Wohnzimmer

Merry: »Die Enten trappelten zutraulich auf der Veranda herum, und dann gab es noch Katzen, Mee-Too und Ching, und den Spaniel Simon, und den Pagagei Bill. Owo, die erst gedacht hatte, Bilbo Bay sei eine verrückte Idee, wollte gar nicht mehr weg und putzte und kochte. Heute steht dort eine Siedlung, aber damals war es

Jack Bilbo und Papagei Bill

ein Dschungel, für mich jedenfalls, und die Themse hätte der Mississippi sein können und er, mit dem struppigen Bart, sah aus wie ein Urmensch und roch auch so ähnlich.«

Da keine Bomben mehr fallen, machen in London die Galerien wieder auf, auch die von Anton Zwemmer, der seine Gemälde zurückhaben will.

Jack schließt daraufhin die modern art gallery und eröffnet statt dessen das museum of modern art, einen flachen, garagenartiger Bau auf eigenem Grund, in dem er sich sogleich einer Ausstellung widmet: »Painting and Sculpture«. An den Wänden die Insel (»Island of Rainbow Light«) und Owo (»Owo in Rainbow Vision«) und Jack (»Portrait of the Artist«) und der Weg, den er zu beschreiten vermeint (»The Way to Heaven«). Kleine Bronzestatuen, »Torso«, »Young Negress«, »The Slave«, für die Ausstellung in der Galerie von Lucy McDonald geschaffen, heute in Merrys Livingroom neben dem offenen Kamin, stellt er auf Podeste.

Es kommen wenig Besucher, meist Leute aus Weybridge, die die Neugierde plagt, hin und wieder auch Freunde aus London, Samson Schames, Edith Thomas, Kurt Schwitters, mit denen er Entwürfe für Skulpturen bespricht, die er zu schaffen gedenkt, mit Hilfe von Owo, auch mit Hilfe von Billie, mit der er sich längst wieder verträgt und der Hilfe von Sid und Bink, Freunden aus Weybridge.

> Merry: »Meine Mutter war nicht zu gewinnen. Er, das Genie, und die anderen schaufeln sich Blasen.«

1947, Sommer, sonnige Wochen, die Bäume sind grün, die Sträucher stehen in Blüte. Merry, zwölf Jahre zählt sie inzwischen, kommt mit ihrer Mutter regelmäßig Jack und Owo besuchen. Dann füttert sie die Enten und Schwäne, die inzwischen auf die Veranda und ins Wohnzimmer watscheln, und hilft Owo im Garten. Von Schiffen schicken Kapitäne ihre Nebelhorngrüße. Der Krieg ist gewonnen, Winston Churchill sei Dank, auch wenn Jack ihn nicht ausstehen kann, es herrscht wieder Frieden und geht aufwärts in merry old England. In

England und in Bilbo Bay, der glücklichen Insel, wo Jack neue Kunstwerke schafft.

Sid karrt Sand und Zement, Owo und Bink mischen Beton, während Jack modelliert: prächtige Schenkel, prächtige Hintern, prächtige Busen, Weibsbilder, die prähistorischen Gottheiten gleichen: »Life« und »Devotion«. Von morgens bis abends schafft er an ihnen, manchmal noch im Licht einer Magnesiumfackel. Kaum dass es dämmert, klettert er mit Hammer und Meißel schon wieder an seinen Betonweibern hoch. Wenn Owo dann Margarine auf Brotscheiben streicht, frisch gelegte Eier in die Bratpfanne schlägt, wenn Bink – Hello Devil! – den Teufel begrüßt, Ching und Mee-Too die Schwänze aufstellen, die Hühner Würmer aus Wurmlöchern ziehen, die Enten schnattern und Sid übern Bretterzaun setzt, steigt er die Leiter herunter und spachtelt sich voll. »Life« und »Devotion«, die größten Betonskulpturen der Welt, so behauptet er jedenfalls, entstehen vor dem Haus im Garten zur Straße, auf der alle heilige Zeiten ein Auto vorbeifährt.

Zum Jahreswechsel 1947/48 wurde ich für die Wochenschau um eine offizielle Botschaft gebeten. Ich sagte: »Jeder Idiot kann eine Kugel in einen Menschen hinein schießen. Aber nur ein kluger Mann kann die Kugel wieder heraus holen. Nur immer gegen etwas zu sein und zu zerstören, ist Dummheit. Das hat dieser letzte Weltkrieg, an dessen Folgen wir heute noch immer leiden, dessen Wunden und Zerstörungen noch immer nicht überwunden sind, allzu bitter bewiesen. Lasst uns daher klug sein, lasst uns produktiv sein.

Seine Jahre in Weybridge sind die produktivsten seines Lebens. Er malt und bringt illustrierte Kunstbücher raus: »Famous Nudes by Famous Artists«, »Toulouse-Lautrec and Steinlen«, »The Moderns«,

»Pablo Picasso«, »You Under the Magnifying Glass«, »Art and Common Sense«, sowie ein Comic-Buch über die Piffle-Familie, »Laugh with the Piffles«, die ihrer langen Nasen wegen zwar nicht mit dem Leben zurecht kommt, aber sich einfallsreich durchschlägt: Die Reime stammen von Owo, die Illustrationen von ihm.

In seinem Koffer fand ich Packen von Korrespondenzen. Mit dem Duke of Bedford fetzte er sich auf hundert getippten Seiten über Kolonialpolitik, die Gründung Israels, die Unabhängigkeitserklärung Ben-Gurions und den Krieg, mit dem die arabischen Staaten darauf reagierten, 1948 im Mai. Beschwerden, Entwürfe, ein Angebot an den Bürgermeister von London, Kopien von »Life« und »Devotion« in den Hydepark zu setzen. Eine Weltordnung, durch welche Krieg und Staaten aus der Geschichte verschwinden. »Common Sense«, eine Broschüre, mit der er zu beweisen versucht, dass einzig der Anarchismus zum Weltfrieden führt.

Seine vierte Autobiografie »Jack Bilbo, an Autobiography – The First Forty Years of the Complete and Intimate Life Story of an Artist, Author, Sculptor, Art Dealer, Philosopher, Psychologist, Traveller, and a Modernist Fighter for Humanity« wiegt dreieinhalb Kilo, ist in rotes Leinen gebunden, reich mit Fotografien ausgestattet und beginnt mit dem Satz: »I am I.« In die seitengroße Kapitale stemmt er sich als Samson hinein. »That's that«, fährt er fort. »A man wears the face he makes, not the face he is born with. The face I made, I am going to show you«. Und verspricht nun dem Leser – und vielleicht auch sich selbst – die Wahrheit zu schreiben, die Wahrheit und nichts als die Wahrheit. Er gesteht, Al Capone nie getroffen zu haben (»Sorry – never met Al Capone, never been to Chicago.«) um im nächsten Zug sein Versprechen zu brechen, indem er eine Version seines Lebens erfindet, der zufolge er als dreizehnjähriger auf einem Schiff anheuerte und über die Weltmeere fuhr. Nicht die Wahrheit, doch so steht ihm seine Geschichte noch offen.

Jack Bilbo und Owo im Rolls-Royce

Seit er zu malen begann, sind 288 Gemälde entstanden, davon 58 in Weybridge. 1948 im Mai bricht er ab. Die Vorarbeiten für eine Enzyklopädie der modernen Malerei stellt er ein, denn es bläst ihm ein kalter Wind ins Gesicht. Als ihm im Februar 1949 der Briefträger ein Schreiben des Home Office bringt, ein graues Blatt in einem grauem Kuvert, fällt darauf der Schatten der Dreizehn. Beim Lesen des Home-Office-Schreibens kommt er sich vor »wie eine Feder, die der leiseste Windhauch davon blasen kann«.

27.

Merry: »Ich drängte meine Mutter ständig, nach Weybridge zu fahren. Nicht weil London zerbombt war, die ausgebrannten Ruinen gefielen mir ja, sie kamen mir nämlich viel aufregender vor als die verschont gebliebenen Gebäude. Ich wollte zu Owo. Ich und Owo, Owo und ich, sie liebte mich und ich liebte sie. Wir waren unzertrennlich. Oft spazierten wir die Themse entlang. Oder wir spielten Verstecken. Oder saßen auf der Veranda und erzählten uns, was wir erlebten. Mein Daddy redete ja immer von sich, was er alles plant und was er getan hat und was für ein Mann er doch war – da kam kaum ein andrer zu Wort. Owo hörte mir zu. Sie hatte ein feines Gespür für andere Menschen, und ich konnte mich auf sie verlassen.

Mein Vater sah sich immer als der Mann für das Große, Weltstaat, Kunst, Malerei. Doch was hätte er ohne Owo getan? Er wäre versunken im Chaos. Sie wusch seine Wäsche und kochte und pflegte den Garten und tippte die Briefe. Sie war seine Sekretärin und Buchhalterin, und sein Steuermann war sie auch. Wenn sie einen Einwand erhob, hörte mein Daddy auf sie – nur halt leider nicht immer.«

1947 stellt Jack Bilbo den Antrag auf britische Staatsbürgerschaft, in dem er auf seine englische Mutter und englische Tochter verweist und dass er viel für Großbritannien getan hat, als Maler, als Galerist und als Pionier der Armee.

Ein Jahr später teilt ihm das Home Office mit, seinem Antrag auf

Owo sieht Jack Bilbo über die Schulter

britische Staatsbürgerschaft sei leider nicht zu entsprechen, denn er habe lediglich vier Monate in der Armee gedient, während für die Verleihung der britischen Staatsangehörigkeit mindestens sechs Monate Militärdienst Voraussetzung sind. Auch die englische Mutter und die englische Tochter seien kein Grund, ihn als Staatsbürger anzuerkennen, denn er selbst sei in Deutschland geboren.

Jack erhebt Einspruch gegen diesen Bescheid und schreibt an die Presse, doch obwohl oder gerade weil sich mehrere Zeitungen für den Maler und Galeristen verwenden, bleibt das Home Office bei seinem Beschluss. Im Februar 1949 teilt man ihm mit, trotz sorgfältiger Prüfung werde sein Einspruch verworfen.

Merry: »Er hatte ja so gehofft, dass man ihm die Nationalität zuerkennt. Und nicht nur gehofft. Auch gekämpft! Zwei Jahre lang! Abgeordnete der Labour Party hatten ihn unterstützt, und Journalisten und namhafte Künstler wie H. G. Wells. Alle priesen sie, was er geleistet hatte, aber es hat nichts genützt. Für meinen Daddy war das katastrophal.«

Er meint, das Home Office spricht ihm das Recht ab, in England leben zu dürfen. Er glaubt sich nur noch geduldet. Zugleich fühlt er sich gefangen, denn mit dem Nansen-Pass, den er seit 1939 besitzt, kann er zwar Großbritannien verlassen, doch einreisen dürfte er nicht mehr.

Merry: »Den britischen Pass hätte man ihm sicher in zwei, drei Jahren gegeben. Doch das konnte er ja zu diesem Zeitpunkt nicht wissen.«

Und so beginnt Jack Haus und Garten zu hassen, spaziert mit dem Spaniel stundenlang durch die Landschaft ohne etwas zu sehen, oder sitzt auf der Veranda, stiert vor sich hin, weiß nicht, was er noch soll, wozu er noch da ist, raucht wie ein Schlot und sucht eine Lösung.
Von vorne beginnen? In einem anderen Land? Israel? Aber braucht Israel Maler? Und Deutschland? Deutschland stinkt nach Nazis und Leichen. Berlin ist zerbombt und außerdem hat man ihm 1935 die Nationalität aberkannt, so dass er in Großbritannien mit gefälschtem Pass einreisen musste.
In einer Zeitung steht ein Schiff zum Kauf angeboten, »De Brave Hendrik«, ein Bojer, ein Wattschiff, ein Küstensegler mit Seitenschwertern, das der Witwe eines niederländischen Kapitäns gehört. Als er sie aufsucht, als er das Schiff sieht, an Bord geht und eine Probefahrt macht, hat er »De Brave Hendrik« schon so gut wie gekauft.
Das Schiff wurde 1896 in Diuvendeijk/Holland gebaut. Es ist

17 Meter lang, 4,20 Meter breit, hat Segel mit 120 Quadratmeter Fläche, einen Dieselmotor mit 28 PS und 26 Tonnen Tonnage. Der rot und grün gestrichene Mantel ist aus schwedischem Stahl. Unter Deck befinden sich ein paneelierter Salon, zwei große Kabinen und eine Kombüse. Die Besitzerin fordert 5000 Pfund, gibt sich aber, da die Maschine überholt werden muss, mit 4000 zufrieden. Jack kratzt die Summe zusammen, indem er Grund und Haus mit Hypotheken belastet und für ein Spottgeld einige seiner Bilder verkauft. Auch seinen Rolls-Royce bietet er an. Der Besitzer des Restaurants Ox in der King's Road lässt lausige 95 Pfund dafür springen und hievt die Kutsche aufs Dach, wo sie als Werbegag dient, indes Jack schon am Steuerrad steht und »De Brave Hendrik«, Rußflocken spuckend, gegen die Strömung ankämpfen muss.

Jack liebt dieses Schiff. Deshalb schrubbt er die Teakholzdielen und poliert die Geräte und Messingbeschläge, bis sie funkeln und blitzen, und weil »De Brave Hendrik« nicht nur ein Schiff ist, ein Schiff wie andere Schiffe, sondern ein Schiff mit Charakter und eigenem Sinn – z. B. setzt die Maschine zwischendurch aus – spricht er mit ihm: »Hendrik, mach mir keine Schande.« Mit einer Stahlbürste entfernt er den Rost, streicht »De Brave Hendrik« vom Bug bis zum Heck, überholt die Maschine und schnitzt als Gallionsfigur einen grimmig blickenden Drachen. Dann kauft er Vorräte ein, Dörrobst, Zwieback, Konserven, Spirituosen, Tabak, besorgt für 300 Seemeilen Diesel und verständigt die Presse.

Am Vormittag des 30. Juli 1949 sieht man eine Gruppe von Journalisten am Anlegesteg, zu denen, mit Mikrofon und GEC-Recorder bewaffnet, zwei BBC-Reporter gehören, die mit Bedauern vernehmen, dass Jack England Adieu sagen muss, weil ihm das Home Office vor die Füße gespuckt hat und das seine Ehre gebietet.

»Ich verlasse England mit schwerem Herzen«, erklärt er den Herren, »und ich verlasse nur ungern und mit Traurigkeit meine englischen

Freunde. Wenn ich aber an die Behörden denke, so kann ich mich nur wie an schlechte Überreste einer schlechten Mahlzeit erinnern. Gerade weil das englische Volk so anständig ist, wird es immer wieder von seinen Machthabern ausgenutzt – bis zum heutigen Tag. Ich kann nur hoffen, dass es einmal anders wird ...«

Bei seiner Rede gerät er in Fahrt, und weil er ja nun ein anderer ist, nämlich Käpt'n Bilbo, legt er sich auch andere Vorfahren zu. Einer davon war Baruch de Spinoza, der Philosoph, den man seinerzeit genauso schändlich behandelt hatte wie man ihn heutigen Tages behandelt. Ein zweiter seiner Vorfahren war ein namenloser Pirat, der in Liverpool aufgehängt wurde um 1720 herum, als auch Calico Jack aufgehängt wurde, weshalb er, in dessen Brust ebenfalls ein Piratenherz schlägt, für »De Brave Hendrik« eine Piratenflagge gewählt hat: Schwertfisch, Totenkopf und gekreuzte Knochen.

»Ein freier Mann«, beendet er seine Rede, »ist man nur auf seinem eigenem Schiff auf offener See.« Dann geht er an Bord, macht die Leinen los, wirft die Maschine an und steuert, zwischen den Zähnen die Pfeife, auf dem Kopf eine Mütze mit Ankeremblem, auf die Themse hinaus.

Merry: »Das schöne Haus, der Garten, die Blumen, sogar die Skulpturen, all das zählte nicht mehr, mein Daddy hatte nur noch ›De Brave Hendrik‹ im Sinn. Für Owo ein Albtraum. Sie hatte ja ihren Beruf aufgegeben, ihre sichere Stellung in der schwedischen Botschaft und war mit ihm in die Wildnis gezogen. Nun wollte er wieder weg. Dabei wusste er nicht mal, wohin. Erst nach Israel, dann rund um den Globus, dann zu einer Insel irgendwo in der Südsee. Ich habe Owo völlig verheult im Gedächtnis. Ich heulte noch mehr, denn ich dachte, ich würde sie nie wieder sehen im Leben. Dagegen hätte ich meinen Daddy am liebsten auf die Nase geboxt. Alle waren der Meinung, dass ›De Brave Hendrik‹ für große Reisen nicht taugt. Das Schiff hatte keinen Kiel. Es war nur für flache Gewässer gemacht. Und damit wollte er über die Weltmeere segeln! Lass die Finger davon, warnte man ihn, beim ersten Sturm säufst du ab. Ich sah schon, wie Haie Owo umkreisen. Sogar ihren schönen Schmuck musste sie ins Pfandleihhaus tragen, denn das Geld war recht knapp. Und wohin mit den Bildern? Dafür fehlte der Platz auf dem Schiff. Und dann all die Tiere! Aber mein Daddy fegte jeden Einwand vom Tisch. Während er seine Ansprache hielt, versteckte sich Owo, damit die Reporter ihre verweinten Augen nicht sahen.«

Owo weinte vom frühen Morgen an. Bilbo Bay sei der schönste Platz auf der ganzen Erde, schluchzte sie immer wieder; typisch weiblich. Der Abschied von den Tieren zerriss ihr das Herz, und es waren nicht wenige: fünf Hunde und vier Katzen inzwischen, zwei Papageien, vier Ziegen, sowie Hühner, Gänse, Enten und Tauben und unsere zahmen Schwäne, die ins Haus zu watscheln pflegten, wo sie sich mit Vorliebe auf unserem Wohnzimmersofa niederließen.

Zuerst treibt »De Brave Hendrik« gehorsam die Themse hinab. Doch als Bilbo Bay außer Sichtweite ist, beginnt er zu revolutionieren und spinnen. Bald zieht er nach rechts, bald zieht er nach links, und schließlich beginnt die Maschine zu husten und sprotzen. Während Jack ein verschmortes Kabel durch ein andres ersetzt, treibt das Beiboot davon, und als er es zu fangen versucht, dreht sich das Schiff und hält auf einen Musikdampfer zu, der gerade noch ausweichen kann. Des Nachts, ein paar Meilen vor London vor Anker, reißt es sich los, und als Nebelhörner dröhnen, immer näher und lauter, so laut schließlich, dass Jack aus einem Inseltraum in die Gegenwart hochschießt, hat »De Brave Hendrik« sich zwischen zwei Frachter gedrängt.

In der Zwischenzeit hat die BBC seine Rede an das britische Volk übertragen. Die Londoner, empört, wie das Home Office den Nachfahren eines englischen Piraten behandelt, strömen zum Chelsea Embankment und klatschen, als sie »De Brave Hendrik« und den Käpt'n entdecken, der vorgibt, den Applaus überhaupt nicht zu bemerken. Als er schließlich anlegt bei der Albert Bridge am Cadogan Pier ...

... erlebte ich ein zweites Mal, was ich zuvor gar nicht gewusst hatte, nämlich wie beliebt ich bei den Engländern war. Sie brachten uns Geschenke für die große Fahrt. Und wieder erschienen Journalisten, Pressefotografen, und ich stellte fest, dass auch sie sich der wehmütig-herzlichen Abschiedsstimmung nicht entziehen konnten. Zugegeben, sogar ich selbst war tief gerührt.

Eine abenteuerliche Reise. Dabei fängt sie erst an. In Woolwich havariert »De Brave Hendrik« um ein Haar mit einem Ozeanriesen, wobei ein Seitenschwert an dessen Bordwand entlang schrammt. Kurz darauf beginnt die Maschine wieder zu sprotzen, hustet noch einmal, bevor sie den Geist aufgibt, so dass Jack »De Brave Hendrik« in eine Werft steuern muss, wo man die Maschine für die Reparatur aus dem Maschinenraum hebt. Als er die Reise fortsetzen kann, sind drei Wochen verstrichen, der August nähert sich schon dem Ende.

In Sheerness liest Jack Harry und Joe auf, fragt, ob sie mitkommen wollen. Harry und Joe, die sich mit der Polizei nicht verstehen und die Polizei nicht mit ihnen, wollen England so schnell wie möglich verlassen und nehmen das Angebot mit Begeisterung auf. Da sie wegen Einbruchdiebstahl im Fahndungsbuch stehen, erklärt ihnen Jack:

Das sei mir egal, wenn sie sich nur bemühten, brauchbare Schiffsjungen zu werden. Von der Seefahrt verstanden sie nichts. Harry hatte ein steifes Bein und Joe war kreuzdämlich. Als ich ihm befahl, das Deck zu scheuern, fragte er: »Wo ist das Wasser?«

Am 28. August, als sie in den Hafen von Ramsgate gelangen, scheint der Sommer zu Ende. Die Wellen haben Kronen aus Schaum, der Himmel spinnt Schleier und die Fischer warnen vor Stürmen. Jack ignoriert deren Warnung, nimmt zwei Pärchen als Passagiere an Bord, und am 7. September steuert er aus dem Hafen hinaus.

Was bleibt ihm auch anderes übrig? Die Reparatur der Maschine ist teuer gewesen, in der Reisekasse herrscht Ebbe, und wenn er nicht jetzt den Ärmelkanal überquert, sitzen sie fest, vielleicht über Wochen, vielleicht bis zum Frühjahr, und nach Frankreich ist es schließlich nicht weit, ein Katzensprung nur. Dabei lässt er allerdings den Wind außer Acht.

Als er das Lightship passiert, das auf die Goodwin Sandbänke hinweist, ist ihm Äolus noch freundlich gesinnt, er bläst aus dem Norden und »De Brave Hendrik« kommt gut voran. Dann aber dreht der Wind nach Nordwest, die Brisen werden steifer, die Wellen wilder und höher, so dass »De Brave Hendrik« zu tanzen beginnt. Jack rafft das Großsegel und steuert die Wellen im 45 Grad Winkel an. Am späten Nachmittag kommen harte Böen aus Westen, der Himmel färbt sich schwefelig gelb, und als die Dunkelheit einbricht, peitscht ein Orkan übers Wasser.

De Brave Hendrik

Unter Deck speien die Passagiere ihre Seelen heraus. Joe wünscht sich, in einer Gefängniszelle zu sitzen, während Owo, von einem Brecher gegen die Bordwand geschleudert, aus einer Stirnwunde blutend, ohnmächtig wird. Dann fällt auch noch Harry in Ohnmacht. Jack aber bindet sich am Steuerrad fest und kämpft gegen Brecher und Orkanböen an, kämpft, bis endlich der Tag graut und »De Brave Hendrik« von der französischen Küstenwache entdeckt wird, die Leuchtraketen empor schießt, um Jack Orientierung zu geben.

Auslaufen, um uns zu helfen, konnte sie nicht. Zu fürchterlich tobte die aufgewühlte See. Neunzehn Stunden stand ich jetzt am Ruder, ich würde es nicht mehr lange aushalten können. Immerhin hatten wir die Küste erreicht; schwach zitternde Lichtpünktchen verrieten mir Calais. Um in den Hafen hineinzukommen, musste ich zwischen Felsenklippen und einer Sandbank hindurch, konnte das Schiff aber nur in den Wellen halten und vor dem Kentern bewahren, wenn ich auf die Sandbank zuhielt. Eine Katastrophe schien unvermeidlich. Immer wieder riss ich nun mit letzter Kraft das Ruder von Steuerbord nach Backbord herum. Mit dem Wendemanöver navigierte ich das Schiff näher an die Hafeneinfahrt. Nach einer Stunde hatten wir es geschafft.

Bei einem Festessen ernennt ihn die Hafenpolizei zum Ehrenkapitän, Journalisten titulieren ihn als Käpt'n Bilbo, und als Käpt'n Bilbo, der malende Kapitän, der es gewagt hat, bei Windstärke 12 den Ärmelkanal zu überqueren, springt ihm sein Ruf nun voran, von Schleuse zu Schleuse, und es gibt viele Schleusen zwischen Calais und Marseille, 126 zwischen Calais und Paris, 231 zwischen Paris und Marseille, davon manche noch aus Napoleons Zeit.

Wer diese Strecke beherrscht, der kann ein Schiff navigieren!

Weshalb er sich zu Recht Kapitän nennen darf.

28.

Die Reise auf Kanälen und Flüssen macht Käpt'n Bilbo in ganz Frankreich bekannt, denn wo immer er anlegt, sogar in entlegenen Dörfern, sind die Poeten der Presse zur Stelle, denen er großzügig von seinen Abenteuern berichtet, von den altersschwachen und lebensgefährlichen Schleusen, von den niedrigen Brücken, und natürlich von der schon x-mal erzählten Überquerung des Ärmelkanals, als ihn Gevatter Tod am Schlafittchen packte und über Bord werfen wollte.

Am 20. Oktober 1949 in Paris angelangt, macht er am Quai de la Conférence fest, zwischen dem Pont des Invalides und dem Pont de l'Alma und legt seine Bilder aus zum Verkauf. Schnell bildet sich eine Traube von Neugierigen und Kunstinteressierten. Er verkauft etliche Bilder, eines an den Berliner Galeristen Rudolf Springer.

Rudolf Springer: »Kamen Maler zu mir, weil sie ihre Bilder ausstellen wollten, sagte ich immer, bringen Sie mir irgendeines, egal, ob es gut oder schlecht ist. Wenn sie dann eines brachten und auspacken wollten, sagte ich, lassen Sie es so wie es ist. Ich schob nur die Verpackung beiseite, gerade so weit, dass ich eine Ecke zu sehen bekam, und dann sagte ich entweder ›Ja‹ oder ›Bedaure‹. Oft bekam ich zu hören: ›Aber Sie kennen doch das Bild überhaupt nicht.‹ Musste ich auch nicht. Es reicht mir, die Pinselführung zu sehen, um zu wissen, ob der Maler einer ist oder sich nur dafür hält. Schlechte Bilder sortiert man eben aus. Es gibt keinen Maler, der nicht auch schlechte gemalt hat. Und Jack hat eine Menge schlechter gemalt. Auf fünf schlechte ein gutes. Unter zwanzig guten Bildern dann aber ein sehr gutes Bild. Und was glauben Sie denn, wie viele Maler es gibt, die ein sehr gutes Bild malen können?«

Das Gemälde, das Springer erwarb, hing, als ich ihn in seiner Grunewalder Villa besuchte, im Vestibül über dem offenen Kamin. Jack hatte es für die Ausstellung in der Galerie Zwemmer gemalt. Dort war es im Mai 1940 zu sehen gewesen. Offensichtlich hatte er es nicht in Weybridge zurücklassen wollen. In den Besitz von Rudolf Springer gelangt, ging es ihm voraus nach Berlin.

Am 3. April 1950 setzt Jack die Fahrt fort – »De Brave Hendrik« kämpft sich wieder voran mit seinen 28 PS, ohne Passagiere indessen, auch ohne Harry und Joe, von Heimweh geplagt, kehrten sie nach London zurück – und erreicht am 29. Mai den Port-Saint-Louis-du-Rhône. »Nur zwei Schleusen, und dann, am selben Nachmittag, große Aufregung an Bord, sahen wir die See.«

Am nächsten Morgen fährt der Käpt'n in den Port-de-Bouc ein, einen Hafen voller Wracks aus dem Krieg, durchqueren den Port-de-Bouc Richtung Martigues, von wo aus ein Kanal zu einem Tunnel verläuft, durch den Käpt'n Bilbo in den Hafen von Marseille navigiert.

Dort kaufen sie Vorräte ein, Bohnen, Reis, Oliven, Dörrfisch, Sardinen, Tonkrüge auch, die sie bemalen und in den Küstenstädten anbieten wollen, doch Marseille hält sie fest.

Eines Abends hört Owo nämlich ein übles Geräusch. Als sie ihm auf den Grund geht und in den Maschinenraum sieht, schießen Flammen aus dem Dynamo und greifen auf den Dieseltank über. »De Brave Hendrik« kann jeden Moment in die Luft gehen. Zwar gelingt es, den Brand zu ersticken, doch sind die elektrischen Kabel verschmort, der Dynamo ist durchgebrannt und der Starter ruiniert. Sie kratzen zusammen, was sie noch haben, es reicht aber nicht für die Reparatur, weshalb Jack seine silberne Uhr, ein Erbstück seines Großvaters Hugo Baruch, und Owo ein verbliebenes Schmuckstück beleiht, was für die Reparatur allerdings noch immer nicht reicht.

Der Vieux Port ist sinister – das Wasser ist schwarz und schäumt bräunlich wie Jauche, im Hafenbecken treiben Hunde- und Katzenkadaver, es stinkt gotterbärmlich und die Sonne brennt unbarmherzig herunter. Der heißeste Sommer seit Jahren, eine Hitzewelle legt alles lahm, und da liegen sie fest, ausgerechnet in diesem Hafen, als hätte der Teufel die Finger im Spiel, bis Jack ein Bild untern Arm klemmt und sich auf den Weg macht, zur Galerie Puget in der Rue Paradis, wo man ihm eine Ausstellung zusagt, allerdings erst für den Juli.

Bis dahin sitzen sie fest. Eine üble Gegend, fürwahr, eine Gegend, in der es wimmelt von Ratten, die wie Drahtseilartisten auf den Tampen zu den anliegenden Schiffen gelangen. Auch »De Brave Hendrik« bleibt nicht von ihnen verschont. Sie fressen die Vorräte an, die eiserne Reserve an Zwieback und Keksen, dabei gehen die Vorräte eh schon zur Neige. Zu den Ratten kommen die Bettler, zerlumpte Gestalten, die mit Gier in den Augen verfolgen, wie Jack und Owo Bohnen mit Reis oder Dörrfisch mit Zwieback verzehren, bis sie die Mahlzeiten nur noch unter Deck zu sich nehmen.

Eines Tages beobachtet Owo, wie ein Lieferwagen an die Kaimauer heran fährt, zwei Männer eine Leiche entladen und im Hafenbecken versenken. Das am helllichten Tag unter den Augen von Schauerleuten und Bettlern! Als Owo zur Gendarmerie geht, um den Vorfall zu melden, zuckt man dort mit den Achseln und gibt ihr den Rat, an Bord des Schiffes zu bleiben, sicherheitshalber. »Au revoir, Madame.«

Den Plan nach Israel zu segeln, immer die Küsten entlang und von einer griechischen Insel zur anderen, lassen sie fallen. Doch wohin soll ihre Reise nun gehen?

Jack kann bei seiner Ausstellung ein paar Bilder verkaufen. Dadurch kommt gerade so viel Geld in die Kasse, um die Reparatur zu bezahlen. Am 13. August tuckern sie raus, segeln die Küste entlang, laufen in Cannes an, wo sie bemalte Krüge verkaufen, in Nizza und Monte Carlo, wo Jack in drei Restaurants die Wände bemalt, aber nur mäßig bezahlt wird, zu mäßig, um weiter segeln zu können. Also kehren sie um.

Am 22. August erreichen sie Cassis. Der Mistral bläst so steif, dass sie eine Woche lang nicht aufbrechen können. Als sie endlich Cassis verlassen, scheint der Sommer vorbei. Es regnet in Schnüren, die See schäumt und brodelt, so dass sie beschließen, bis zum Frühjahr in Frankreich zu bleiben. Doch wo überwintern?

Sie erreichen Sanary-sur-Mer am 10. September, einem herrlichen Spätsommertag, und werden von Kindern empfangen. Die haben nämlich die Piratenflagge erspäht und sind von den Pinienhängen herab schreiend zum Hafen gerannt, wo sie nun stehen und den Piratenkapitän und vor allem die Piratin bestaunen, die mit ihrem Holzperlenschmuck und einem Kleid, das sie aus bunten Flicken genäht hat, wie eine Zigeunerin aussieht.

Merry: »So zermürbend die Reise auch war, Owo hatte an diesem Leben Gefallen gefunden. Heute hier, morgen dort – davon hat sie gerne erzählt. Und all diese Menschen, die sie kennen lernte auf dieser Reise! Sie waren ja nicht allein unterwegs. In Paris trafen sie welche, die nach Israel wollten, andere waren unterwegs nach Marokko oder in ein anderes Land. Eine zusammen gewürfelte, bunte Gesellschaft. Und in Sanary gab es hilfsbereite und freundliche Fischer. Die brachten zu essen, und einer, er hieß Jean Gabin und sah auch wie der Schauspieler aus, wusste eine Wohnung für sie.«

Lion Feuchtwanger, Egon Erwin Kisch, Arthur Koestler, Franz Werfel, Albert Drach, Ludwig Marcuse, Bertold Brecht, Franz Hessel, Joseph Roth, Erwin Piscator – nach der Machtübernahme der Nazis hatten sie allesamt in Sanary-sur-Mer Zuflucht gesucht. In der Villa La Tranquille hatte Dichterfürst Thomas Mann residiert. Die Leute erinnern sich ihrer und so nehmen sie auch das Piratenpaar gastfreundlich auf.

Ich verliebte mich in dieses idyllische und romantische Fischerdörfchen und beschloss, diesen Hafen als meinen Heimathafen zu adoptieren. Und Sanary adoptierte mich auch.

Die Wohnung, ein Zimmer Parterre, liegt nur ein paar Schritte vom Hafen entfernt in der Rue Lauzet Aîné. Obwohl das Zimmer recht klein ist, separiert Jack es durch eine Zwischenwand für eine Nische, von der eine als Schlafzimmer dient und die andere als Küche, deren Einrichtung sich auf einen Wasserhahn, ein Spülbecken und ein Campingöfchen beschränkt. Die Toilette befindet sich im Haus nebenan und wird auch von der Familie des Fischers benutzt.

Doch so eng die Unterkunft ist, sie bietet dem Käpt'n immer noch Platz, die Staffelei aufzustellen und Bilder zu malen, Bilder für die katholische Kirche, Madonnenbilder vor allem, für die Abbe Galli gute Preise bezahlt. Wenn Jack den katholischen Pfarrer besucht, meist mit knurrendem Magen, kommt er satt und mit dem Auftrag für ein neues Gemälde zurück. Manchmal schiebt ein geheimnisvoller Unbekannter, hinter dem sich Abbe Galli verbirgt, unter der Tür ein Kuvert mit Geldscheinen durch. Der Bäcker schreibt an, der Kaufmann nimmt als Bezahlung Bilder entgegen, und so kommen Jack und Owo über den Winter, einen außergewöhnlich kalten und stürmischen Winter.

Im Frühjahr brechen sie wieder auf, segeln wieder die Küste entlang, Seevagabunden, die man schon kennt in Nizza und Cannes, kehren aber nach ein paar Wochen zurück, denn »De Brave Hendrik« hält die Strapazen nicht durch. Bald streikt die Maschine, bald die Pumpe, dann bläst der Mistral so heftig, dass sie den Plan, Touristen zur Insel Porquerolles zu bringen, aufgeben müssen. Zum Glück, denn auf der Rückfahrt verschmort wieder ein Kabel, so dass sie tagelang im Port Bandol liegen müssen.

In Sanary-sur-Mer angelangt, macht sich Jack sogleich an die Arbeit, malt Bilder an die Wände der Wohnung, besorgt Tische und Stühle sowie einen Herd, der die halbe Kochnische einnimmt, während Owo Gardinen und Tischdecken näht. Ein Restaurant, ein Restaurantchen entsteht, gerade vier Tische, nicht mehr, so eng, »dass ich mich zum Servieren gar nicht viel umdrehen konnte; mit der linken Hand griff ich in die Luke, um das bereitgestellte Essen herauszunehmen, und mit der rechten Hand servierte ich es.«

Doch die Muscheln, die Jack in bunt bemalten Schüsseln serviert, sind frisch, wie auch der Fisch und die Langusten, die er von den Fischern bezieht. Wasser und Wein, warmes Baguette, Lamm, das nach Knoblauch und Thymian duftet, Reis, Fisch, Salate – Owo kocht gut und die Portionen sind groß, kaum zu vertilgen, während Käpt'n Bilbo, der malende Kapitän, auf Touristen wie ein Magnet wirkt. Kurzum: das Restaurantchen »Capitaine Bilbo« floriert. Selbst aus Paris kommen Gäste, und eines Tages legt im Hafen eine Luxusyacht an, die Yacht Aly Khans, der mit Rita Hayworth an Land geht und bei Käpt'n Bilbo diniert – wahrscheinlich 1951 Ende August.

> Merry: »Dabei besaß mein Daddy keine Betriebserlaubnis für das Lokal. Das war zwar den Leuten egal, aber dann schwärzte ihn doch jemand an und da tauchten zwei Flics auf, und sie mussten schließen. Immerhin ging es zwei Jahre lang gut.«

1953 holt ihn sein Dämon wieder ein, der ihn verfolgt, soweit er zurück denken kann, gibt ihm einen Stoß in den Rücken, und noch einen Stoß. Kaum hat er sein Restaurantchen geschlossen, kommt Post von John Orpen, seinem Anwalt, mit der Nachricht, dass die Lloyd-Bank, bei der er Haus und Grund mit Hypotheken belieh, Bilbo Bay zur Versteigerung bringt. Auch müsse er damit rechnen, dass die Bank sein Schiff konfisziere.

Und tatsächlich, wenige Tage danach besuchen ihn ein Bankbeauftragten und ein Gerichtsvollzieher, freundliche Herren mit eisigen Augen, die »De Brave Hendrik« zu betreten begehren, was ihnen jedoch nicht gelingt, da der Bojer außerhalb dümpelt und die Fischer sich allesamt weigern, ihnen ein Beiboot zu leihen. Wenige Tage danach wird »De Brave Hendrik« jedoch aus dem Hafen geschleppt – leergeräumt allerdings, ohne Anker, ohne Drachen und mit kaputter Maschine – soll die Bank dran ersticken! Ein Telegramm von John Orpen 1955 im März:

BILBO BAY VERSTEIGERT STOP
SKULPTUREN GESPRENGT.

29.

Wer von Jack Bilbos Familie hat die Nazizeit überlebt? Alice, eine seiner Cousinen, war es kurz vor Ausbruch des Krieges gelungen nach Großbritannien zu fliehen, ohne Geld, ohne Schmuck, und in London eine Stelle als Küchenhilfe zu finden. Von Zeit zu Zeit hat Jack sie getroffen und von ihr erfahren, dass sich ihre Geschwister Egon und Lilly umgebracht haben.

1947 hat er Post von Tante Hertha erhalten, abgestempelt in Wien, wo sie in erbärmlichen Verhältnissen lebt mit ihrem Sohn Friedrich; Erwin Baruch, ihr Mann, ist 1941 eines natürlichen Todes gestorben.

Heinz-Eugen und Henri Baruch, die Söhne seines Großonkels Eugen, Erna Elizabeth, Henris dänische Frau, sowie Anna-Elise, Henris und Heinz-Eugens Mutter und ihre Schwester Irmgard Rita, waren nach Frankreich geflohen; sie haben Shoa und Krieg überlebt. Die andern Verwandten sind tot, deportiert, verhungert, erschossen, vergast. Jack kommt auf 84 Verwandte, die Opfer des Holocaust wurden.

Als Henri Baruch im April 1950 erfährt, dass Jack in Marseille ist, besucht er ihn an Bord seines Schiffes und klärt ihn auf, dass es von den Siegermächten USA, Großbritannien und Frankreich erlassene Bestimmungen gibt, die die Bundesrepublik Deutschland zur Rückerstattung der von den Nazis geraubten Vermögen und zur Entschädigung für an Leben, Freiheit, Körper und Gesundheit zugefügte Schäden NS-Verfolgter verpflichten.

Als Jack sein Restaurantchen zumachen muss, fordert er vom Amt für Wiedergutmachung Entschädigung für erlittene Schäden an Gesundheit und Leben sowie die Rückerstattung des Baruchschen Vermögens. Da er weiß, dass die deutschen Behörden und Ämter von Nazis durchsetzt sind, macht er sich aber nur wenig Hoffnung.

Merry: »Wochenlang keine Antwort und dann kam ein Forderungskatalog für Unterlagen und Dokumente und die Namen von Zeugen. Die Nazis spielten auf Zeit. Im Kalten Krieg wurden sie ja gebraucht und da hofften und dachten sie wohl, über kurz oder lang erledige sich das mit den Juden von selbst. Die Angelegenheit schien Zeitverschwendung, und Owo, die sich die Finger wund tippen musste, wünschte sich insgeheim, mein Daddy ließe von seiner Forderung ab. Aber es ging ja um ein Riesenvermögen. Da gab er nicht nach. Im Gegenteil, er setzte immer noch eines drauf.«

Dabei leidet er unter den inneren Verletzungen, welche ihm die Nazi-Schergen zugefügt haben. Am Heiligabend 1956, als Owo und er bei Toni Künstlich zu Gast sind, einem befreundeten Wiener Arzt, schießt ihm ein Schwall Blut aus dem Mund. Dann brüllt er vor Schmerzen. Toni Künstlich injiziert ihm Morphin und fährt ihn ins Krankenhaus von Toulon, wo man feststellt, dass er auf der Stelle operiert werden muss, was man aber nicht wagt, aus Furcht, dass die Operation seinen Tod herbei führen werde.

Noch mehr Spritzen. Weiter Schmerzen. Ich war das Grauen der Station, die von meinem Brüllen erzitterte. Nur kurze Pausen traten ein, wenn ich vor Erschöpfung ohnmächtig wurde.

Nach fünf Tagen fällt er ins Koma, die Ärzte geben ihn auf, doch als ihm Toni Künstlich eine Mischung aus Morphium und Kokain injiziert, kommt er wieder zu sich. »Morphium, Opium, Kokain – bis zu achtzehn Mal täglich.« Dazu Massagen von Owo, wenn er wieder Schmerzen bekommt, drei Monate lang, bis sich, »und Gott beschloss das Wunder für mich«, die Risswunde im Darm wieder schließt, so dass er wieder Nahrung zu sich nehmen kann, Haferschleim erst nur und Milchreis. Die Nachricht von seiner Genesung erreicht in Windeseile die Fischer von Sanary-sur-Mer. Sie schicken ihm Lebensmittel und Wein und Abbe Galli liest für ihn eine Messe.

Für mich, den keiner Religionsgemeinschaft angehörenden Juden – das hat mir tiefen Eindruck gemacht.

Doch will er nicht länger in Sanary bleiben, denn dass er sein Restaurant hat zumachen müssen, zeigt ihm, wer er für die Behörden ist.

Dass ich in ihren Aktenregalen ein Niemand bin. Ein staatenloser Ausländer ohne Rechte! (...) Und so beschlossen Owo und ich, dorthin zu gehen, wo man meine Geburt, mein unfreiwilliges Erscheinen auf dieser Welt, standesamtlich registriert hatte. Dorthin, wo man meine Existenz nicht verneinen, mein Vorhandensein nicht abstreiten konnte, weil ich einen Stempel hatte, an den diese idiotische Zivilisation wie an einen Fetisch glaubt. Nach Berlin …

Es war Mitte Oktober. Der Himmel war blau, die Sonne schien kraftlos, es ging ein eisiger Wind, die Luft roch nach Winter und Schnee, als ich die Malerin Natascha Ungeheuer am Bahnhof Zoo traf.

Wir gingen zum Kurfürstendamm. Sie erinnerte sich an die von Einschusslöchern übersäten Fassaden zu jener Zeit, als Käpt'n Bilbo die »Hafenspelunke« betrieb, an das schmutzig graue Theater des Westens, an die rostigen Pfützen unter der Brücke, die über die Kantstraße führt, an das Wiehern der Huren, wenn den Freiern Krähen aufs Autodach schissen, am Savignyplatz von den Bäumen herab, an die handgemalten Nähte, mit denen Frauen Nylonstrümpfe vorzutäuschen versuchten, wenn sie am Ku'damm auf Männerjagd gingen. Auch an das Restaurant Aschinger, wo man Würstchen und Schrippen bekam. Daneben wurde deutsche Küche serviert, Bollenfleisch, Eisbein mit Sauerkraut, Schweinegulasch mit Klößen. Die Gedächtniskirche war eine Ruine, in der es nach Kot und Urin stank. Doch im Marmorhauskino wurden noch Filme gespielt. Vom Glamour alter Zeiten war allerdings nichts mehr geblieben. Neben dem Kurfürstendamm, vor Bombenlücken hohe Bretterzäune, beklebt mit Werbeplakaten für Zigaretten, »Stuyvesant, der Duft der großen weiten Welt«, und weiße, saubere Wäsche, »Persil, aus Liebe zur Wäsche«. Spähte man zwischen den Brettern hindurch: Mauerreste und Schutt. Dazwischen Obdachlose, die aus dem Papier vesperten. Bierschwemmen. Kneipen. Kaschemmen. Der »Weiße Mohr«, in dem Zuhälter und Schwule verkehrten, »Hühner Hugo«, wo man Brathühnchen aß. Eine Bretterbude mit Bollerofen, an dem man sich aufwärmen konnte bei einer Tasse Tee für zwei Groschen oder einem Glas Glühwein. Auch an einen eisernen Käpt'n Bilbo konnte sich

Natascha Ungeheuer erinnern. Er stand neben dem Eingang zu »Käpt'n Bilbos Hafenspelunke«.

Natascha Ungeheuer: »Eine ganz zierliche und wacklige alte Frau wollte auf die andere Straßenseite, aber sie traute sich nicht, denn die Ampeln wechselten so schnell und da sah ich zum ersten Mal Käpt'n Bilbo. Er nahm sie auf die Arme und trug sie hinüber.«

Als er im Oktober 1956 Frankreich verlässt – ein alter Freund holt ihn ab, »wir fuhren das Rhonetal hinauf – weit und breit und stundenlang das einzige Motorfahrzeug – ein unvorstellbares, einzigartiges Erlebnis« – und in Kehl wieder deutschen Boden betritt, wälzt in Ungarn die Rote Armee den Volksaufstand nieder.

Im Nahen Osten droht Krieg, seit Gamal Abdel Nasser Schiffen die Durchfahrt durch den Suezkanal verbietet. Ende Oktober beginnen Großbritannien und Frankreich, ägyptische Flughäfen zu bombardieren. Eine israelische Fallschirmjäger-Brigade nimmt den Mitla-Pass ein, um ihn gegen einen ägyptischen Angriff zu sichern. Am 5. November errichten Fallschirmjäger der Alliierten eine Luftwaffenbasis, und am 6. November landen die Royal Marines. Als Port Said von Bränden zerstört wird, erwägt Nikita Chruschtschow, auf die westlichen Hauptstädte Atombomben werfen. Die Drohung erstickt zwar den Krieg – die britischen, französischen und israelischen Truppen ziehen sich zurück – doch kalt brennt er weiter.

Berlin befindet sich im Fokus der Machtinteressen. Die Spannung zwischen der Sowjetunion und den Westalliierten droht die Stadt zu zerreißen. Dabei liegt sie in Trümmern, so auch die Firma Baruch. Sie ist den Lancasterbombern zum Opfer gefallen, auch die baruchsche Villa, die vom Potsdamer Platz nur 30 Meter entfernt war, sowie die Jugendstil-Villa, in der sich das Spielcasino »Film und Bühne« befand. Das Haus in der Königin-Augusta-Straße 24, in dem Jack Bilbos Vater die Belletage bewohnte – von Bomben zerstört. Das Haus in der Kurfürstenstraße 21, in dem Bruno Baruch eine Wohnung mit fünf Zimmern besaß – zerstört. Sein Antiquitätengeschäft in der Budapester Straße, gegenüber dem Hotel Eden – zerbombt. Das Romanische Haus mit dem Romanischen Cafe – von Bomben zerstört. Und von der Gedächtniskirche steht nur noch der Glockenturm da – wie ein Bleistift mit abgebrochener Spitze.

Verschont geblieben ist Käpt'n Bilbos Geburtshaus. Die Wohnung mit dem Balkon zum Kurfürstendamm ist von einer Versicherungsgesellschaft belegt. Nach vierzig Jahren rumpelt er wieder im mit Edelholz paneelierten Elevator hinauf. Man fragt nach seinem Begehr, lässt ihn in die Wohnung, auch in sein Zimmer, »mein schönes, großes, braunes Zimmer«, das nun als Büro dient. Dann stapft er pustend und schnaubend am Ku'damm zurück, durch Pfützen, an pockennarbigen Häusern vorbei, übergewichtig, und Owo leicht nebenher.

Die Flaktürme im Tiergarten wurden gesprengt, das Gelände dem Zoo angefügt und darauf Gehege für Nashörner und Kamele errichtet. In der Nähe, wo er gewohnt hat, in der Nähe auch, wo ihn, in einer Blutlache liegend, ein Spitz angekläfft hat: ein dunkler Koloss auf brachem Gelände. Die Fenster sind zugemauert und am vernagelten Portal ist ein Schild angebracht: »Unbefugten Zutritt verboten. Lebensgefahr.«

Die Sandsteinfassade ist kaum beschädigt, doch auf der Rückseite hat eine Bombe das Dach von den Mauern gerissen. Über das Nebengebäude Kurfürstenstraße 115 dringen sie ein, Käpt'n Bilbo und Owo, und finden sich im Vestibül der Ruine, einem gähnenden Raum, von dem aus eine von dorischen Säulen flankierte Marmortreppe emporführt, vorbei an dunklen Zimmern voller Müll und Gerümpel. Hohe Wände aus Marmor. Ein Korridor, der in einen runden Saal führt. Eine breite Treppe nach oben. Glasscherben und Deckenstuck auf den Stufen. Darüber, wo einmal das Dach war, ein Loch. Eisenträger, verkohlte Balken und Bretter, faules Stroh, zerbrochene Säulen, eine Zinkbadewanne. Tauben gurren nun im Amt IV B 4, dem Hauptquartier von Adolf Eichmann.

30.

Die von den USA, Frankreich und Großbritannien erlassenen Bestimmungen über die Rückerstattung entzogener Vermögen und die Entschädigung NS-Verfolgter für Schäden an Leben, Freiheit, Körper und Gesundheit werden 1956 ins »Bundesgesetz zur Entschädigung für Opfer der nationalsozialistischen Verfolgung« (BEG) und 1957 ins »Bundesrückerstattungsgesetz« (BRüG) übernommen. Auf der Grundlage des BEG wird Opfern nationalsozialistischer Verfolgung eine Rente zuerkannt, die erlittene Schäden ausgleichen soll.

> Merry: »Mein Daddy bekam 394 Mark Rente im Monat.«

Mit dem Bundesrückerstattungsgesetz werden Ersatzansprüche für Vermögensschäden geltend gemacht.

> Merry: »Das war äußerst schwierig, denn die Vermögens- und Geschäftsunterlagen hatten entweder die Nazis vernichtet oder sie waren bei den Bombenangriffen verbrannt. Wie sollte er da beweisen, was seiner Familie gehörte?«

In einer eidesstattlichen Erklärung führt Jack Bilbo die Besitztümer seiner ermordeten Familie an, die Häuser, die Wohnungen, die Geschäfte, die Firmen, auch die Schulden in Höhe von 300.000 Goldmark, die, wie Hertha Baruch eidesstattlich versichert, Bruno Baruch nicht hatte einklagen können, weil sich die Schuldner hinter nationalsozialistischen Gesetzen versteckten.

Er erklärt unter Eid, dass sein Vater Theatergeschäfte tätigte (»Mein Vater machte mit Herrn Morgan diverse Theatergeschäfte, u. a. finanzierte er einmal Herrn Morgan als Mitbeteiligten in der Hermann

Haller-Revue, Admiralspalast. Herr Morgan gab Hermann Haller, dem Direktor des Admiralspalasts, 25 Prozent als Bareinlage, meinem Vater 50 Prozent und Hermann Haller kam für die restlichen 25 Prozent für die Revue auf.«) und benennt Tutti Richter, die Frau von Paul Morgan, als Zeugin. Diese erklärt: »Herr Bruno Baruch finanzierte des Öfteren meinem Mann in seinen Theaterunternehmungen, manchmal mit Bargeld, manchmal mit Theaterausstattungen, auch des Öfteren beides.« Paul Morgan selbst ist im KZ Buchenwald ums Leben gekommen.

Alice Cohen, des Käpt'n Cousine in London, beschwört, dass Bruno Baruch Teilhaber der Wallach und Reizenstein Bank war, indes Erich Domaschke eidesstattlich versichert, er selbst, der Chef de Rang des Hotels Bristol, habe im Mahagoni-Saal für Herrn Bruno Baruch immer den runden Tisch unter der Uhr freigehalten. Der Betreffende habe dortselbst mit Zar Ferdinand Gespräche geführt, die er zwar nicht belauscht, aber doch verstehen gekonnt habe, so dass er mit gutem Gewissen auf seinen Eid nehmen könne, dass der bulgarische König Herrn Bruno Baruch für die Vermittlungen beim Verkauf der Kronjuwelen eine stattliche Summe bezahlte und ihm seinen Rolls-Royce, der goldene Kotflügel hatte, zum Dank für geleistete Dienste vermachte. Um zu beweisen, dass Bruno Baruch ein sehr wohlhabender Mann war, legt Käpt'n Bilbo dem Entschädigungsamt sechzehn eidesstattliche Erklärungen vor, mit dem Ergebnis:

Durch die Gesetzgebung in Entschädigungssachen habe ich für meinen Vater nur 3 Jahre Berufsschaden ersetzt bekommen.

22.000 Mark alles in allem. Und die Lebensversicherung seiner Mutter?

Die Police verschwunden – vielleicht von der Gestapo beschlagnahmt – und bei der Viktoria Versicherung sind keine Unterlagen zu finden. Weg, nie da gewesen, wer weiß? Berthold Burlin, der 1935 in die USA emigriert ist und schriftlich erklärt, dass er bereit sei, den Vertragsabschluss zu beeiden, reicht als Zeuge nicht aus, um einen Prozess gegen die Versicherung zu gewinnen, der Notar bleibt unauffindbar und Martin Turner, Daisys Bruder, ist 1945 gestorben.

Käpt'n Bilbos Bemühungen rühren die Vergangenheit auf: die Kinderzeit in Berlin, den Ausbruch des Ersten Weltkriegs, wie er von seiner Mutter nach Holland »verschleppt« worden ist. Er hat sie immer als Unglücksbringerin gesehen und ihr niemals verziehen, dass sie ihn von zu Haus weggerissen und seines Vaters beraubt hat. Nun sieht er ihr tragisches Schicksal und hat Mitleid mit ihr.

Er forscht in Archiven, und da er keine Unterlagen, ja, nicht den leisesten Hinweis auf seine Mutter entdeckt – Dr. Karl Brandt, Direktor der Heil- und Pflegeanstalt Buch und von Hitler mit der Tötung der Kranken beauftragt, hat gegen Ende des Kriegs sämtliche Akten vernichtet, die ihn vor Gericht bringen konnten – stellt er sich vor, muss er sich vorstellen, wie sie, »meine arme Mutter« in die Mordmaschinerie der Nazis geriet. Nahrung geben ihm die Nürnberger Prozesse und die Berichte über die Lager. Erst glaubt er sie nach Cholm deportiert und dort von der SS massakriert. Dann sieht er sie, Dr. Mengele ausgeliefert, auf einen Operationstisch geschnallt.

Bleibtreustraße 40 – hier fängt er noch einmal an. Das Geschäft quillt bald über von Trödel, von Pendülen und Puppen, von Schaukelpferden, Grammophonplatten, Jade-Buddhas, Degen, Spazierstöcken, Schirmen, Kupferstichen, Souvenirs und was er sonst noch Interessantes entdeckt in Kellern und Speichern oder auf Märkten. Ein ausgestopftes Krokodil hängt von der Decke, während das Schaufenster als Buddelschiffhafen herhalten muss, denn wer eines los werden will, bringt es zu ihm und verlässt seinen Laden, der »Schatztruhe«

heißt, mit ein paar Märker mehr in der Tasche. Einer der Zulieferer ist der Poet und Maler Johannes Schenk.

Natascha Ungeheuer, die mit Johannes Schenk über Jahrzehnte gelebt hat: »Johannes verstand viel von der Seefahrt, denn er hatte ja auf dem Schulschiff Deutschland richtig Matrose gelernt und war auch auf Motorseglern gefahren. Er fuhr über sechs Jahre zur See und wusste wie man eine Tautrosse spleißt oder eine Affenfaust schlingt. Die See und die Schiffe ließen ihn nie wieder los, und darüber konnten sie stundenlang reden, Käpt'n Bilbo und er und natürlich auch über Malerei und Gemälde.«

1960 übernimmt Käpt'n Bilbo das Tingel-Tangel von Willi Schaeffer am Kurfürstendamm und eröffnet Käpt'n Bilbos Hafenspelunke. Eine Bühne mit Klavier und die Theke sind noch vorhanden, auch Barhocker, Tische und Stühle. Er spannt Fischernetze darüber, hängt einen ausgestopften Hai an die Decke, hängt eigene Gemälde ringsum an die Wände, setzt die Jukebox in Gang, und rekrutiert eine Mannschaft.

Einer, der zu seiner Mannschaft gehört, ist Hartmut Topf.

Ich bin ihm auf einer Gesellschaft begegnet. Als er sagte, er habe Käpt'n Bilbo gekannt, recht gut habe er den Käpt'n gekannt, denn er, Hartmut Topf, sei einer seiner Kellner gewesen, klopfte ich wegen eines Interviews an. Ein paar Tage später gab er es mir:

»Wann hast Du ihn kennen gelernt?«

»Das war, als die Hafenspelunke entstand. Da stand draußen auf einer Leiter Heinz Otterson, Maler, Graphiker, später Bildhauer. Er trug ein blauweiß gestreiftes Hemdchen, einen Nicki, und brachte Dekorationen an und sagte, Käpt'n Bilbo macht hier 'ne Kneipe auf. Er beschäftigt nur Künstler als Kellner, und du, du bist ja an Kabarett, Theater und Film interessiert – also war ich auch Kandidat. Und so fing ich an mit dem Kellnern.«

»Wie kamst Du mit Jack Bilbo klar?«

»Eine seiner Redensarten ging so: ›Ich bin der Käpt'n und ihr seid die Mannschaft.‹ Und irgendwie war es auch so, denn er stand hinter der Theke wie der Kapitän auf der Brücke, während wir die Takelage besorgten. Manchmal kellnerten wir zu dritt, manchmal zu fünft, je nachdem, wie die Spelunke besucht war. Hin und wieder sorgten wir auch für Musik. Ich spielte Klavier und Otterson spielte Posaune, die rot angemalte Otterson-Posaune. Er war ein temperamentvoller Kerl. Als er eines Abends mit der Abrechnung nicht klarkam, mal war es so viel, dann wieder so viel, schmetterte er in einem Wutanfall das Geld durch die Kneipe.«

»Und Owo?«

»Ich würde sie den Souverän der Bescheidenheit nennen, denn insgeheim führte sie das Kommando, aber so dezent, dass sich Bilbo ruhig für den Chef halten konnte. Sie war eine liebenswürdige Person und sie kochte sehr gut. Die Hafenspelunke war ein Amüsierlokal, nicht teuer, denn wer hatte damals schon Geld, aber es wurde getanzt. Twist war en vogue. Am Abend war die Tanzfläche mit Twistmäusen voll, so wurden die hübschen kleinen Mädchen genannt. Da Käpt'n Bilbo Englisch wie ein Engländer sprach, kamen in Berlin stationierte Soldaten zu ihm, Briten, Amerikaner und einmal, ich erinnere mich gut, gesetzte Herrn mit Tweedjacketts und Krawatten. Aber sie tanzten den Twist, und dann stellte sich raus, sie waren von Scotland Yard. Bilbo war das Zugpferd der Hafenspelunke. Er hatte Charisma und als Gastronom musst du das haben, sonst hältst du nicht durch. Er ließ auch keine Gelegenheit aus, um für die Hafenspelunke zu werben, bald war er im Fernsehen, bald in der Zeitung. Das lag in der Familie, denke ich mal, und er verstand das Geschäft, immer was neues Verrücktes. So holte er Friedrich Schröder-Sonnenstern ran, den Maler. Er trat auf in der Hafenspelunke. ›Meine serr geerrten Damen und Hrrnerhrrharrn‹, sagte er dann, ›ich komme gleich programmgemäß nieder, Verzeihung, wieder wollte ich sagen.‹ Und dann hatte

Hafenspelunke

er diesen Vers: ›Der Sonnenstern ist ein Malersmann, er pinselt hin und her, und wenn er nicht mehr pinseln kann, sind seine beiden Tuben leer.‹«

»Kannst Du Dich an Henry Miller erinnern?«

»Natürlich. Er kam aus Hamburg, von Ledig-Rowohlt, der ›Das Lächeln am Fuße der Leiter‹ herausgab. Er hatte ein Techtelmechtel mit Marlies Gerhardt. Marlies Gerhardt war Verlegerin, ihr gehörte der Gerhardt Verlag, und Henry Miller gab ihr die Tantiemen, die er von Rowohlt bekam, denn wie das so geht mit Verlagen, die gute Bücher publizieren, und Marlies Gerhardt brachte unter anderem Alfred Jarry auf den Markt, war sie finanziell in der Klemme. Henry Miller

Henry Miller in Käpt'n Bilbos Hafenspelunke

war ein sehr feiner und zurückhaltender Mann. Den angeberischen Ton seiner Pariser Bücher merkte ich ihm niemals an. Ich habe mit ihm sehr angenehme und interessante Gespräche geführt. Mit Käpt'n Bilbo verstand er sich gut. Er mochte ja Menschen, die Outsider waren. Wenn er in die ›Schatztruhe‹ ging, zauberte Owo Menüs auf den Tisch, die sich sehen lassen konnten, und er schrieb dann ja auch das Vorwort zu ›Rebell aus Leidenschaft‹«.

31.

Mit Käpt'n Bilbos Hafenspelunke schließt sich der Kreis. Tritt er vor die Tür, sieht er sein Geburtshaus mit dem Balkon, von dem er vor einem halben Jahrhundert herunter geblickt hat auf Droschken, Trams und knatternde Automobile. Der Brunnen von August Gaul mit den Schwanenküken, die wie verkrüppelte Enten aussehen, steht immer noch da. Auch sich selbst kann er sehen, wie eine Überblendung im Film, als kleinen Jungen im Matrosenanzug an der Hand seiner Nanny. Und die quietschende Tram hört er auch. Und die quietschende Pumpe, aus deren Maul Wasser herausschoss, wenn man am Schwungbügel zog. Und das Schnauben der Droschkengäule, die mit den Schwänzen die Fliegen verscheuchten. Und die Kutscher mit Paletos und Zylindern. »Sieh eener an! Der kleene Herr Baruch!«

Die Zeit hat ihren Dreck über den Ku'damm gekippt. Das eine und andere sieht noch hervor. Hin und wieder ein Gesicht, an das er sich erinnert, während er selbst, mit seinen 53 Jahren, ein Überrest ist, eine zerschlissene Portiere, ein Grammophon, ein Vitascope-Apparat, ein Artefakt der Berliner Kultur, einer der Juden, die nicht erstickt sind im Gas und die nun den Kurfürstendamm wieder zum Leben erwecken.

Als er durch den Tiergarten geht, hält ihn ein Polizist an und verlangt wegen widerrechtlichen Betretens des Rasens fünfzehn Mark Strafe. Er geht vor Gericht, protestiert, vor ein paar Jahren hätte er sich auf keine Parkbank setzen gedurft und jetzt solle er für das Betreten des Rasens Strafe bezahlen, was dem Richter so unangenehm ist, dass er die Einstellung des Verfahrens verfügt, mit der Auflage, in Zukunft den Weg zu benützen. Der BZ ist das widerrechtliche Betreten einer Grünfläche für Schlagzeilen gut, Schlagzeilen, die den Käpt'n als den »Rasenlatscher von Berlin« diffamieren. Doch das stellt die Ausnahme dar.

Die Frankfurter Illustrierte widmet ihm eine mehrfolgige Reihe: »Käpt'n Bilbo erzählt«, im ARD ist er beim Malen zu sehen: »Begnadete Hände«, und als Wolfgang Staudte die »Dreigroschenoper« verfilmt, sitzt ihm als Seeräuber-Jenny Hildegard Knef auf dem Schoß. Aus dem kleinen Jungen mit dem weißem Zylinder ist ein Seebär geworden. Die Odyssee ist vorüber, die Journalisten fressen ihm aus der Hand, das Leben müsste vom Ende her beginnen – erst der Erfolg, dann der Verdienst, erst die Anerkennung, dann die Bemühung.

Damit sich der Kreis fugenlos schließt, schreibt er die letzte Version seiner Lebensgeschichte, wobei Realität und Fiktion nun wie Zahnräder ineinander greifen. Im Vorwort nennt ihn Henry Miller: »Vagant und Globetrotter, Gangster und Anarchist, Schriftsteller und Maler und ein Heiliger für die Seeleute, der seine Entscheidungen auf einer anderen Ebene als der Kleinbürger trifft und dessen Sünden und Verbrechen nicht von der gewöhnlichen Art sind.«

So schlägt er in seiner Lebensgeschichte als Dreizehnjähriger die Tür hinter sich zu, weil ihm sein Vater kein Taschengeld gibt, marschiert nach Hamburg und Bremen, heuert auf der »President Harding« als Schiffsjunge an, fährt auf Briggs und rostigen Seelenverkäufern, schmuggelt Waffen nach China und kämpft für die Befreiung des Landes. Er gibt sich auch schon seinen anderen Namen, Jack

Bilbo, bevor er, in New York angelandet, in den Armen Alice Delysias, »die große Kokotte jener Tage, Wochengage 5000 Dollar«, Liebe und Sex kennen lernt. Er liest Knut Hamsun, Sven Hedin und Jack London, vagabundiert als Hobo durch die Vereinigten Staaten, schläft mit Kreolinnen, Schwarzen und Weißen. Er saugt dem Leben das Mark aus den Knochen und lernt die Gemeinheiten kennen, mit denen ihn der Fluch der 13 verfolgt, wie an jenem Apriltag, als ihn ein Gangster mit eiskaltem Marmorgesicht der Abendeinnahmen des Bijou-Theatres beraubt.

Die Gangstergeschichte, Al Capone, Chicago, der Überfall auf den Panzerwagen der Capitol Bank, gehört zu seinem Leben wie der Kampf um Barcelona, denn ohne sie wäre er nicht ins Fadenkreuz der Nazis geraten. Und hat sie ihm nicht auch das Leben gerettet? Was wäre geschehen, hätten ihn die Nazis nicht als jüdischen Gangster verfolgt und zusammengeschlagen? Er wäre in Deutschland geblieben und in einem Lager verreckt.

Deshalb erzählt er sie wieder und weil sie ihm für die Fortsetzung dient, für die Wikiki-Bar in Cala Ratjada, für die S.O.S. Bar in Sitges, für das Haus mit dem Pool auf dem Dach, für Billie und Merry, für die er in Barcelona gegen die Faschisten gekämpft hat, vor allem aber, weil sie ihn zu jenem macht, der er ist: Käpt'n Bilbo, der Stürmen und schweren Seegängen trotzt.

Als Admiral einer Buddelschiffflotte, als Kapitän der Hafenspelunke, spinnt er in seiner Lebensgeschichte den Seemannsgarn der Vergangenheit auf. Wie man navigiert, erlernt er nun schon als Moses, und als im spanischen Bürgerkrieg ein Kapitän gebraucht wird, übernimmt er ein Schiff, steuert es durch die Seeblockade, ladet in Frankreich Waffen und Medikamente, kapert eine Falangisten-Fregatte und bringt sie im Schlepptau nach Barcelona, wo man ihn jubelnd empfängt.

Als er als unerwünschter Emigrant England verlässt, und bei einem

Orkan und haushohen Wellen den Ärmelkanal überquert, fest an die Pinne gebunden, trotzt er der See den Titel eines Ehrenkapitän ab, erreicht die Mittelmeerküste, lässt Owo zurück, denn Frauen an Bord bringen Unglück, setzt die Fahrt mit den Schiffsjungen fort, erreicht Haifa, »von den Hafenbehörden wurde ›De Brave Hendrik‹ nicht wenig angestaunt«, tankt Wasser und Öl, sticht wieder in See, fährt durch den Suezkanal, fährt die arabische Küste entlang, wird bei Sheikh Said, »kurz bevor sich das Rote Meer zur Straße von Bab el-Mandeb verengt«, von berittenen Landpiraten mit Salven belegt, »Ich brüllte: ›Maschinenpistolen heraus! Aber dalli!‹«, und feuert zurück, worauf er den ersten Hurensohn in den Sand purzeln sieht.

Dann ein zweiter, ein dritter. Und so plötzlich, wie die Schießerei begonnen hatte, hörte sie wieder auf.

Aden, flimmernd vor Hitze, die Seychellen, ein Korallenriffparadies, die haifischverseuchten Gewässer von Ceylon, und endlich Australien. Nach mühevoller Fahrt wirft er Anker im türkisen Gewässer der Shark Bay. Dann nordwärts, an der Westküste entlang, zur glücklichen Insel.

Aber das ist nicht die ganze Wahrheit.

Es gibt auch die Einsamkeit der im grauen Dunst mit dem Himmel verfließenden See, die sinnlos tickende Schiffsuhr, die eintönigen, endlosen Tage, »wieder ein Morgen, wieder ein Mittag, wieder ein Abend«, an denen er sich dumpf brütend fragt, ob er sich auf die Reise gemacht hat, um eines Tages anzukommen, irgendwo, an einem anderen Ort, »das soll der ganze Sinn sein?«, und scheuert und putzt und poliert, über einer Wassertiefe von 10.000 Metern und fragt sich:

Hast du nicht irgendetwas getan oder erlebt, was einen Sinn hatte, was wichtig war und wertvoll? Die Bilanz warf mich in tiefe Enttäuschung. Nichts von Wert fiel mir ein. Wann immer ich aufgebrochen war, dann mit dem einzigen Sinn, irgendwo anzukommen. Aber wozu das? Denn kaum angekommen, hatte es mich ja weiter getrieben – um anderswo anzukommen. Es war in meinem dumpfen Sinnieren auch ganz gleich, ob ich durch Kräfte von außerhalb getrieben worden war oder aus mir selbst. Immer war es ja Flucht und nichts andres gewesen. »Du musst weiter, Jack!« Ja, das war es.

Der Erdmann Verlag bringt »Käpt'n Bilbo – Rebell aus Leidenschaft« 1963 heraus. Henry Miller feuert in seinem Vorwort einundzwanzig Salutschüsse ab – »Einundzwanzig Salutschüsse für den alten Kapitän! Möge sein Geist fortwirken« – und trägt so mit zu seinem Erfolg bei. Das Buch wird in mehrere Sprachen übersetzt und kommt 1965 beim Goldmann Verlag als gelbes Taschenbuch raus.

Auf dem Cover, wie ich es in Erinnerung hatte, ein Selbstporträt Käpt'n Bilbos: zwischen den Zähnen die Pfeife, die zu Schlitzen verengten Augen in die Ferne gerichtet, als suchte er im Dunst der mit dem Himmel verfließenden See nach seiner Insel.

Der Galerist Rudolf Springer: »Ich erinnere mich an das Buch, es machte Furore, und von meiner Galerie (Kurfürstendamm 16) zu seiner Tanzbar war es nicht weit. Ich kam einfach vorbei – wenn ich mich recht erinnere, war nur seine Frau und noch jemand da – und fragte, ob Jack bei mir ausstellen wolle. Bald darauf tauchte er auf, mit einem Leiterwagen voll Bilder, mehr Bilder als ich ausstellen konnte. Ich suchte die besten heraus. Die Ausstellung war 1963 im Herbst, von September bis Dezember.«

In der Kunstzeitschrift Magnum schreibt Heinz Ohff: »Wenn Jack Bilbo, dessen Malereien man seit Jahren jederzeit in der von ihm geleiteten Hafenspelunke am unteren Kurfürstendamm betrachten konnte, einige Hausnummern höher in der international renommierten Galerie Springer ausstellt, erscheinen schon zur Vernissage mehr Menschen als sonst bei Ausstellungen insgesamt. Er zieht einen Kometenschweif hinter sich her. Seine Bilder sind roh, wie mit Mennige gemalt. Der schwere, bärtige Fleischkoloss hat etwas vom Klabautermann an sich; maritime Sündhaftigkeit am mondänen Kurfürstendamm.«

Käpt'n, Trödelhändler, Kneipenwirt, Maler – was ist er noch? Einer, der für junge Künstler Ausstellungen arrangiert, einer, der Kurzgeschichten und Erzählungen schreibt, die der Bechtle Verlag 1965 herausbringt: »Das geheime Kabinett der sonderbaren und grausenvollen Geschichten eröffnet und preisgegeben von Bilbo«. Geschichten, die den Leser in die grausenvolle Welt des Sonderbaren, Unwirklichen und Überdimensionalen versetzen, wie es im Klappentext heißt.

Übergewichtig, er wiegt zweieinhalb Zentner, Owo muss ihm die Schnürsenkel binden, weiß er, dass ihm nicht mehr viel Zeit bleibt. Der Arzt stellt fest, dass er zuckerkrank ist und verordnet Diät, und da sein Blutdruck zu hoch ist, viel zu hoch, so hoch, dass ein Schlaganfall droht, verschreibt er ihm Medikamente und lässt ihn regelmäßig zur Ader. Die vernarbten inneren Verletzungen verursachen Schmerzen, die der Käpt'n mit Branntwein betäubt, was zur Folge hat, dass er häufig die Orientierung verliert, nicht mehr weiß, wo er ist und immer öfter von Fremden oder der Polizei nach Haus gebracht werden muss.

Jack Bilbo 1966

1967 eine große Ausstellung noch, in der Galerie Jule Hammer, die sich im Europa Center befindet, dort, wo einst das Romanische Haus stand mit dem Café, das sie das Rachmonische nannten, das Erbarmungswürdige, er und Rudi und Schmeling und all die anderen, von denen viele schon tot sind.

Natascha Ungeheuer: »Es gab ein großes Büfett mit köstlichen Sachen. Die Leute schoben und drängten, als wären sie am Verhungern. Als Ali Schindehütte mich und Johannes entdeckte, kämpfte er sich mit den Ellbogen durch, nahm zwei Silbertabletts mit Schinken- und Käsebrötchen und Lachs und Kaviar und ich weiß nicht mehr was alles noch, klappte sie wie ein Sandwich zusammen und reichte sie uns. Wir gingen nebenan in eine Kneipe, aßen die Köstlichkeiten und trugen die leeren Platten zurück. Käpt'n Bilbo hatte mit Besuchern und Journalisten zu tun. Wie es bei Vernissagen so ist: Jeder will was von dir. Ich wäre dann immer am liebsten wo anders. Aber Käpt'n Bilbo hatte ja gerne Menschen um sich. Da wurde er noch einmal jung.«

Eine letzte Ehrung wird ihm im September 1967 zuteil, eine Ehrung, über die er sich wundert und freut: Dr. Josef Grunner, Bürgermeister von Berlin-Schöneberg, wo der Käpt'n und Owo nun wohnen, ernennt ihn zum Ehrenbürger des Bezirks. Eine Ehre, die nicht einmal Al Capone hatte zukommen sollen und das, obwohl er, Käpt'n Bilbo, nur dessen Leibwächter war – Berlin lässt sich eben schlecht mit Chicago vergleichen. Ob man ihm die Gangstergeschichte noch glaubt? Es ist ihm egal. Er fühlt sich elend und krank und da er ahnt, dass der Tod schon das Sensenblatt wetzt, verfasst er sein Testament, in dem er, was er besitzt, Owo vermacht: Gemälde, den Koffer mit dem Aufklebebild des Ansonia Hotels – »Ansonia Hotel – The Elegance of the Upper West Side« –, der sich gerettet hat über die Zeiten hinweg, Briefe, Dokumente, Fotografien und verfügt, dass er verbrannt werden soll.

Vernissage in der Galerie Jule Hammer

Käpt'n Bilbo ist tot

Berlin (UPI)

Eines der letzten deutschen Originale, Jack „Käpt'n" Bilbo, ist tot. Der Globetrotter, Maler und Rebell erlag in Berlin einem Herzleiden. Er war 61 Jahre alt. Seinen Freunden galt Jack Bilbo als der — wie Henry Miller sagte — „letzte große Abenteurer dieser Zeit". Sein bürgerlicher Name war Hugo Baruch, denn er wurde als Sohn des Berliner Millionärs Bruno Baruch geboren. Aber schon mit 14 Jahren riß er von zu Hause aus, nannte sich Jack Bilbo und heuerte als Schiffsjunge an. In Amerika war er Tramp und Tellerwäscher, versuchte sich als Gerichtsreporter und Bühnenausstatter. Der berüchtigte Gangster Al Capone bot dem unternehmungslustigen Hünen den Job als Leibwächter an, Jack Bilbo schlug ein.

Später ging er wieder zur See und spezialisierte sich darauf, Waffen in die spanische Republik einzuschleusen. Seitdem heißt er „Käpt'n Bilbo". Nach dem Zweiten Weltkrieg kehrte Jack Bilbo nach Berlin zurück und wurde seßhaft. Er machte eine „Hafenspelunke" auf und eröffnete hinter dem Schöneberger Rathaus einen Laden mit Souvenirs aus aller Herren Länder. Er schrieb seine Autobiographie, erzählte Geschichten und malte Bilder. Mit Vollbart und Tabakpfeife, großkariertem Sporthemd und grober Cordhose — so kannten ihn die Berliner.

Nachruf in der Süddeutschen Zeitung vom 22. Dezember 1967

Am 17. Dezember fühlt er sich so schlecht, dass Owo den Arzt ruft, der ihn auf der Stelle ins Krankenhaus einweisen will, doch da der Käpt'n Chanukka und Weihnachten zu Haus feiern möchte, wie in der Kindheit, das möchte er noch einmal erleben, gibt der Arzt schließlich nach und verabreicht ihm ein Blutdruck senkendes Mittel.

Am nächsten Tag hat sich sein Zustand verschlechtert, so dass Käpt'n Bilbo der Einweisung zustimmt. Im Laufe des Tages verliert er mehrmals das Bewusstsein. Am 18. Dezember geht es ihm aber besser, die Schmerzen werden erträglich, was jedoch nur am Morphium liegt, das ihm der Arzt injiziert. »Ich will nach Haus«, sagt er mehrmals zu Owo.

In der Nacht zum 19. Dezember beginnt er zu delirieren und am späten Vormittag stirbt er. Sein Leichnam wird verbrannt, die Urne mit der Asche auf dem jüdischen Friedhof an der Heerstraße bestattet. Eine große Trauergesellschaft bietet ihm die letzte Ehre, Dr. Grunner hält eine Rede und ruft ihm zur letzten Reise ein Farewell hinterher. Der 28. Dezember 1967 war ein kalter und windiger Tag.

Danksagung

Mein Dank gilt: meinen alten Freunden Michael Schulte, der mich überredete, über Jack Bilbo zu schreiben, und Dieter Mink, der mich bei den Vorarbeiten hilfreich unterstützte, Ulf Köhler, Redakteur beim MDR, der mich, mit einem Mikrophon bewaffnet, nach England delegierte, Maike, die fotografierte und fotografierte, was sich in Jack Bilbos Koffer befand, der Theaterwissenschaftlerin Heike Stange, die mir zum Einblick in die Geschichte der Firma Baruch verhalf, dem inzwischen verstorbenem Kunsthistoriker Dr. Klaus Hinrichsen, der mich an einem langen Abend mitnahm auf die Isle of Man, dem ebenfalls verstorbenem Galeristen Rudolf Springer, der seine Erinnerung an Jack Bilbo umgrub, dem Journalisten Dr. Christian Buckard, der mir sein Wissen über die deutschen Emigranten in Cala Ratjada zu Teil werden ließ, der Malerin Natascha Ungeheuer, die mich durch ein vergangenes Charlottenburg führte, dem Gastronomen und Schauspieler Kostas Papanastasiou, der Jack Bilbos Geschichten im Gedächtnis bewahrte, dem Journalisten Hartmut Topf, der »Käpt'n Bilbos Hafenspelunke« noch einmal auf- und hochleben ließ, dem Journalisten Reinhard Lange, der verschwundene Textstellen aus den Abgründen meines PCs hervorangelte, meinen Freunden Alf Hansen und Ramona Perner, deren Kritik beim Schreiben förderlich war, dem Maler Daniel Richter, der durch eine Doppelausstellung im Max

Liebermann Haus seinen Kollegen Jack Bilbo wieder in die Gegenwart rief, der Literaturagentin Aenne Glienke, die mich geduldigst vertrat.

Mein ganz besonderer Dank gilt Merry Kerr Woodson, der Tochter Jack Bilbos, für ihre Gastfreundschaft, ihre ausführlichen Berichte, den gewährten Zugang zu den Korrespondenzen, Aufzeichnungen und Dokumenten ihres Vaters sowie für die Erlaubnis, Fotografien aus ihrem Besitz zur Illustration dieses Buchs zu verwenden. Dafür bedanke ich mich auch bei Ben Woodson, Merrys Sohn und Jack Bilbos Enkel.

VERBRECHER VERLAG

Wilhelm Voigt

WIE ICH HAUPTMANN VON KÖPENICK WURDE

Hardcover
128 Seiten
14,99 €

ISBN: 978-3-935843-66-9

»Ein Gaunerstückchen, äußerst frech und raffiniert ausgesonnen und verwegen in Szene gesetzt«, meldete das Cöpenicker Tageblatt vom 17. Oktober 1906. Tatsächlich hatte Wilhelm Voigt als »Hauptmann von Köpenick« Geschichte geschrieben. Über die Tat und den Täter wurden unzählige Bücher und Aufsätze verfasst, die Autobiographie Voigts, die 1909, ein Jahr nach seiner Haftentlassung, erschien, hat jedoch bis heute wenig Aufsehen erregt, obschon sie direkt oder indirekt in nahezu allen Darstellungen des »Hauptmanns« zitiert wird. Dabei ist dieses Buch selbst noch einmal ein »Gaunerstückchen« für sich, zeigt es doch, dass der »Hauptmann« ein größeres Schlitzohr war, als bislang angenommen wird.

Ludwig Lugmeier kommentiert die Aussagen Voigts in seinem Nachwort. Er beschreibt Voigts weiteres Leben in Reichtum und Armut und zeigt, dass es sich bei der Besetzung des Rathauses eigentlich um einen Raubzug der Extraklasse handelte.

Verbrecher Verlag | Gneisenaustraße 2a | 10961 Berlin | info@verbrecherei.de
www.verbrecherei.de

VERBRECHER VERLAG

Erika Tophoven
GODOT HINTER GITTERN
Eine Hochstaplergeschichte

Hardcover
144 Seiten
mit Abbildungen
21 €

ISBN: 978-3-95732-124-4

Karl Franz Lembke war ein Mann mit vielen Gesichtern. Für die einen, die ihn kennenlernten, war er der Dr. Allwissend, erfahren in Politik, Medizin, Pferdezucht und was immer gerade gefragt war, für andere, zu anderen Zeiten, ein mitleiderregender Zuchthäusler, doch stets ein Mann mit außergewöhnlichen Qualitäten.

Lembke wusste seine Talente geschickt zu nutzen – in Deutschland ebenso wie in Frankreich. Als junger, mehrmals straffällig gewordener Mann verlässt er sein Heimatland, gelangt im Zuge der Emigrantenströme nach Paris, wo er sich mit Charme und Verführungskunst in höhere Regierungskreise einschmeichelt, Generäle und Verwaltungsbeamte düpiert, bei Ausbruch des Krieges nach Südfrankreich flüchtet und mit allerhand Hochstapeleien seine Haut vor dem Zugriff der deutschen Besatzer rettet.

Nach dem Krieg vagabundiert er durch Westdeutschland, betört Frauen durch märchenhafte Geschichten und erdichtet sich immer neue Identitäten. Er landet im Knast, bringt eine Aufführung von »Warten auf Godot« in eigener Übersetzung zustande, wechselt herzerweichende Briefe mit dem Autor Samuel Beckett und beschäftigt die deutsche und die französische Justiz nach seiner Freilassung noch jahrzehntelang.

Verbrecher Verlag | Gneisenaustraße 2a | 10961 Berlin | info@verbrecherei.de
www.verbrecherei.de

VERBRECHER VERLAG

Britta Lange
DIE ENTDECKUNG DEUTSCHLANDS
Science-Fiction als Propaganda
112 Seiten
14 €
Filit 13

ISBN: 978-3-95732-019-3

Im Ersten Weltkrieg wurde das Deutsche Reich von drei Marsianern besucht. Das zumindest inszeniert ein heute vergessener Film aus dem Jahr 1916: »Die Entdeckung Deutschlands durch die Marsbewohner«.
Dieser war nicht nur der erste offizielle Propagandafilm in der Kriegszeit für das Inland und das »neutrale Ausland«. Er ist zugleich ein sehr früher und bisher nicht kanonisierter Science-Fiction-Film: mit Nachrichtenabhörung auf dem Mars, Sprechschreiber und Weltraumflug, aber auch mit Einschüben, die an Märchen und Liebesfilme erinnern.
Das Buch geht dem Gewirr von Geschichten nach, das das Drehbuch des jüdischen Anwalts Richard Otto Frankfurter entfaltet. Fragmente aus den Archiven ergänzen den Band und bieten heute, fast einhundert Jahre später, einen Einblick in den Zusammenhang von Film und Propaganda.

Verbrecher Verlag | Gneisenaustraße 2a | 10961 Berlin | info@verbrecherei.de
www.verbrecherei.de

VERBRECHER VERLAG

Peter O. Chotjewitz
MEIN FREUND KLAUS
Roman

576 Seiten
Hardcover
22 € / 42 SFr

ISBN: 978-3-935843-89-8

Der Brisanz des Materials entspricht die Radikalität der literarischen Mittel. In diesem Roman liegen die Fakten auf dem Tisch. Stilsicher, kühn im Aufbau und dramaturgisch modern schreibt Chotjewitz über seinen Freund Klaus Croissant, der als Strafverteidiger schikaniert, als angeblicher Drahtzieher des internationalen Terrorismus verfolgt und nach der Annektion der DDR durch die Bundesrepublik 1990 wegen staatsfeindlicher Agententätigkeit abermals verurteilt wurde. Penibel recherchiert, detailgetreu und in kühler Sprache erzählt, steht der Roman in einer Linie mit Chotjewitz' skandalösem Romanfragment über die RAF aus dem Jahr 1978 (»Die Herren des Morgengrauens«). Von 1931 bis 2002 reicht der beklemmende Bilderbogen dieser deutschen Unrechtsgeschichte. Jeder Rechtsspruch ein Rechtsbruch.

Verbrecher Verlag | Gneisenaustraße 2a | 10961 Berlin | info@verbrecherei.de
www.verbrecherei.de